PENSADORES QUE
INVENTARAM O BRASIL

A marca FSC® é a garantia de que a madeira utilizada na fabricação do papel deste livro provém de florestas que foram gerenciadas de maneira ambientalmente correta, socialmente justa e economicamente viável, além de outras fontes de origem controlada.

FERNANDO HENRIQUE CARDOSO

Pensadores que inventaram o Brasil

4ª reimpressão

Copyright © 2013 by Fernando Henrique Cardoso

Grafia atualizada segundo o Acordo Ortográfico da Língua Portuguesa de 1990, que entrou em vigor no Brasil em 2009.

Capa
Gustavo Soares

Preparação
Márcia Copola

Índice remissivo
Luciano Marchiori

Revisão
Ana Maria Barbosa
Carmen T. S. Costa

Dados Internacionais de Catalogação na Publicação (CIP)
(Câmara Brasileira do Livro, SP, Brasil)

Cardoso, Fernando Henrique
Pensadores que inventaram o Brasil / Fernando Henrique Cardoso. — 1ª ed. — São Paulo : Companhia das Letras, 2013.

ISBN 978-85-359-2287-5

1. Brasil – História 2. Ensaios brasileiros 3. Escritores – Brasil 4. História política 5. História social 6. Intelectuais – Brasil I. Título.

13-05402   CDD-320.981

Índice para catálogo sistemático:
1. Brasil : Ensaios : Ciência política 320.981

[2013]
Todos os direitos desta edição reservados à
EDITORA SCHWARCZ S.A.
Rua Bandeira Paulista, 702, cj. 32
04532-002 — São Paulo — SP
Telefone: (11) 3707-3500
Fax: (11) 3707-3501
www.companhiadasletras.com.br
www.blogdacompanhia.com.br

Sumário

Apresentação, 7

Joaquim Nabuco
Uma síntese, 17
Um olhar sul-americano, 24
Joaquim Nabuco democrata, 29

Euclides da Cunha
Canudos: o outro Brasil, 65

Paulo Prado
Fotógrafo amador, 73

Gilberto Freyre
Casa-grande & senzala, clássico, 79
Gilberto Freyre, perene, 91

Sérgio Buarque de Holanda
Brasil: as raízes e o futuro, 137

Caio Prado Jr.
A história e seu sentido, 143

Antonio Candido
Um ex-aluno, 151
A fome e a crença: sobre *Os parceiros do Rio Bonito*, 157

Florestan Fernandes
A paixão pelo saber, 175
Florestan, cientista, 185
Uma pesquisa impactante, 192

Celso Furtado
O descobrimento da economia, 207
A propósito de *Formação econômica do Brasil*, 212

Raymundo Faoro
Um crítico do Estado: Raymundo Faoro, 227

Epílogo
Livros que inventaram o Brasil, 263

Posfácio, José Murilo de Carvalho, 287

Notas, 301
Cronologia de obras citadas, 311
Créditos das imagens, 315
Índice remissivo, 317

Apresentação

Este livro contém ensaios e pequenos esboços que escrevi sobre autores que se dedicaram a explicar a "formação do Brasil". Alguns destes escritos datam de 35 anos atrás. Nesta categoria estão os perfis publicados na revista *Senhor Vogue*, em 1978. Outros, mais recentes, são inéditos na forma em que os publico agora. Entre estes estão ensaios sobre Joaquim Nabuco, Gilberto Freyre e Raymundo Faoro. Este último foi escrito especialmente para este volume; os outros dois são textos que serviram de base para conferências que fiz, respectivamente, na Academia Brasileira de Letras em março de 2010 e na Festa Literária Internacional de Paraty (Flip) em agosto do mesmo ano. Os demais capítulos compõem-se de introduções para a edição de livros de alguns autores ou de homenagens prestadas a outros que foram posteriormente enfeixadas em livros. O "Epílogo" é a transcrição revista de aula, que dei em novembro de 1993, aos alunos do Instituto Rio Branco, quando era ministro das Relações Exteriores.

O leitor perceberá que aqui e ali há repetição de argumentos e que a extensão e a cadência dos diversos capítulos não é a mesma. Não me servi de texto previamente escrito quando se tratava de prestar homenagem a pessoas com as quais convivi e que me influenciaram. Os textos ora publicados são transcrições de exposições orais, revistos e aprimorados. Por isso, o tom é mais coloquial, mais familiar, notadamente nos capítulos sobre Antonio Candido ("Um ex-aluno") e Florestan Fernandes ("A paixão pelo saber"). Sobre estes mesmos autores há outros capítulos relativos a suas contribuições acadêmicas. Nestes adoto um estilo mais convencional.

Os ensaios sobre Nabuco, Freyre e Faoro têm o tom acadêmico habitual neste tipo de trabalho. Daí por que ao proferir as conferências sobre os dois primeiros não os tenha lido. São maçudos e longos, portanto cansariam os ouvintes. Mesmo alguns textos que foram lidos (as circunstâncias de ser presidente da República dificultavam, por exemplo, digressões orais nas comemorações do sesquicentenário de Nabuco), não garanto que os haja pronunciado na forma em que ora são publicados. Sou mau "ledor" e gosto de entremear as leituras com observações mais espontâneas. Sempre tive inveja de quem tem a capacidade de escrever textos e de os ler como se fossem peças de teatro representadas por atores. Mais de uma vez me referi às experiências que tive no ano que passei como *visiting professor* em Cambridge, UK, quando ouvi magníficas *lectures*, como a de um professor do King's College, Edmund Leach, intitulada "Once a knight, is quite enough", que tive a oportunidade de escutar novamente quando ele a repetiu em Princeton. Não tenho talento para tanto, daí que escreva uma coisa, diga outra e, ao rever, publique uma terceira versão do mesmo texto de base.

Por circunstâncias geracionais e entrecruzamento de vida me beneficiei do contato direto com vários dos autores cujas obras comento neste livro. É o que ocorre com Florestan Fernandes, meu professor e de quem fui assistente antes de sermos colegas e vizinhos de rua, assim como com Antonio Candido, também professor e mais tarde colega. Nos capítulos em que os homenageio tento transmitir algo das impressões que ambos me causaram. Tive a ventura de estar com Celso Furtado nos breves meses em que ele trabalhou na Cepal depois do golpe de 1964, quando moramos na mesma casa em Santiago e, mais tarde, de conviver com ele nos períodos em que coincidiu estarmos juntos em Paris no final dos anos 1960 e na década de 1970. Continuamos a manter relações próximas na década de 1980, quando Celso foi ministro da Cultura do governo Sarney e eu era senador. Com Caio Prado convivi no final dos anos 1950 e inícios da década seguinte, quando ele era o inspirador da *Revista Brasiliense*, na qual eu colaborava, sem falar em nossas desventuras de militância ao redor do Partidão. Já com Sérgio Buarque de Holanda, embora tivesse menos convivência, conheci-o o suficiente para admirá-lo e para me ter beneficiado de suas críticas nas duas vezes em que formou parte da banca que me examinou no doutorado e no concurso de cátedra. Aliás, também Florestan foi, além de incentivador, meu examinador em teses acadêmicas, e o mesmo posso dizer de Caio Prado, que, como Sérgio, fez parte da banca de meu doutorado.

Com muito menor familiaridade posso também dizer que vi de perto o jeito, mais do que o pensamento, de Gilberto Freyre e de Raymundo Faoro, do primeiro nas poucas vezes que fui a Recife ou nas ocasiões em que, estando ele em São Paulo, pudemos conversar, e do segundo quando da militância contra o regime autoritário. Apesar da relativa familiaridade com os autores que comento neste livro, não posso dizer que pertenço à mesma geração deles. Antes fui beneficiário das suas descobertas, intuições e análises. Euclides da Cunha, assim como Paulo Prado, sem falar de Nabuco, deram suas contribuições em épocas anteriores, mas não deixam de formar parte da mesma "tradição cultural" dos demais autores mencionados. Em que sentido eles formariam parte da mesma tradição e até que ponto minha geração participa de outro momento cultural?

Basicamente o que une os autores referidos é a preocupação em analisar a "formação do Brasil". Esta obsessão vem de longe, ela data do período da Independência. Aparece nitidamente em José Bonifácio quando, em vez de se considerar "português" ou "paulista" — assim como aconteceu com frei Caneca, "pernambucano" —, passou a se considerar brasileiro e tentou compreender o que nós, brasileiros, somos; ou melhor, como fazer de todos, inclusive dos escravos, parte da mesma nação. E acaso Nabuco não estava lutando para que se desse ao liberto e ao escravo a condição de cidadãos da mesma nação? A questão nacional daí por diante ocupa a cena central nas reflexões dos pensadores que inventaram o Brasil, embora, a bem dizer, tenha sido o povo quem o criou. Os intelectuais passaram a refletir no que consistia esta nação, como ela se situava no mundo, como se dividia em classes, etnias e culturas, como seria possível argamassá-las no mesmo conjunto histórico, e no futuro que teria o Brasil no contexto das demais nações.

Foi no horizonte cultural da questão nacional que os demais temas se foram afirmando. Ora a questão da sociedade nacional é vista pelo seu revés, quando, por exemplo, Euclides descobre o sertanejo, que é "um forte", mesmo que refratário ao Estado nacional, à República, ou quando Antonio Candido desenha os mínimos de sociabilidade dos caipiras que quase se esfumam do conjunto nacional; ora são outras as vertentes que compõem o quadro do país. Por exemplo, quando Florestan se esforça por entender a "desagregação da ordem escravocrata" e a formação da sociedade livre e da economia competitiva, ou quando Freyre esboça seus murais que vão da casa-grande e senzala até aos sobrados e mocambos, sempre na procura de dar sentido à nossa ordem e ao nosso progresso.

Por certo, no contexto da formação nacional o tema Estado--burocracia-corporação versus sociedade civil e mercado se destaca como uma das preocupações centrais dos que querem entender como se forma a nação. Uns creem que a alavanca é o Estado, outros, que são as classes. Os dois lados, entretanto, convergem para um ponto: trata-se de afirmar um país, uma nação. Afirmar pelo que há de genuinamente nosso ou foi assimilado por nós e nos diferencia como povo e como cultura; afirmar-nos em contraposição aos "outros". O perigo vem de fora, seja sob o manto da exploração econômica e mesmo do imperialismo, seja pelos riscos do cosmopolitismo e da ocidentalização cultural.

Caio Prado, escrevendo sobre o período colonial, colocara uma questão fundamental: a Colônia existiu em conexão com a expansão do capitalismo comercial e mesmo como consequência desta. Não se deve pensá-la, portanto, à margem de condicionantes que ultrapassam suas fronteiras. O latifúndio e a escravidão marcam as características do período, mas o sentido da colonização não se esgota nas bases sociais locais da exploração econômica, na escravidão e na concentração da propriedade. Ele só se completa e ganha inteligibilidade quando remetido à questão mais geral das relações com a Metrópole. Celso Furtado, muito mais tarde, no período de obsessão nacional-desenvolvimentista, quando a nação já existia, vai dar sequência a esta visão: se quisermos romper os laços da dominação internacional e se quisermos superar o "atraso", teremos de entender a dinâmica dos mercados internos, suas possibilidades de superação do status quo e suas limitações, mas no quadro internacional. Ao analisar estes aspectos, Celso vai reafirmar o que outros haviam indicado: as bases econômicas e sociais do condicionante local eram estreitas para aceder ao capitalismo dos "grandes". A referência ao local não se esgota em si mesma, requer o rebatimento no outro polo, o externo. De toda maneira, a temática continua girando ao redor da questão nacional, consistindo em ver como criar no polo negativo da relação externo-interno, isto é, no interno, força suficiente para alavancar, catapultar mesmo, o país para o "Centro". Essas eram as grandes questões dos pensadores que inventaram o Brasil.

Ocorre que o Brasil desses pensadores já fora "inventado", prática e intelectualmente, quando minha geração começou a se debruçar sobre as formas da sociedade brasileira, suas conexões internacionais e seus novos desafios. O horizonte intelectual-ideológico da "questão nacional", de certa maneira, se havia esgotado. Pusemo-nos a escarafunchar e a detalhar a classe operária, a urbanização, os empreendedores capitalistas (burgueses?), a cultura de massas, os "marginais" — os excluídos — no campo e na cidade, os militares, as corporações multinacionais, enfim, o novo panorama do país. Mais ainda, com o autoritarismo militar não só o tema da sociedade civil com suas ONGs, igrejas renovadas e opinião pública reprimida, mas a própria questão democrática (que aparece escassamente nos autores anteriores, sendo Sérgio Buarque a mais notável exceção, embora não a única) passam a competir com a paixão preexistente por entender a questão nacional. Já não bastava repetir o mote do subdesenvolvimento econômico, havia que olhar para a incompletude institucional, a falta da democracia. A questão do Estado como alavanca do crescimento econômico e de sua alternativa, a do mercado como polo propulsor dele, misturava-se com a questão democrática e esta com a da justiça, sobretudo a social, com o tema da desigualdade.

Quando começaram a produzir intelectualmente, as gerações posteriores às dos pensadores que "inventaram" o Brasil se encontraram com uma nação já formada, embora diferente daquela do sonho de seus precursores. As classes e seus segmentos (as "classes médias emergentes", a diminuição relativa do peso do "campesinato" etc.) já tinham face mais clara, o Estado se dinamizara e começava a ser contemporâneo, quer dizer, a entrar em contato com outros Estados, sem temê-los nem ameaçá-los, para assegurar pactos que permitissem maior expansão dos nossos interesses. O dinamismo do mercado provinha, ao mesmo tempo, de forças internas e externas. O papel atribuído pela ideologia nacional-desenvolvimentista aos "empresários nacionais" ficara embaçado pela associação destes com as multinacionais* e, mais recentemente, a partir dos anos 1990, pela presença de multinacionais "brasileiras", fenômeno que seria impensável no passado.

Sem que tivéssemos muita consciência do processo em curso, minha geração teve que lidar com outro momento do desenvolvimento mundial do capitalismo, chamado de globalização. No livro que escrevi com Enzo Faletto, *Dependência e desenvolvimento na América Latina*, tateávamos o tema sem muita clareza. Nós nos apercebêramos de que um "projeto nacional" nos termos propostos pela ideologia nacional-desenvolvimentista tinha escassas possibilidades de êxito, embora progresso econômico e mesmo aumento de bem-estar coletivo pudessem existir. Ainda assim, ao retornar ao Brasil no final da década de 1960 e talvez ainda durante a década de 1980, eu não me havia dado conta da magnitude das modificações no panorama mundial. Foi preciso sentir as consequências práticas e ideológicas da queda do Muro de Berlim, do fim da União Soviética e, portanto, da Guerra Fria, bem como, mais tarde, da forma chinesa de socialismo "harmonioso", isto é, da economia sob o controle do Estado chinês em associação com as multinacionais e demais forças de mercado, para entender que o sonho que eu acalentava de escrever um *Grande*

---

* Eu antevi esta tendência em 1964 em *Empresário industrial e desenvolvimento econômico no Brasil* (São Paulo: Difel, 1964. 196 pp. Coleção Corpo e Alma do Brasil, 13); mais tarde, falei de "desenvolvimento dependente-associado" para qualificá-la.

indústria e favela não tinha mais sentido. O mundo era outro e a dispersão produtiva global suscitada por novas tecnologias tornou as classes locais e o Estado nacional agentes que competem com outros agentes (as corporações multinacionais e os organismos internacionais) e com redes globais que ligam pessoas e grupos pelo universo afora.

Neste novo contexto, é preciso inventar outro futuro para o Brasil que, sem negar a importância das temáticas do passado e os feitos concretos que delas resultaram, nem a identidade nacional que eles produziram, abra caminhos para compatibilizar os interesses nacional-populares com a inserção econômica global. Nesta os *clusters* produtivos e as redes sociais interconectadas poderão (ou não...) servir aos interesses nacionais, mas em novos patamares e de novas maneiras. A questão nacional não poderá ser pensada apenas do ângulo econômico e estatal, nem de modo isolado, como se o país fosse, em si, uma unidade autônoma para a reflexão. As novas percepções ideológico-culturais terão de englobar as reivindicações democráticas, os anseios de maior inclusão social e as novas formas de participação cidadã para serem contemporâneas do futuro.* A lupa que permite ver quem somos e como somos precisa do complemento de telescópios que nos situem no universo mais amplo, sem cujo desvendar a visão de nossa identidade fica pouco nítida.

---

* Em artigo recente Marcos Nobre apresenta uma abordagem e uma periodização da história das ideias que merecem reflexão. Ver Marcos Nobre, "Depois da 'formação'", revista *piauí*, n. 74, nov. 2012, pp. 74-7.

JOAQUIM NABUCO

UM ESTADISTA DO IMPERIO

NABUCO DE ARAUJO

SUA VIDA
SUAS OPINIÕES, SUA ÉPOCA

POR SEU FILHO

JOAQUIM NABUCO

TOMO PRIMEIRO
1813-1857

RIO DE JANEIRO
H. GARNIER, LIVREIRO-EDITOR
71, RUA MOREIRA-CEZAR, 71
E
6 RUE DES SAINTS-PÈRES, 6
PARIS

Uma síntese[*]

Em breve resenha de *Um estadista do Império*, Machado de Assis se refere a José Tomás Nabuco de Araújo como um dos melhores representantes de seu tempo, e cuja trajetória deveria despertar um interesse permanente nas gerações futuras.

Se a afirmação de Machado faz justiça ao pai, o biografado, parece-me que se aplicaria ainda melhor ao filho, o biógrafo. Diria inclusive que Joaquim Nabuco, em suas diversas facetas, estava adiantado ao seu tempo, embora imerso nas causas e contradições da época.

Como *intelectual*, como *homem público* e como *diplomata*, Joaquim Nabuco se antecipou ao futuro, sem distanciar-se para tanto das exigências impostas pela transição agitada entre o Império e a República.

Não foram poucas as ocasiões em que me surpreendi a bus-

---

[*] Discurso do senhor presidente da República do Brasil na ocasião da cerimônia comemorativa do sesquicentenário do nascimento de Joaquim Nabuco, em 1999.

car Nabuco como referência. A primeira foi durante meus estudos de doutorado na Universidade de São Paulo. Sob a orientação amiga de Florestan Fernandes, me aventurei na investigação da sociedade escravagista, seus fundamentos e limites. Selecionei como campo de pesquisa o Brasil meridional, com a expectativa de extrair da análise de uma região periférica conclusões que informassem sobre o modelo agrário-exportador no seu conjunto.

Observando retrospectivamente os resultados do meu estudo, vejo que Joaquim Nabuco está presente desde as premissas até a conclusão da tese, que se transformou no livro *Capitalismo e escravidão no Brasil meridional*.

Escolhi como epígrafe um trecho de "O mandato da raça negra", no qual Nabuco questiona a antinomia que supostamente existiria entre os polos da sociedade escravagista: "dois tipos contrários, e no fundo os mesmos: o escravo e o senhor". Não foi gratuita a minha escolha. Com seu estilo primoroso, cheio de energia utilizada pelo artista para refugiar-se no narrador, Joaquim Nabuco me sugeriu a ideia que se revelaria essencial para a percepção dos limites do sistema escravagista.

Sob sua inspiração, percebi que a oposição entre senhor e escravo se atenuava ao comprovar que ambos eram produtos, embora em posições assimétricas, de uma mesma ordem. Ordem que se prolongou no tempo, com o braço servil impulsionando os lucros do capitalismo mercantil, mas que estava predestinada ao esgotamento. Não podia deixar de prevalecer a contradição intrínseca entre o capitalismo e a escravidão, dado que os escravos não tinham a possibilidade de reconstruir a estrutura social de acordo com seus próprios interesses, como os proletários, e que o incremento contínuo da produtividade era impedido pela mão de obra escrava.

Voltei a ficar em dívida com Joaquim Nabuco no capítulo final da tese, ao confirmar o que ele havia previsto de forma exaustiva em *O abolicionismo*. Refiro-me à conclusão de que a Abolição, ao não ter vindo acompanhada de medidas que indicassem a responsabilidade social dos brancos pela situação degradada dos negros, não trouxe consigo a democratização da ordem social. Desprovidos dos recursos mínimos para o exercício da cidadania, os negros passaram de cativos a excluídos, sem oportunidades reais de uma inserção positiva no processo produtivo.

Para Nabuco — cabe sempre recordar —, a escravidão contaminava os mais diversos campos da vida nacional, desvalorizando o trabalho, viciando a instrução, comprometendo a indústria, minando o Estado, alimentando o patrimonialismo, sacrificando o pluralismo, sufocando a cidadania. A escravidão era para ele a condição sociológica que explicaria de maneira cabal o atraso brasileiro.

Para combater de forma definitiva um problema tão arraigado, não bastaria a letra da lei, advertia Nabuco. Insistia na necessidade de complementar a Abolição com amplas reformas sociais e políticas, que incluíssem a democratização da estrutura agrária, a educação universal, a proteção do trabalho, uma previdência social operante, a federação. Preconizava reiteradamente que "não basta acabar com a escravidão: é preciso destruir a obra da escravidão".

Por mais grave que fosse seu diagnóstico, Nabuco não previa rupturas dramáticas. Conhecia bem o sistema de poder vigente para saber que a emancipação dos negros, para ser duradoura, tinha que ser exaustivamente negociada. Era-lhe suficientemente familiar o hiato existente entre o Estado e a incipiente sociedade civil para apostar numa capitulação forçada dos redutos escravagistas. "É no parlamento e não nas fazendas nos quilombos[1] do interior onde se há de ganhar, ou perder, a causa do abolicionismo", previa em *O abolicionismo*.

Seu realismo não o tornava cético ou condescendente com

a política menor. Pelo contrário. Como tive a oportunidade de expressá-lo três anos atrás, na inauguração da Cátedra Joaquim Nabuco na Universidade Stanford — onde, cabe dizer, esteve como investigador outro grande intérprete do Brasil, discípulo de Nabuco na leitura da confluência das raças, o também pernambucano Gilberto Freyre —, Nabuco fez, com singular propriedade, o elogio da política, a apologia daquilo que chamava de *Política com P maiúsculo*, política que é história.

Sustentava que a ação política não deveria prescindir jamais da reflexão, da análise prévia e cuidadosa dos fatos. Fez dessa convicção um ritual em sua vida pública. Derrotado nas eleições parlamentares de 1881, retirou-se em Londres, na Biblioteca do Museu Britânico, para pôr as ideias em ordem, antes de converter-se, a partir de 1884, no mais importante ator da luta pela Abolição. *O abolicionismo* foi o resultado dessa pausa londrina.

Embora reclamasse afinidade entre o pensamento e a ação pública, Nabuco não se deixava seduzir pelo discurso da primazia absoluta e incondicional da razão de Estado. Nem tudo que parecia benéfico à glória do Estado contava com sua anuência. Preocupava-se antes com os valores. Respeitava a tradição conquanto fosse submetida à justiça. Daí sua desconfiança da república, que via como uma presa fácil das tiranias, ou uma aventura desnecessária, de pouco interesse para o progresso social. Costumava dizer que "a grande questão da democracia brasileira não é a monarquia (ou sua superação), é a escravidão".

A opção monárquica de Nabuco não o fazia menos crítico do rumo que tomava a condição imperial. Referia-se com apreensão ao que poderia caracterizar-se como patrimonialização crescente do Estado brasileiro. Prisioneiro, cada vez em maior medida, de interesses triviais, autorizando gastos a todos os egressos da imensa família rural, o Estado perdia a capacidade de discernir o interesse geral, de atender necessidades estratégicas. Apegados como estavam ao patrimonialismo, os partidos se haviam tornado, como o dizia Nabuco, "apenas sociedades cooperativas de emprego ou de seguro contra a miséria". Corria-se o risco de que, quando finalmente fossem adotados o abolicionismo e as reformas, seu nascimento fosse tardio, se não póstumo.

Não é necessário insistir sobre a atualidade de Nabuco, de suas advertências contra a dilapidação do Estado, de seu chamado para a transformação social, de seu apreço pela política de maior alcance, de sua índole democrática. Que melhor tributo prestar-se hoje em dia a esse grande brasileiro senão continuar apostando no método democrático para a superação dos nossos estigmas sociais? Nada se contrapõe mais ao legado de Nabuco do que deixar que a intransigência prevaleça sobre o diálogo e aceitar que as paixões, por legítimas que sejam, sufoquem o respeito à diferença. Tomara saibamos seguir fazendo da reconciliação democrática a melhor arma contra a pobreza, contra a imperdoável indigência material em que continuam vivendo milhões de brasileiros.

Em relação a Nabuco diplomata, são vários os momentos de sua experiência que, sem dúvida, merecem nossa atenção: os anos em que atuou como assessor diplomático nos Estados Unidos e na Inglaterra, que tanto influíram sobre sua sensibilidade política; o acompanhamento da disputa fronteiriça com a Guiana Inglesa; a condição de ministro-chefe da delegação brasileira em Londres; a direção da embaixada em Washington; a defesa do pan-americanismo.

Entretanto, prefiro deter-me num aspecto menos reconhecido de sua obra, de natureza mais conceitual. Tenho em mente a leitura que Nabuco fez em *O abolicionismo* da posição adotada pelo Império sobre o tráfico de escravos até 1850. Leitura que me parece de interesse imediato para o debate atual sobre os limites da soberania, que antecipava questões relevantes para a proteção internacional dos direitos humanos e que, certamente, projetava Nabuco mais além de sua época. Ele defende com veemência o uso do princípio da soberania (ou da dignidade nacional) na proibição desse tráfico. Expõe os argumentos como se já estivessem maduros. Insiste na premissa de que a soberania nacional de qualquer Estado que seja tem limites que devem ser submetidos a maiores considerações.

Acrescenta que essas considerações maiores, que chama de leis morais, têm como fonte de legitimidade a consciência internacional, a humanidade. Aceita, mais ainda, até recomenda, que a violação dos limites da soberania seja objeto de sanção. Sugere, por fim, que compete aos dirigentes velar para que o interesse nacional não entre em conflito com o bem-estar e a segurança dos demais povos. Nisso residiria para Nabuco o verdadeiro patriotismo.

Sabemos que, atualizados à linguagem de hoje, os preceitos enunciados por Nabuco ainda encontram resistência. Incomodam aqueles que desejam fazer da soberania uma garantia da impunidade, um amparo que autoriza o desrespeito dos direitos básicos da pessoa humana, a degradação do meio ambiente, a deterioração da imagem externa do país. Se até hoje encontramos apóstolos da barbárie, podemos imaginar a oposição encontrada por Nabuco no momento em que se consolidava o Estado-nação. Também ousada foi sua leitura da inserção do Brasil no mundo.

O patriotismo, segundo Nabuco, viria posteriormente, já no século xx, a sofrer interpretações de outra natureza, mais refinada. Penso na crítica de Mário de Andrade. Mário costumava contrapor seu nacionalismo ao cosmopolitismo de Nabuco. Empenhado em "abrasileirar o Brasil", o modernista, em reiteradas ocasiões, ironizou a falta que Nabuco sentia dos cais do Sena em plena Quinta da Boa Vista. As raízes do Brasil não estariam no "mal de Nabuco" senão no foco da infecção mazomba,[2] dizia Mário.

Parece-me que os novos tempos favorecem mais Joaquim Nabuco do que Mário de Andrade. A intensificação do diálogo entre as culturas nos fez perceber a relevância da dupla inserção histórica brasileira, de que tanto fala Nabuco em *Minha formação*. Pertenceríamos à América pelo "sedimento novo do seu espírito", mais afeito ao coração, e à Europa, por seus "estamentos estratificados", mais acostumados à razão, ao espírito. Daí a "dupla ausência" que constituiria nossa identidade, uma identidade ambivalente, que de um lado do mar sentiria a ausência do mundo e, do outro, a ausência do país.

Hoje, às vésperas dos quinhentos anos e após os valiosos aportes culturais do exterior que recebemos durante o século xx, inclusive da Ásia, Nabuco talvez preferisse falar da múltipla ausência do brasileiro. Uma ausência que logo se converte num triunfo para a afirmação de nossa presença no mundo, para facilitar o diálogo com os mais diversos povos de todas as regiões do globo terrestre. Um diálogo em que contribuímos não somente com os valores da cordialidade, mas com tudo aquilo que soubemos tomar e processar com a força do nosso talento, o que Mário de Andrade, antropofágico,[3] certamente corroboraria, com o aplauso de Nabuco.

Um olhar sul-americano[*]

Como livro de história política, *Balmaceda*[1] transcende a época em que foi escrito e, sobretudo, o país e o personagem examinado. Foi publicado em 1895 quando foi reunida a série de artigos que Joaquim Nabuco havia publicado no *Jornal do Comércio* do Rio de Janeiro nos primeiros meses daquele ano. Um postscriptum intitulado "A questão da América Latina" completou a coleção.

O intelectual, político e diplomata brasileiro abordava um dos períodos mais agitados da história chilena — a presidência de José Manuel Balmaceda (1886-91) e seus conflitos com o Congresso —, que terminou com a instalação de uma ditadura, a explosão de uma guerra civil, tragédia que culminou no suicídio do mandatário asilado na missão argentina em Santiago.

Nabuco deteve-se nesses episódios ao fazer a resenha da obra

---

[*] "Prefácio". In: Joaquim Nabuco, 1849-1910, *Balmaceda*. Santiago do Chile: Editorial Universitaria, 2000, pp. 9-12.

de Julio Bañados Espinosa, colaborador direto de Balmaceda, que o encarregara da missão de deixar a "verdadeira história" do seu governo para a posteridade. A riqueza da análise é uma das qualidades reconhecidas no estudo de Nabuco na medida em que expôs os aspectos fundamentais de sua visão política e tirou conclusões diametralmente opostas àquelas do autor chileno tolhido pela parcialidade. Deixou entrever sua paixão pelo Parlamento, sua aversão à autoridade ditatorial ou caudilhesca e, principalmente, a percepção dos desafios e das incertezas que, naquela época, atormentavam as nações americanas, entre elas o próprio Brasil, que vivia os primeiros passos do regime republicano. Essa mesma consciência de Nabuco o fez dedicar-se, posteriormente, a outra série de ensaios políticos — desta vez sobre uma grave crise que marcou o início da República brasileira — que se transformou no livro *A intervenção estrangeira durante a Revolta de 1893*.

O Chile era um país que havia gozado, no século xix, um longo período de estabilidade e, por isso, representava para muitos a esperança de que o sistema republicano poderia prosperar no Brasil. Com suas convicções monarquistas e liberais, Nabuco preocupava-se com a possibilidade de que, com a chegada da República, o Brasil ficasse associado ao quadro de convulsões políticas nas quais se debatia a região. Aliás, no epílogo de *Balmaceda*, ele observou que o país vizinho, com seu regime de liberdade e de transmissão ordenada de governo, constituía uma "exceção que podia ser considerada um capricho de ordem moral na formação da América do Sul". A ruptura do processo chileno causava grande inquietude a seu espírito americanista e, por isso, saudou a Revolução de 1891 como a confirmação do "bem que a forma republicana fez ao Chile" e que "serviu, como a Guerra de Secessão nos Estados Unidos, não apenas para revelar ao mundo o vigor dos fundamentos [...] do seu edifício nacional, mas mais ainda para cimentá-lo novamente".

Os estudiosos de Nabuco identificam em *Balmaceda* o momento em que os assuntos do continente passam a estimular o militante político já, naquele momento, absorvido pelos ecos da causa abolicionista.

Havia regressado do seu exílio europeu e começava a escrever a biografia do seu pai, *Um estadista do Império*, e esta, sua obra mais importante, foi elaborada no mesmo tempo em que se dedicava ao estudo da crise chilena. Na verdade, o próprio Nabuco reconheceu no seu postscriptum que a Proclamação da República no Brasil havia provocado o aumento do interesse que, já antes, lhe inspiravam os "assuntos sul-americanos". Desde então "começamos a formar parte de um sistema político mais vasto". Por isso insistia na necessidade do observador brasileiro de "estudar a marcha do continente, auscultar o murmúrio, a pulsação continental". A pesquisa minuciosa que fez sobre a revolução chilena fez parte desse trabalho de observação da política hemisférica e seria posteriormente enriquecida pela contribuição de Nabuco ao debate das ideias em torno do pan-americanismo.

O que Nabuco denominou a "questão da América Latina" refletia apenas a importância da região como foco de atenção prioritária e permanente da diplomacia brasileira. Havia sido assim durante o Império e o seria mais ainda durante a República, sobretudo depois da resolução definitiva das disputas fronteiriças com alguns vizinhos, gestão conduzida pelo barão do Rio Branco com a contribuição de Nabuco na questão específica do litígio com a Grã-Bretanha em torno da Guiana Inglesa. O enriquecimento mútuo das experiências nacionais, a influência recíproca entre as conjunturas dos diferentes países, a proximidade dos interesses, marcariam cada vez mais a história das relações do Brasil com os seus vizinhos, propiciando formas crescentemente aperfeiçoadas de diálogo e cooperação. A Conferência Pan-Americana de 1906, realizada no Rio de Janeiro, presidida por Nabuco, foi o marco desse processo e, inclusive, estabeleceu as bases de uma convivência mais próxima com os Estados Unidos.

As reflexões de Nabuco sobre o drama político-institucional vivido pelo Chile de Balmaceda constituem uma referência para a compreensão das diferentes facetas da evolução do panorama geral da América Latina durante o século xx. Muitos dos fenômenos examinados — fragmentação do sistema partidário, estrutura oligárquica do poder, militarismo, populismo — são comuns aos diferentes ciclos de instabilidade pelos quais passaram os países da região, até que a democracia se fixasse com raízes sólidas. Por outro lado, alguns dos temas evocados por Nabuco, além de aludir a experiências suscetíveis de comparação com outras da região, nunca perderam atualidade. (Qual dos líderes políticos, dos presidentes de hoje em dia não concordaria com a afirmação de que o "valor dos chefes de Estado sul-americanos tem que ser julgado pelo resultado de sua administração"?)[2]

Ninguém que tenha que lidar com o desafio de governar, sobretudo sociedades tão complexas e injustas quanto as nossas, deixaria de reconhecer que o papel dos chefes de Estado não pode se restringir às boas intenções, aos atos de vontade, aos compromissos, os quais devem materializar-se em ações efetivas, em mudanças e realizações.

Com sua aguda percepção da história política do continente, Nabuco sabia do alcance desse desafio que, no juízo crítico de Balmaceda, não vacilou em generalizar: o valor dos chefes de Estado sul-americanos não deve somente traduzir-se pela sua tenacidade — "em tenacidade, quem se compara com López?" — nem por seu orgulho patriótico — "em patriotismo agressivo, quem se compara com Rosas?" — e nem sequer pela sua honestidade — "em honestidade, quem supera a França?". Para julgá-los, dizia finalmente: "é preciso comparar o estado em que receberam o país e o estado em que o deixaram, o inventário nacional ao entrar e ao sair".³ A essa formulação singela, cabe agregar: não constituiria o eixo fundamental dos processos democráticos? Quantas situações não terão ocorrido na América Latina em que ao desvirtuar a natureza das funções do homem de Estado sucederam experiências políticas igualmente penosas? Analista sutil, com seu domínio das ciências políticas e sociais, Nabuco suscita este e outro tipo de reflexão, e é por isso que se pode caracterizar sua obra sobre Balmaceda como um trabalho de interesse permanente.

Pelos laços antigos e profundos que tenho com o Chile, e como homenagem a esse país — que soube, do mesmo modo que o Brasil, atravessar os momentos de escuridão de sua história e hoje avança confiante em regime democrático —, deu-me muito prazer a oportunidade, por iniciativa da embaixada do Brasil em Santiago, de prefaciar com esses breves comentários a reedição em espanhol desta significativa obra de Joaquim Nabuco.

Joaquim Nabuco democrata[*]

Nunca imaginei que meu nome fosse lembrado para falar sobre Joaquim Nabuco na casa que foi sua na época da fundação. Começo por me desculpar: afastado da vida acadêmica pelos acidentes de um percurso político atribulado, é uma ousadia fazer na Academia Brasileira de Letras uma conferência sobre Nabuco para celebrar o centenário de sua morte. No tormento angustioso da responsabilidade de falar sobre o homenageado procurei ler e reler o que pude, escrito por ele ou sobre ele. Entre os muitos textos voltei a algumas de suas conferências e quase desisti da ousadia de aceitar fazer esta conferência. Com que cuidado Nabuco preparava suas falas! Que fossem no Parlamento, nos comícios da campanha abolicionista e, sobretudo, nas universidades, de sua pena ou de sua voz saíam obras literariamente perfeitas. Mais do que isso: o raciocínio fluía cartesianamente, envolto na beleza das

---

[*] Conferência pronunciada na Academia Brasileira de Letras, Rio de Janeiro, em 18 de março de 2010.

palavras bem escolhidas, com uma lógica que convencia e com uma maneira de escrever e dizer que seduzia. Na conferência que fez na Universidade Yale, sobre Camões,[1] em texto escrito em inglês, chegou a entremear a aula com a declamação de trechos dos *Lusíadas*. À erudição, Nabuco acrescentava, a intervalos, a voz de jovem aluno americano, para melhor pronunciar os versos que ele próprio vertera para o inglês com perfeição. Tal proeza, para quem acreditava ter o espírito mais afim com a cultura francesa, mostra não só um domínio linguístico e literário incrível como o apuro no que é importante em qualquer oratória: o jogo de cena, do espaço, dos intervalos e dos silêncios.

Dirijo-lhes a palavra, não obstante, motivado por um misto de vaidade — a de ser ouvido nesta Casa — e de admiração por Nabuco. Ainda aluno na Faculdade de Filosofia, Ciências e Letras da USP tive a oportunidade de trabalhar com Florestan Fernandes e Roger Bastide numa pesquisa sobre os negros em São Paulo, antes de haver sido assistente desses dois mestres. Na ocasião, li *O abolicionismo*[2] e me tornei imediatamente entusiasta de Nabuco. Para nós, jovens sociólogos ansiosos por transformar o mundo e para lutar por um Brasil mais igualitário, o capítulo sobre "O mandato da raça negra" terá sido algo equivalente, se me permitem a pretensão em comparar, ao que foi Renan[3] para Nabuco e tantos contemporâneos. Era nossa inspiração, com a diferença de que Nabuco não nos incutia a dúvida, o ceticismo, como Renan, mas certezas. Só podíamos concordar com sua previsão de que o manto negro da escravidão obscureceria o Brasil por décadas para além do dia da Abolição, como verificávamos em nossas pesquisas sobre os negros e sobre o preconceito de cor nos anos 1950, tanto tempo depois da Lei Áurea. Nutria-nos não o ceticismo, mas a confiança de que os efeitos negativos da escravidão na sociedade seriam mitigados no decorrer do tempo, como acreditava Nabuco. Ele depositava esperança no futuro, como nós também.

CIDADANIA E RAÇA

A ideia do "mandato" recebido pelos abolicionistas como uma delegação irrenunciável é expressiva da visão política de Joaquim Nabuco. Não terá sido por generosidade ou compaixão, nem mesmo religiosa, diz ele, que os advogados da causa emancipacionista a abraçaram. Abraçavam-na,

> como homens políticos, por motivos políticos, e assim representamos os escravos e os ingênuos na qualidade de Brasileiros que julgam o seu título de cidadão diminuído, enquanto houver Brasileiros escravos, isto é, [abraçavam-na] no interesse de todo o país e no nosso próprio interesse.[4]

Nabuco concebia a luta contra a escravidão como uma luta pela cidadania. Junto com esta concepção havia outra muito forte, a de que, além da injustiça praticada contra o escravo-mártir, a emancipação significaria "a eliminação simultânea dos dois tipos contrários, e no fundo os mesmos: o escravo e o senhor".[5]

Como quase todos os que se ocuparam de sua biografia sublinham, embora Nabuco fosse rebento excelso da aristocracia (que, no caso, era mais uma oligarquia burocrática) e tivesse gosto pelo estilo de vida próprio desta camada, seu espírito corria solto, como se exemplificasse o que Karl Mannheim, que, por certo, não negava a importância e o papel das classes e de suas lutas na história, acreditava ser o específico da intelectualidade: a capacidade de olhar o conjunto, apesar de sua condição de classe.

Ao ressaltar que a motivação para terminar com a escravatura não nascera de uma compaixão religiosa, Nabuco retomou a linha que fora desenvolvida por José Bonifácio. A leitura da famosa "Representação à Assembleia Geral Constituinte e Legislativa do Império do Brasil sobre a escravatura", de 1823, mostra que o nosso Patriarca foi ancestral intelectual direto de Nabuco. Vai até mais longe do que prescrever os pormenores sobre o que fazer com os ex-escravos depois de sua libertação e como fazê-lo. Vêm de José Bonifácio também as preocupações com a educação moral e religiosa dos manumitidos, com o dar-lhes acesso à terra para trabalharem. A obsessão de José Bonifácio em abolir a escravidão estava diretamente ligada ao que a análise aguda e erudita de José Murilo de Carvalho,[6] em seus *Pontos e bordados*, chama de "a razão nacional". Não era outro o projeto político de Nabuco: como formar a nação, se ela está sendo carcomida pela degradação da escravidão? E, acrescenta José Murilo, em circunstâncias que, diferentemente do que ocorria nos Estados Unidos, nossa forma de vivenciar o preconceito contra o negro permitia a miscigenação racial e esta conduzia inevitavelmente à miscigenação política. Ou nos recuperávamos todos para a cidadania ou o projeto nacional continuaria capenga.

José Murilo de Carvalho acredita que nem sequer a influência da vertente filosófica teve entre nós o peso que teve em outras paragens. É certo que Joaquim Nabuco, como tantos de seus estudiosos mostram — e ele mesmo em seus escritos —, foi familiar com o pensamento político francês, norte-americano e inglês. No livro de Marco Aurélio Nogueira,[7] *O encontro de Joaquim Nabuco com a política*, obra que vai além da biografia e analisa as ideias do personagem, há amplas referências às origens do liberalismo de Nabuco (bem como a suas limitações). Do mesmo modo, Vamireh Chacon[8] em seu *Joaquim Nabuco: revolucionário conservador* resume a enredada teia de pensamentos político-filosóficos prevalecentes na época que eram de conhecimento de Nabuco, incluídos nela muitos dos autores que desenvolveram as ideias básicas da democracia, do liberalismo e mesmo do individualismo, quando não da pugna entre rousseaunianos e discípulos de Montesquieu. Tem razão José Murilo de Carvalho, contudo, ao insistir que a ideia de liberdade e a noção filosófica dos direitos naturais do indivíduo não aparecem como fundamentos da proposta abolicionista de Nabuco. Nesta, a "ternura" humana, por um lado, e o projeto de construção de uma nação, por outro, são mais importantes do que considerações religiosas ou filosóficas: é neste sentido que admite e propugna a integração do escravo como eleitor. Cito José Murilo, para resumir: "Até mesmo em Nabuco a razão nacional obscurece totalmente os argumentos baseados no valor da liberdade como atributo inseparável da moderna concepção do indivíduo, seja na versão religiosa, seja na filosófica".[9]

Penso que José Bonifácio foi um pouco mais longe neste ponto. Ele escreveu que a "sociedade civil tem por base primeira a justiça, e por fim principal a felicidade dos homens. Mas que justiça tem um homem para roubar a liberdade de outro homem? E o que é pior, dos filhos deste homem e dos filhos destes filhos?".[10] Diz isso e se contrapõe à tese de que a liberação dos escravos ofenderia o direito de propriedade: a liberdade humana era para ele o valor maior. Ainda assim, tanto em José Bonifácio como em Nabuco, a "liberdade dos antigos", isto é, de organização política e de preeminência dos valores da vida pública e dos direitos públicos, obscurece as preocupações com a "liberdade dos modernos", isto é, com os que veem nos direitos inalienáveis do indivíduo o fundamento da democracia. Mais tarde, depois de suas viagens à Inglaterra e aos Estados Unidos, Nabuco descobriu algo dessa nova forma de liberdade, mas não foi a partir dela que fundamentou sua luta pelo abolicionismo.

Ao se ler *Um estadista do Império* ou mesmo sua correspondência e suas notas soltas, seus pensamentos breves, quem sabe ainda em *Minha formação*,[11] talvez fique a impressão de que Nabuco teria sido o que hoje se chama de um cientista político e dos melhores: era arguto na análise das pessoas e dos interesses, sem se despreocupar das instituições. Entretanto, em *O abolicionismo* e respingando em muito do que deixou escrito, sem exclusão da análise política, subjaz o observador social. Poderia dizer "o sociólogo", sem puxar a brasa para minha sardinha? Nabuco não via a política apenas como Maquiavel a apresenta, fruto da ambição, da cobiça, do egoísmo e da vontade de poder dos homens. Nosso homenageado se apaixonava por suas causas e nelas punha não só a razão, mas o coração, não tendo deixado, porém, de analisar sempre a trama das relações sociais que sustentavam as relações de dominação. Não usou argumentos puramente econômicos para defender a substituição do braço escravo pelo braço livre. Não queria apenas terminar com o *instrumentum vocalis*. Queria incorporar à nacionalidade e à cidadania homens livres, negros e brancos. Tinha visão distinta da sustentada por Maquiavel sobre a política.

Em outros países a motivação para o término da escravidão poderá ter sido diferente, pensava Nabuco. Entre nós, entretanto, desejávamos "a raça negra para elemento permanente da população [...] parte homogênea da sociedade".[12] Mesmo porque: "A raça negra, não é tão pouco para nós uma raça inferior, alheia à comunhão, ou isolada desta, e cujo bem-estar nos afete como o de qualquer tribo indígena maltratada pelos invasores Europeus".[13]

A leitura desta última frase poderia induzir-nos a crer que, a despeito da grandiosidade com que Nabuco via a questão da escravidão e mesmo da raça negra, utilizava o conceito de raça, como era habitual então, como uma linha divisória com características específicas que as tornavam desiguais. É o que sugere o tom menos objetivo da última parte da frase ao falar de modo praticamente indiferente dos males que a conquista causava aos "homens das tribos isoladas". A intenção era, contudo, outra: a de mostrar, uma vez mais, que nós, Brasileiros, com maiúscula como então se grafava, éramos negros, brancos e mestiços. Os negros nos eram próximos, eram parte do nós nacional. Em nosso caso, pregava Nabuco, o ex-escravo tornar-se-ia cidadão, pesaria no voto, deveria ser incorporado à cidadania tornando-se igual aos demais brasileiros perante a lei e os direitos, à medida que progressivamente cessassem os efeitos negativos da escravidão sobre a sociedade. O negro, o ex-escravo, formava parte da *nossa* sociedade. Os abolicionistas europeus, ao falar da liberação dos escravos, nem se preocupavam com a relação entre alforria e voto.

Daí que Nabuco, como reformista social, se preocupasse com a educação do ex-escravo, com o acesso à terra, propondo uma reforma agrária. A integração plena à sociedade seria um processo longo, tanto mais que a lei eleitoral de 1881 exigia que o eleitor fosse alfabetizado e ampliara os requisitos de renda mínima como condição para obter o direito ao voto. Por isso mesmo era preciso atuar logo, como propunha André Rebouças, não só emancipando os escravos, mas educando os negros.

AS RECORDAÇÕES DA INFÂNCIA E O HORROR À ESCRAVIDÃO

De onde proviria tanta empatia para com uma "raça" que na época mesmo os bem pensantes relutavam em deixar de considerar "inferior", ainda que subliminarmente? Nosso homenageado já foi tão esquadrinhado por seus biógrafos, desde a filha, Carolina, passando pelo texto deliciosamente bem escrito de Luiz Viana Filho e tantos outros, entre os quais mais recentemente se incluem o perfil feito por Angela Alonso e os sempre interessantes e eruditos prefácios e comentários de Evaldo Cabral de Mello, que resta pouco de novo a contar sobre o ser humano Joaquim Nabuco. Quase tudo dele se tem notícia, desde seus amores e flertes, que foram muitos, sua elegância, sua beleza física — Quincas, o Belo, como foi alcunhado —, seu brilho nos salões, sua voracidade para conhecer os "grandes" da época (na política, na literatura, nas artes), sua dedicação aos amigos, suas rivalidades e generosidades (basta lembrar o episódio tão bem descrito por Luiz Viana no livro sobre Nabuco e Rui Barbosa a respeito da designação deste para a Conferência de Haia), e assim por diante, que não poderia ter escapado a muitos de seus biógrafos a relação humana especial que Nabuco desenvolveu com os escravos. Talvez se desvendem melhor os laços afetivos criados entre ele e os escravos na própria pena do autor, em *Minha formação*.

As páginas clássicas são as escritas no mais famoso de seus capítulos, sobre "Massangana". Elas resumem tudo de Nabuco: o que de melhor podia escrever, seu compromisso moral na luta contra a escravidão, seu sentimento terno e humano para com os escravos que o circundavam, seu íntimo atormentado de senhorzinho que se sente acorrentado como escravo a uma ordem injusta que, não obstante, molda-o. Moldou-o tanto a ponto de escrever, quase ao estilo de Gilberto Freyre, que nas antigas propriedades os senhores foram capazes de absorver a doçura dos negros e as demais virtudes míticas atribuídas aos africanos. Tão longe se deixou embalar neste misto de reflexão e memórias sentimentais que, a despeito da aguda observação de que, no fundo, senhores e escravos se tornavam "os mesmos" pela relação cruel da escravidão, conseguiu olhar para este fato com o espelho reverso: os escravos contaminaram os senhores com amor, quase os absolvendo de suas culpas porque alguns deles se tornaram capazes de manter relações de afeto com os oprimidos, como se não fossem algozes.

Diz mesmo que a escravidão

> espalhou por nossas vastas solidões uma grande suavidade [...] insuflou-lhe uma alma infantil, suas tristezas sem pesar, suas lágrimas sem amargor, seu silêncio sem concentração, suas alegrias sem causa, sua felicidade sem dia seguinte. [...] Quanto a mim, ab-

sorvi-a no leite preto que me amamentou; ela envolveu-me como uma carícia muda toda a minha infância; aspirei-a da dedicação de velhos servidores que me reputavam herdeiro presuntivo do pequeno domínio de que faziam parte... Entre mim e eles deve ter se dado uma troca contínua de simpatia, de que resultou a terna e reconhecida simpatia que vim a ter pelo seu papel.[14]

Curiosas reflexões partindo de quem foi o maior crítico da escravidão, a ponto de minimizar em suas análises institucionais as formas de governo e olhar como essencial o sistema de dominação: a verdadeira questão no final do século XIX não teria sido a opção entre República e Monarquia, mas entre Escravatura e Abolição. Esquecera-se em seu entusiasmo pela causa abolicionista de que sem escravidão não haveria Trono, tão amalgamadas estavam as duas instituições como luminosamente mostrou o outro grande intérprete do século XIX e especialmente da Monarquia, Sérgio Buarque de Holanda. Nabuco não para nos comentários acima transcritos. Vai mais longe e mostra ter alguma consciência do que lhe sucedera intimamente:

> Nessa escravidão da infância não posso pensar sem um pesar involuntário... Tal qual o pressenti em torno de mim, ela conserva-se em minha recordação como um jugo suave, orgulho exterior do senhor, mas também orgulho íntimo do escravo, alguma coisa parecida com a dedicação do animal que nunca se altera, porque o fenômeno da desigualdade não pode penetrar nela.[15]

No mesmo parágrafo faz a ressalva de que tal tipo de relacionamento (ele fala mesmo numa espécie particular de escravidão) se teria dado apenas em propriedades muito antigas, nas quais se formaria uma espécie de tribo patriarcal isolada do mundo, onde poderia vicejar "o mesmo espírito de humanidade".

Não reproduzo estes trechos para diminuir a grandeza de Nabuco. O momento e o local não seriam apropriados para exercícios vulgares de iconoclastia. Reproduzo-os tentando vislumbrar uma fresta ainda não completamente percebida pelos tantos que se dedicaram à sua biografia. Quem sabe pela fresta aberta por um texto menos importante possamos chegar à alma de nosso homenageado, ampliando o foco que ilumina o quanto a escravidão o tocou como pessoa. Quem sabe, pela imersão sentimental inevitável e inconsciente que cada um de nós faz na infância para dela retirar no decorrer da vida o que de melhor (e de pior também) construímos, seja possível entender com mais profundidade a relação que Nabuco estabeleceu com os escravos e com a escravidão. Isso, sem esquecer que a boa psicanálise sublinha que as pessoas se reconstroem no decorrer da vida, podendo eventualmente chegar a realizar, como escrevia Maquiavel sobre o Príncipe, "grandes feitos". Os sentimentos, as inclinações, os traços psicológicos que desabrocham na infância, não são como flores que fenecem esmaecendo mas sem modificar sua essência. Os seres humanos se modificam, se refazem e, deixando no recôndito da alma as primeiras experiências, mesmo que elas os tenham levado a se conceber de uma certa maneira, podem acabar por atuar de outra. E, nos casos mais exitosos, alcançar grandeza, como Joaquim Nabuco alcançou.

UM MERGULHO NO ÍNTIMO

Em requintado ensaio sobre "Acaso, destino, memória", publicado no livro *Rumor na escuta*, o psicanalista paulista Luiz Meyer[16] retomou os textos famosos de "Massangana" e tratou de desvendar as relações entre Nabuco e sua madrinha, por quem foi criado até aos oito anos de idade. Ao retornar a Massangana, doze anos depois, encontrou um engenho que pouco tinha a ver com aquele em que havia vivido. No reencontro sentimental com seu mundo infantil, Nabuco descreve o falecimento da protetora, os escravos a seu serviço e os do engenho, a volta à família no Rio etc. No início do capítulo, escrevera:

> O traço todo da vida é para muitos um desenho da criança esquecido pelo homem, mas ao qual ele terá sempre que se cingir sem o saber [...]. Os primeiros oito anos da vida foram assim, em certo sentido, os de minha formação instintiva ou moral, definitiva... [...] só eles conservam a nossa primeira sensibilidade apagada... Eles são, por assim dizer, as cordas soltas, mas ainda vibrantes, de um instrumento que não existe mais em nós [...]. Meus moldes de ideias e sentimentos datam quase todos desta época.[17]

Diante de tão luminoso insight, o psicanalista afirma que Nabuco foi freudiano, *avant la lettre*, antes que se desenvolvesse a psicanálise, o que não é pouco dizer. A crer que "o traço todo da vida" provém da experiência infantil, tomando-se ao pé da letra a memória de Nabuco, pergunto: de que experiência proviria o âmago de seu sentimento com relação às questões que nos preocupam? De um momento dramático, diz ele, quando um negro jovem se jogou a seus pés e suplicou proteção provocando sua compaixão e revolta pela descoberta do ultraje que era a escravidão. O fato dotara-o de força moral para lutar até o fim pela extinção de tão perversa instituição:

> Eu estava uma tarde sentado no patamar da escada exterior da casa, quando vejo precipitar-se para mim um jovem negro desconhecido, de cerca de dezoito anos, o qual se abraça aos meus pés suplicando-me pelo amor de Deus que o fizesse comprar por minha madrinha para me servir. Ele vinha das vizinhanças, procu-

rando mudar de senhor porque o dele, dizia-me, o castigava, e ele tinha fugido com risco de vida... Foi este o traço inesperado que me descobriu a natureza da instituição com a qual eu vivera até então familiarmente, sem suspeitar a dor que ela ocultava.[18]

Tão forte teria sido a experiência que logo em seguida Nabuco escreve frase desconcertante, dizendo que a extinção da escravidão o fez sentir que "podia pedir também minha própria alforria [...] e, no entanto, hoje que ela está extinta, experimento uma singular nostalgia, que muito espantaria um Garrison ou um John Brown: a saudade do escravo".[19]

Para o sociólogo e mesmo para o historiador, a súbita sensação de opressão e desfazimento da pessoa humana pelo utilitarismo da escravidão seria razão mais do que suficiente para explicar o que convencera Nabuco do horror que era a escravidão, como ele próprio afirma, ao encontrar na súplica daquele escravo, gravada nas folhas perdidas da infância, os motivos que o levaram a combater tão fortemente a iniquidade da escravidão. O olhar treinado do psicanalista, entretanto, duvida de que a memória seja a transcrição literal das sensações do passado. Freud escrevera: "Nossas memórias de infância nos mostram nossos anos iniciais não como eles foram, mas como pareceram em períodos posteriores, quando as memórias foram despertadas [...], [elas] não emergem, como as pessoas costumam dizer, elas são formadas neste momento".[20] E mais, na técnica analítica, a recordação pode ser encobridora de outra experiência emocional, pode ser substitutiva, pode ter havido uma transferência de fragmentos de memória não necessariamente conectados uns aos outros ou pode mesmo haver uma reconstituição no presente das recordações do passado.

Neste passo Luiz Meyer retoma os textos de Nabuco quando, no mesmo capítulo, recordando-se de suas sensações ao voltar a

Massangana, diz: "A noite da morte de minha madrinha é a cortina preta que separa do resto de minha vida a cena de minha infância". Descreve a lamentação de todos. Escravos, libertos, moradores, para dizer que "era uma cena de naufrágio; todo este pequeno mundo, tal qual se havia formado durante duas ou três gerações em torno daquele centro, não existia mais depois dela: seu último suspiro o tinha feito quebrar-se em pedaços".[21]

Em seguida, diante do que aconteceria com os escravos, proclama: "a mudança de senhor era o que mais terrível havia na escravidão". Observação estranha, uma vez que em si a escravidão era terrível como ele próprio a descrevera. E acrescenta, referindo-se a seu próprio sentimento: "O que mais me pesava era ter que me separar dos que tinham protegido minha infância, dos que me serviram com a dedicação que tinham por minha madrinha, e sobretudo entre eles os escravos que literalmente sonhavam pertencer-me depois dela".[22]

Ocorre que nem os supostos sonhos dos escravos nem os de Nabuco se realizaram: ele herdou uma casa no Recife e outras terras, de fogo morto, isto é, sem escravos, e Massangana passou, por sucessão, para um sobrinho da proprietária. Não só os escravos "perdiam" sua ama, como Nabuco perdia, no mesmo instante, sua mãe adotiva, que o chamava em carta a seu pai, o conselheiro Nabuco, de "meu filhinho", bem como perdia o pecúlio que estava sendo acumulado pela madrinha para ele e que jamais chegou a suas mãos. Os servidores antigos, diz, consideravam-no herdeiro presuntivo de tudo, e quem sabe a criança semideserdada, que perdera aquela que considerava sua "mãe", também se sentisse presuntivamente um senhor. Não foram só os escravos que pararam em mãos de estranhos: também ele foi viver, aos oito anos, com uma família até então estranha, com todas as dificuldades iniciais de relacionamento com a mãe biológica, como descrevem seus biógrafos.

Este quadro de perdas provavelmente consolidou mais a identificação de Nabuco com os escravos do que a súplica do negro que queria ser comprado por Massangana, e nutriu nele a visão da iniquidade de um sistema de propriedade baseado na escravidão. Era necessária uma alforria mais geral: dos escravos, dos senhores, dos deserdados, dos libertos e dos homens livres, todos imersos no mesmo mundo da escravidão. Assim, a despeito do episódio que Nabuco mencionou como o fator decisivo para dar-lhe força moral na luta pela Abolição, foi sua própria experiência existencial, de perdas sentimentais e materiais, que o fez perceber os horrores da escravidão de modo integral. A partir daí pôde organizar um projeto de vida que, se teve nas experiências seminais da infância um impulso motivador, não se explica só por isso, mas pelos condicionamentos da sociedade, por suas opções e por seu empenho em mudar as coisas. Foram suas reações diante da vida que o tornaram um reformador social, não apenas as experiências de infância, embora essas, tal como guardadas em sua memória, tivessem sido marcantes para a formação de sua personalidade.

Daí por diante a revolta contra tudo que a escravidão representava se instaurara na alma de Joaquim Nabuco. Seu comportamento adulto, mesmo sendo considerado um dândi, quase um estroina (em viagem à Europa logo no início da vida de solteiro, torrou o dinheiro obtido pela venda da pequena herança recebida), sua ambiguidade como homem "entre dois mundos" — tão bem apreciada no ensaio de João Cezar de Castro Rocha sobre Nabuco, como um intelectual entre culturas, em que retoma as interpretações seminais de Silviano Santiago —, nada disso obscurece a dedicação que devotou à libertação dos escravos: dedicou dez preciosos anos à luta abolicionista. Inflamou-se como orador, ganhou e perdeu eleições, imiscuiu-se nos meandros do poder monárquico-patriarcal, mas foi fiel ao sentimento básico de horror à escravidão.

VOCAÇÃO PARA A POLÍTICA?

Que sentido tem, diante de comportamento tão ativo na vida pública, escarafunchar suas hesitações entre dedicar-se às letras (e o fez com sucesso) e dedicar-se à política? É verdade que, para Nabuco, política, como já disse, sempre foi uma entrega "à causa". Esta podia variar, do abolicionismo à monarquia, ou mesmo, já maduro e aceitando os "fatos da vida", à república — que não apreciava —, ou ao pan-americanismo, pelo qual se entusiasmou quando embaixador em Washington. Não o fascinavam o dia a dia dos conchavos, as querelas internas de partido, os controles oligárquicos do poder. Podia deles se beneficiar, mas, atuando como personagem na cena pública, concentrava todo o seu espírito e sua energia na defesa de ideais: "Esse gozo especial do político na luta dos partidos não o conheci; procurei na política o lado moral, imaginei-a uma espécie de cavalaria moderna, a cavalaria andante dos princípios e das reformas; tive nela emoções de tribuna, por vezes de popularidade, mas não passei daí: do limiar".[23]

Não foram poucos os críticos que ressaltaram sua "predileção para o estético", até para o diletantismo. José Veríssimo, em crítica à primeira edição de *Minha formação*, considerava que "a ocupação da atividade política [de Nabuco] tomará sempre o aspecto de um tema estético e literário, de um exercício intelectual".[24] O próprio Nabuco em vários escritos e correspondências demonstrou sua inaptidão para as rusgas do combate político cotidiano. Já no fim da vida escreveu que "lutas de partidos, *meetings* populares, sessões agitadas da Câmara, tiradas de oratória, tudo isso me parecia pertencer à idade da cavalaria".[25]

Olhando de outra perspectiva, só na aparência Nabuco se distanciara dos sentimentos da juventude que revelavam uma permanente ambiguidade entre a política e o estético. Ao fazer sua primeira viagem à Europa, disse que ela teve o efeito de "suspender durante um ano, inteiramente, a faculdade política que, uma vez suspensa, parada, está quebrada e não volta mais a ser a mola principal do espírito".[26] Em seguida, não obstante, reconhece que: "Apesar de tudo, eu tinha faculdades políticas inapagáveis, que poderiam, quando muito, ficar secundárias, subordinadas à atração puramente intelectual".[27]

Disposições secundárias, cinzas no braseiro, mas não extintas. Era só soprar o vento de um ideal, e a velha paixão, embebida toda ela de visão intelectual, reacendia a chama, como já dito, no caso do abolicionismo, na defesa do espírito de moderação, na nostalgia monárquica ou na visão de um Brasil ativo no hemisfério americano. Como se jogou às lutas em momentos especiais que tinham sentido mais profundo do que as querelas do poder pelo poder, diz ele, "não trouxe da política nenhuma decepção, nenhum amargor, nenhum ressentimento".[28]

Vendo no pai o suprassumo das virtudes do estadista, resumiu, depois de escrito seu grande livro, no que consistem elas: "Essa era a sua qualidade principal de político: adaptar os meios aos fins e não deixar periclitar o interesse social maior por causa de uma doutrina ou de uma aspiração".[29] Ou seja, a política requer, ao mesmo tempo, um ideal que subordine os meios utilizados para alcançá-lo e um realismo que coloque "o interesse social maior" como salvaguarda diante dos fundamentalismos, os quais o horrorizavam. A boa política, para Nabuco, seria sempre incompatível com o fanatismo, isto é, com a intolerância, qualquer que fosse.

Nabuco foi, sim, político a vida toda, no modo particular como concebia a ação política, como uma ação que liga o poder ao espírito por intermédio dos ideais propostos. Esteticamente, concedamos o qualificativo, é verdade, se apresentava à cena das lutas empunhando floretes, mais do que armas de gladiadores.

AMBIGUIDADES DE NABUCO

Poderá alguém ter sido tão radicalmente abolicionista, ter pregado a igualdade de todos perante a lei e ao mesmo tempo ter mantido conduta inegavelmente "aristocratizante" e ter sido monarquista, dirão alguns de seus críticos? Isso, que talvez mostre inconsequências e ambiguidades ideológicas e comportamentais, no fundo é o drama humano do intelectual que participa da política, se entrega a ela em dados momentos, mas não quer perder seus valores nem se deixar engolfar em posições que possam ser contrárias ao interesse social maior. No caso de Nabuco, o que mais diretamente contava em seu espírito — seu interesse social maior — eram seus sentimentos democráticos, transparentes na luta contra a escravidão, menos claros em outros momentos da vida.

Quem sabe se antevendo a crítica futura, Nabuco deixou registrado em seus *Pensamentos soltos* que "não é possível exprimir senão lados do pensamento, o pensamento, em seu conjunto, retira-se, mal percebe que o querem prender".[30] Horrorizava-o, portanto, um enfoque totalizador do pensamento, de todo o pensamento, quanto mais no caso do pensamento político. Repudiava uma visão que tornasse unívoca a relação entre o modo de viver e o fazer da política. Talvez antevisse nisso germens do que veio a ser o totalitarismo moderno, no qual o partido regula a ação da pessoa em toda parte, no trabalho, na vida, no lazer.

Nabuco exerceu ampla influência nos movimentos e círculos de poder de sua época e continua a exercer. Na evolução de suas crenças, Nabuco foi primeiro republicano, à sua maneira, depois monárquico, o que não o impediu de servir ao governo Campos Sales. Oportunismo ou devoção a "causas maiores"? Quem sabe se desde as experiências de infância — quando se sentia "senhorzinho" e abominou a escravidão — o que alguns chamariam de contradições e outros de condição humana já permeassem a vida de nosso homenageado? Viveu sempre envolvido por dilemas, que não eram psicológicos apenas, nem de incoerência pessoal, mas decorriam da trama social em que estava envolto. Ainda assim, Nabuco teria podido sustentar sinceramente valores "democráticos" a ponto de considerar os negros como iguais e desejar dar-lhes voz na vida nacional?

Se cabe algum paralelo para entender Joaquim Nabuco, é com Tocqueville. Este, nobre de antiga cepa, aristocrata dos autênticos, quando as hierarquias e privilégios se prendiam à posse da terra e ao controle dos homens por intermédio das mais distintas instituições, da corveia a outras formas de sujeição, também se surpreendeu e fascinou com a América democrática. Mais tarde destrinchou as causas da decadência do Antigo Regime, mostrando que, além do jacobinismo e dos ideais libertários e igualitários da Revolução de 1789, houve o cupim da burocracia centralizadora do rei minando o poder da antiga classe dirigente, a aristocracia. Quem sabe para Nabuco não teriam sido os cafeicultores capitalistas, alguns deles proprietários de escravos, que impediram que a Monarquia se mantivesse vigente, apesar da Abolição, como gostaria que tivesse ocorrido. Com uma diferença: famoso por seus livros sobre *A democracia na América*[31] e sobre *O Antigo Regime e a Revolução*, Tocqueville era entranhadamente um conservador e subsidiariamente um liberal, enquanto Nabuco era mais de estilo liberal-conservador, ainda que tivesse escrito em suas memórias, referindo-se à fase inicial de sua vida, que não havia nada nele que pudesse tisnar seu liberalismo com traços de tradicionalismo.

Não passaram desapercebidas a alguns dos comentadores das ideias de Joaquim Nabuco as coincidências entre os dois autores, um falando sobre a primeira metade do século xix, outro, sobre a segunda e sobre os primórdios do século xx. É no livro de Vamireh Chacon sobre *Joaquim Nabuco: revolucionário conservador* que se encontram referências comparativas mais explícitas entre os dois pensadores. Embora reconhecendo que Nabuco não se refere a Tocqueville em *Minha formação* e o faz apenas quando biografa seu pai, o autor está convencido de que houve um diálogo intelectual direto entre os dois. Fernand Braudel, prefaciando outro livro de Tocqueville, *Lembranças de 1848*,[32] diz que "a política interessa bem menos a Tocqueville do que a sociedade, sociedade que em seu conjunto ele percebe como uma realidade subjacente à realidade política, como fundamento da vida política". Tocqueville lamenta que, depois da restauração monárquica dos Bourbon, tenha ocorrido o "triunfo da classe média" (da burguesia) graças à Revolução de 1830, que levou ao trono Luís Filipe, príncipe do ramo dos Orléans, quer dizer, descendente do irmão de Luís XIV e não diretamente de Luís XVIII, derrubado precisamente em 1830. Diz que lamenta tal triunfo porque a nova classe dominante tinha um espírito ativo, industrioso e "frequentemente desonesto". A Revolução de 1848, que, por sua vez, destituiu Luís Filipe, decorreu não só desses vícios que derivavam dos "instintos naturais da classe dominante", mas do fato de que o rei reforçou tais vícios e se tornou no "acidente" que os transformou em enfermidade mortal. Por trás da crítica sociológica à dominação da burguesia e à indulgência do rei, surge o aristocrata arraigado à antiga ordem, a despeito de ser o visionário da nova. Os abusos e irresponsabilidades da aristocracia e, agora, da burguesia, sua falência como classe dirigente, fazem nosso autor sentir saudades da... Inglaterra. Esta, diz ele, "é o único país do mundo onde a aristocracia continua a governar".

E não foi também a Inglaterra com sua Constituição não escrita que confirmou a inclinação de Nabuco pela monarquia? Mas há importantes diferenças de nuances entre Tocqueville e Nabuco. Por mais que o pendor tradicionalista deste último o levasse à paixão monárquica, ao tomar a Inglaterra como exemplo não se entusiasma, como Tocqueville, pela permanência da aristocracia no poder, mas pela função igualadora do Judiciário inglês. Justifica o ter deixado o ideal republicano de juventude pela descoberta, na maturidade, de que havia nele, mesmo quando sincero, muito de ressentimento das posições alheias, de inveja, de cujos sentimentos parte também o impulso revolucionário, que nunca o entusiasmou. Foi o contágio com o espírito inglês, diz ele, que o levou a identificar-se com a monarquia. Entretanto, enquanto Tocqueville apreciava a dominação aristocrática, Nabuco achava que "só há, inabalável e permanente, um grande país livre no mundo", a Inglaterra. Nela o que lhe deixou a mais funda impressão não foi a aristocracia, mas a autoridade dos juízes, além da efetividade da Câmara dos Comuns, sensível às mais ligeiras oscilações do sentimento público.

Dirá em *Minha formação*:

> Somente na Inglaterra, pode-se dizer que há juízes [...] só há um país no mundo em que o juiz é mais forte do que os poderosos. O juiz sobreleva à família, à aristocracia, ao dinheiro, e, o que é mais que tudo, aos partidos, à imprensa, à opinião; não tem o primeiro lugar no estado, mas tem-no na sociedade. [...] O marquês de Salisbury e o duque de Westminster estão certos que diante do juiz são iguais ao mais humilde de sua criadagem [...]. O sentimento de igualdade de direitos, ou de pessoa, na mais extrema desigualdade de fortuna e condição, é o fundo da dignidade anglo-saxônia.[33]

TOCQUEVILLE E NABUCO: CONSERVADORES?

Um verdadeiro conservador, Tocqueville, pelo contrário, explicitava ostensiva, orgulhosamente, seu antijacobinismo, antirrepublicanismo, mesmo antiorleanismo (pois era mais simpático aos legitimistas) e era contrário à impostura de Napoleão III. Nada disso o impediu, eleito deputado em 1848, de observar com isenção o que vivenciou no período revolucionário de 1848 pelas ruas de Paris e de tomar posições críticas diante da monarquia. Nem tampouco de servir à república, depois da queda de Luís Filipe e da derrota dos setores radicais responsáveis pela revolta de fevereiro de 1848, pouco a pouco expulsos da cena pública, como Marx mostra melhor do que ninguém no *18 de Brumário*, análise brilhante que mereceria uma comparação cuidadosa com o livro de Tocqueville sobre os mesmos acontecimentos. Os legitimistas tinham contra eles a antipatia da maioria do país e o desprezo do povo, enquanto os orleanistas despertavam a hostilidade nas próprias classes superiores e no clero, além de estarem separados do povo e de nada haver para garantir o triunfo desta dinastia. O ódio que os três partidos (os legitimistas, os orleanistas e os republicanos) nutriam entre si e a impossibilidade de formar-se uma maioria levaram Tocqueville a apoiar a república após o levante de 1848, dizendo, não obstante, que: "Não acreditava então, como não acredito hoje, que o governo republicano fosse o mais apropriado às necessidades da França; para falar com exatidão, o que eu entendo por governo republicano é o poder executivo eletivo".[34]

Havia um consolo, porém, para o autor: a nova forma de governo seria exercida por quem "estava preparado para ocupar o lugar da república, porque já tinha o poder",[35] Luís Napoleão. O voto universal, acreditava ele, remexeria o país de cima a baixo, "sem trazer à luz qualquer homem novo que merecesse distinção".[36] Às assembleias chegam em geral os "homens comuns" e um pequeno grupo dos mais capazes, os quais, de qualquer maneira, com ou sem voto universal, teriam assento na mesa das decisões. O que contava para Tocqueville era que: "não são as leis em si mesmas que fazem o destino dos povos" ou que produzem os grandes acontecimentos, mas sim "o espírito do governo". Para ele a antiga aristocracia francesa era mais esclarecida do que a nova classe média, a burguesia, era mais bem dotada de *esprit de corps*. Lamenta que a aristocracia tivesse acabado por achar "que era de bom gosto censurar suas próprias prerrogativas e clamar contra os abusos dos quais vivia". Quando esta classe perdeu a virtude, que corresponderia a governar visando ao interesse de todos, abriu espaço para a nova classe dominante, que, por sua vez, se chafurdou na corrupção e nos negócios... Foi isso que justificou a escolha de Tocqueville: melhor que Luís Napoleão "ocupe o lugar" da república do que ter uma verdadeira república com soberania popular. Tocqueville temia a revolução, "um combate de classe", escreveu, "uma espécie de guerra servil",[37] que, mais do que alterar a forma de governo, queria alterar a ordem da sociedade. Esta, na visão de um autêntico conservador, deveria ser preservada, ainda que por subterfúgios, golpes de Estado e simulacros de inovação na forma de governo.

O SENTIMENTO DEMOCRÁTICO EM NABUCO

Nabuco, apesar de suas contradições, de ter sentimentos íntimos presos às tradições e a despeito de seu liberalismo não ter sido tão completo como ele pensava, não foi apenas abolicionista, mas tinha de fato uma visão democrática da sociedade. Tocqueville, sendo um aristocrata assumido, era, neste aspecto, o intelectual distante que, embora compreendendo os novos tempos, pouca simpatia demonstrava pelos atores que surgiam. Nabuco, sendo um membro da elite imperial não completamente integrado nela, mais facilmente se identificou com os novos atores que estavam surgindo — os negros-cidadãos — e que deveriam ter peso na formação da nacionalidade.

Tocqueville se apercebeu das mudanças que se avizinhavam com o advento da "era americana", nos costumes, na economia e na política, ao haver escrito sobre elas décadas antes e mesmo com maior profundidade e menos nostalgia do que Nabuco. Não podia nutrir nostalgia porque continuava a sentir-se muito bem no papel de aristocrata que entendia o processo social, mas tudo fazia para que as forças novas não perturbassem o equilíbrio tradicional das coisas. Analisou como ninguém o porquê da democracia na América (o "espírito de liberdade", que permitia a associação das pessoas para realizar fins coletivos independentemente da autoridade, a religiosidade agregadora dos protestantes, a força das comunidades locais e ainda a liberdade de imprensa). Em seu íntimo, contudo, nunca deixou de ser um homem "do antigo regime". Via na democracia de massas o perigo do autoritarismo, a igualdade induziria a uma forma de tirania. Já Nabuco se irmanou intimamente com o negro e se tornou simpático às características democráticas da nova sociedade, embora nunca tenha aceitado as formas republicanas no Brasil e tivesse confundido o "poder pessoal" do imperador, tão duramente criticado por Sérgio Buarque, com uma forma branda de exercer o Poder Moderador e de provocar a alternância democrática. Deixou que o lado tradicionalista de sua alma o impedisse de ver a inconsistência que havia em ser tão radicalmente abolicionista, tão favorável à integração do negro na cidadania, e venerar a monarquia.

Se a visão política de Joaquim Nabuco não chegou a ser a de um revolucionário propriamente dito, embora conservador (como no título da obra citada acima, ideia extraída de Gilberto Freyre), ele foi muito mais do que simplesmente um saudosista ou um conservador. Em Tocqueville se vê, a despeito de sua criatividade intelectual, no que consiste um verdadeiro conservador: compreende o sinal dos tempos mas não se comove com eles; aceita-os sem adesão emocional e, se possível, luta contra as mudanças. Pode-se concordar com o comentário de Marco Aurélio Nogueira que, em seu *O encontro de Joaquim Nabuco com a política*, sublinha as dificuldades para sustentar o liberalismo no Brasil, como Nabuco fez. Num país escravocrata não haveria sujeitos sociais que apoiassem ideias liberais. A despeito de nosso liberalismo ser fruto de um feixe de "ideias fora do lugar", o autor mostra que ele acabou por se ajustar às realidades, ficando por isso mesmo incompleto ou deformado. Sem negar o que de certo há no argumento, não há que exagerá-lo. Marco Aurélio Nogueira faz justiça a Nabuco, mas vai um tanto longe ao qualificar o liberalismo do Império: "Liberalismo conservador, elitista e antipopular, tingido de autoritarismo, antidemocrático e sem heroísmo".[38]

Que havia algo disso, é inegável, mais ainda na conduta dos partidos. Nem nego que se possa caracterizar Nabuco como liberal-conservador, o que, aliás, venho fazendo. Mas basta compará-lo com um verdadeiro conservador, como Tocqueville, para ver as diferenças. Seu liberalismo não deve ser visto apenas como fruto da absorção de ideias fora do lugar, nem de um vezo retórico ou como expressão da "cultura ornamental" de intelectuais que se sentiam entre dois mundos. Suas convicções políticas derivaram de suas observações na Inglaterra e nos Estados Unidos e também de sua preocupação com o "formar a nação" sem simplesmente copiar as instituições de outros países. Mesmo porque, advertira Nabuco, o maior erro que se pode cometer em política é *copiar*, numa dada sociedade, instituições que cresceram em outra.

O OLHAR DO EXTERIOR

Vejamos um pouco mais no pormenor como Nabuco apreciou a experiência europeia e a norte-americana. Durante a primeira viagem à França, depois da queda de Napoleão III, ainda se travavam lutas para a consolidação da Terceira República. Nabuco diz com todas as letras: "Eu era como político francamente thierista, isto é, em França de fato republicano. Isto não quer dizer, porém, que me sentisse republicano de princípio; pelo contrário",[39] e passa a justificar sua posição dizendo, como dissera Tocqueville, que a República fora obra de monarquistas. A forma de governo não era uma questão teórica, mas prática. Com isso Nabuco justificava ser monarquista nas condições do Brasil e republicano na França.

Convém aclarar um pouco mais, portanto, no que consistiam as ambiguidades do sentimento republicano do Nabuco-francês, que tanto confundiu analistas de sua obra: "De sentimento, de temperamento, de razão, eu era tão exaltado partidário de Thiers como qualquer republicano francês; pela imaginação histórica e estética era porém legitimista".[40] E explica: "perante o artista imperfeito e incompleto que há em mim, a figura do conde de Chambord reduzia a de Thiers a proporções moralmente insignificantes".

Essa dualidade, francamente reconhecida por ele, não atingia seus valores políticos, nem mesmo suas preferências quanto à questão — prática — das formas de governo. A ambiguidade se restringia a que seu íntimo, seu lado estético, era conservador. Já o lado público, político, não era tanto. Repugnava-o toda forma de fanatismo e foi nisso que apoiou a obra de Thiers, como Tocqueville apoiara a República que se seguiu à Monarquia de Julho: ambas destruíram os germens de intolerância e fanatismo republicanos que vinham desde os tempos jacobinos. De novo, Nabuco era, sim, liberal, sim, apoiava correntes que os verdadeiros conservadores abominavam, roçou o ser democrático. Seu republicanismo francês, por sua vez, não se contrapôs nem às "necessidades sociais" nem ao que colhera do espírito inglês em sua formação: a tolerância, a tendência à conciliação. O republicanismo que apoiava era aquele que matava o jacobinismo, como ele próprio fez quando se opôs ao "florianismo" no Brasil ou a Balmaceda, no Chile.

Que suas ambiguidades não excluíam pensamentos e sentimentos democráticos, disso não me cabem dúvidas. No mesmo parágrafo em que faz comentário sobre a importância que dava à Justiça inglesa para assegurar a igualdade formal dos cidadãos explica as razões pelas quais não considerava os Estados Unidos o berço da liberdade e sim a Inglaterra:

> os Estados Unidos são um grande país, mas há nele, sem falar da sua justiça, da lei de Lynch, que lhe está no sangue, das abstenções em massa da melhor gente, do desconceito em que caiu a política, uma população de 7 milhões, toda raça de cor para a qual a igualdade civil, a proteção da lei, os direitos constitucionais, são contínuas e perigosas ciladas.[41]

Fez uma crítica substantivamente democrática sobre a base social estreita em que se assentam as instituições e desejava ampliá-la. Inversamente, pergunto eu, não foi nos Estados Unidos que ocorreu a primeira grande revolução democrática, apesar da carência de base social, e não foi lá que surgiram os defensores do individualismo liberal? Não é para surpreender, portanto, que Nabuco, a despeito da base social precária para o liberalismo ou para a democracia no Brasil escravocrata, tenha defendido ideias liberais. Ou, também nos Estados Unidos, as ideias estariam fora de lugar?

Para justificar seu pendor para o sistema monárquico, Nabuco recorreu aos argumentos de Bagehot,[42] autor que o influenciou desde a juventude. Entusiasmou-se com o sistema britânico porque nele existe, além da independência do Judiciário, uma fusão e não separação entre os poderes. Assim, tão pronto um movimento da opinião pública se refletisse na Câmara dos Comuns, o Gabinete perderia a confiança da maioria, o Parlamento seria dissolvido e haveria novas eleições. No Brasil, diversamente, era o imperador quem, na suposta escuta da opinião nacional, dissolvia a Câmara, formava o novo gabinete e este manipulava o resultado eleitoral. O sistema inglês permitia manter a monarquia e, também, ouvir o povo nas decisões. Era mais democrático. A monarquia tornara-se simbólica, politicamente neutra, parte da cultura nacional e elemento de agregação do povo. Seria, por assim dizer, "o lado estético do sistema de poder" que agradava ao íntimo artístico de Nabuco. Politicamente, contudo, valorizava as regras democráticas, a Justiça independente e a força dada à voz direta do povo. O sentimento em favor do estilo inglês de governar se reforçou ainda mais com a experiência americana.

Muitas décadas antes de Nabuco escrever sobre os Estados Unidos, Tocqueville havia sublinhado o avanço inexorável do sentimento democrático não só naquele país como na Europa. E alertara: "A igualdade produz efetivamente duas tendências: uma leva os homens diretamente à independência e pode impeli-los à anarquia, e outra os conduz por caminho mais longo, mais secreto, porém mais seguro, à servidão".[43] Se ainda assim Tocqueville se apega à democracia, é porque ela induz ao mesmo tempo à independência política das pessoas, noção obscura e inclinação instintiva, diz ele, que é o remédio para o mal produzido pelo individualismo fomentado pela nova sociedade.

> O individualismo é um sentimento que predispõe cada cidadão a isolar-se da massa de seus semelhantes e retirar-se à parte, com a família e os amigos, de tal modo que, após criar dessa maneira uma sociedade para uso próprio, abandona prazerosamente a sociedade a si mesma.[44]

A maioria deles — dos americanos — acha que o governo age mal; mas todos acham que o governo deve agir sem parar e em tudo pôr a mão.[45]

Mostrei que a igualdade sugeria aos homens a ideia de um governo único, uniforme e forte.[46]

Quanto ao modo de vida americano, Tocqueville criticou duramente a transformação do gozo do bem-estar material como apanágio da burguesia — da "classe média". Reagiu aos efeitos desagregadores da mobilidade social e condenou o sistema político do país a ser vítima do próprio espírito de igualdade. O individualismo, somado às oportunidades crescentes para que todos compartilhassem valores igualitários, levaria ao descaso dos indivíduos por qualquer coisa que não fossem seus interesses e sentimentos mais imediatos. Só não ocorreria a asfixia da sociedade pelo Estado se houvesse uma imprensa livre e muitas associações independentes da autoridade política. A tal ponto ia a preocupação de Tocqueville com os efeitos maléficos desse tipo de cultura no sistema político que chegou a escrever que os americanos "imaginam um poder único, tutelar, onipotente, mas eleito pelos cidadãos. Combinam a centralização com a soberania popular. Isto lhes dá algum sossego. Consolam-se do fato de estarem sob tutela lembrando-se de que escolheram o tutor".[47]

Nabuco extrai uma visão diferente da experiência em Nova York e Washington, onde esteve entre 1876 e 1877, quarenta anos depois de Tocqueville ter escrito *A democracia na América*. Não nega o sentimento de igualdade que lá encontrou e que lhe pareceu superior ao que ocorria na Inglaterra, embora achasse que a liberdade individual que existia era mais restrita, se comparada à que prevalecia na Inglaterra. No sentido da igualdade, escreve, é a Inglaterra quem caminha na direção dos Estados Unidos. Mas, diz ele, é inegável que a democracia, "introduzindo na educação a ideia da mais perfeita igualdade, levanta no homem o sentimento do orgulho próprio".[48] A questão seria saber se as sociedades mais tradicionais, como a inglesa, não produzem "com as limitações de classe uma dignidade pessoal moralmente superior a essa altivez da igualdade".[49] Sem temer o que assustava Tocqueville, o descaso das massas pela política e a onipresença do governo, Nabuco mais temia a altivez orgulhosa dos norte-americanos que excluíam os negros e os "chins" do sentimento de igualdade — estes antes seriam classificados como uma ordem diferente da dos homens — mas também os demais povos: "nunca ninguém convenceria o livre cidadão dos Estados Unidos, como ele se chama, de que seu vizinho do México ou de Cuba, ou os emigrantes analfabetos e os indigentes que ele repele de seus portos, são seus iguais".[50] A característica por excelência do norte-americano "é a convicção de que *melhor* do que ele não existe ninguém no mundo".[51]

Nesse passo se torna curiosa a apreciação conjunta dos dois autores. Tocqueville vê uma sociedade democrática se formando, com todos os perigos políticos que, na visão de um aristocrata, isso poderia acarretar. Nabuco vê risco maior na formação de uma cultura de exclusão, a despeito da igualdade política. Seria a visão que reafirma o "dilema do mazombo", na saborosa expressão que Evaldo Cabral de Mello retirou de Mário de Andrade? Ou seja, por mais que se atribua a Nabuco um viés europeizante, renascem as raízes miscigenadas e ele, assim como se identificou com os negros, se identifica nos Estados Unidos com os excluídos, com as outras "raças"? Difícil responder. Seja como for, Nabuco também discrepa de Tocqueville na análise do sistema político americano. "Não há vida privada nos Estados Unidos", diz, referindo-se à invasão da imprensa na vida particular dos políticos. Sua visão da liberdade de imprensa, neste aspecto, é distinta da apresentada pelo marquês: os jornais beiram a *chantagem*. A luta política não se trava no terreno das ideias, mas no das reputações pessoais. "Com semelhante regime, sujeitos às execuções sumárias da calúnia e aos linchamentos no alto das colunas dos jornais, é natural que evitem a política todos os que se sentem impróprios para o pugilato na praça pública, ou para figurar num *big show*."[52] Joaquim Nabuco desvenda de outro modo a política americana. O descaso para com ela, o absenteísmo eleitoral, não se deve só à sua forma truculenta, mas a que os melhores, os mais capazes, uma espécie de "aristocracia sem títulos nem pergaminhos de nobreza", dedicam-se aos negócios e não à vida pública. Nesta prevalece a corrupção consentida pela sociedade. "Os americanos são uma nação que quisera viver sem governo e agradecem aos seus governantes suspeitarem-lhe a intenção."[53] O americano será "o mais livre de todos os homens; como cidadão, porém, não se pode dizer que o seu contrato de sociedade esteja revestido das mesmas garantias que o do inglês, por exemplo".[54]

Há uma delegação da coisa pública aos *politicians*, como os chama Nabuco. Disso resulta que o governo na América seja "uma pura gestão de negócios, que se faz, mal ou bem, honesta ou desonestamente, com a tolerância e o conhecimento do grande capitalista que a delega".[55] A nação se deixa dividir em partidos e, apesar da massa das abstenções, acompanha os maus administradores de seus interesses. Forma-se uma "democracia de partidos", relativamente isolada da sociedade, a qual, hipocritamente, finge não ver a corrupção e os desmandos, à condição de que os governantes deixem os indivíduos em paz. Em vez de ver na liberdade de imprensa e nas organizações da sociedade civil o contrapeso a tanta delegação, como queria Tocqueville, o freio adviria de que existe virtualmente uma "opinião pública". Esta, embora seja raro, pode se formar com uma energia incalculável, como um tsunami "que atiraria pelos ares tudo o que lhe resistisse, partidos, legislaturas, congresso, presidente".[56]

Menos do que ver, como Tocqueville, o risco maior para a democracia no Estado centralizador, consequência não intencional da igualdade, Nabuco vê, no fundo, a perda de *virtù* e o que hoje se chamaria a "excepcionalidade americana", a crença em seu destino manifesto, a arrogância para com os excluídos e talvez para com o mundo.

NABUCO DEPOIS DA REPÚBLICA

Não foi esta, não obstante, a visão de Nabuco diplomata e do cosmopolita pensando a política internacional, já na fase final de sua vida. Sobre o tema farei umas poucas observações para finalizar. Não me vou referir ao dilema famoso do intelectual que em sua terra sentia a ausência do mundo e no exterior a ausência do país, nem a suas muitas declarações de apreço à cultura europeia e de certo desdém à nossa história cultural, pobre em comparação com a europeia, tema já debatido por alguns dos comentaristas que citei. Quero concentrar o foco desta parte final em dois tópicos presentes na obra e na ação de Nabuco: a crise do Chile durante a presidência de Balmaceda, no final do século XIX, e o modo como encarou o pan-americanismo, quando, já no século XX, foi embaixador em Washington.

O livrinho sobre o presidente chileno, que se suicidou depois de forte crise na disputa de primazia entre o Legislativo e o Executivo em 1891, é interessante sob vários aspectos. Primeiro, por demonstrar a curiosidade intelectual de alguém distante do dia a dia do Chile, mas atento à política sul-americana, a ponto de se envolver com paixão no drama político daquele país. Segundo, pela percepção de que as instituições chilenas e brasileiras, república num caso e, até havia pouco, império noutro, evitaram o caos caudilhesco presente na maior parte da região, mantendo valores relativamente liberais. Muito relativamente, diríamos. Aos olhos de Nabuco, contudo, as formas parlamentares dos dois países haviam sido capazes de coibir os impulsos jacobinos.

Tendo acentuado seu pendor conservador depois da Proclamação da República no Brasil, Nabuco encarou a modernização de Balmaceda — homem devotado ao desenvolvimento econômico, à absorção das ciências e ao papel indutor do Estado — como uma ameaça aos moldes liberal-conservadores. Na revolução chilena foi o Congresso, com apoio da Armada, quem deu um basta ao presidente, tendo este reagido pelo suicídio. Nabuco interpretou a vitória do Parlamento como a preservação do que de melhor podia ser feito para assegurar a continuidade da formação nacional chilena. O sistema político chileno, desde quando Portales criara um Estado organizado e forte, se mantivera nos limites do respeito à independência e harmonia entre os poderes, com predomínio da dominação oligárquica contra a qual de algum modo se jogara Balmaceda.

Estamos longe do Nabuco apreciador de Thiers e mesmo de Bagehot e mais próximos do leitor de Burke. Com uma ressalva: ele encarava as experiências políticas do Brasil e do Chile como uma salvaguarda moderadora e temia que seu desarranjo nos levasse ao pior, à anarquia. Voltava a prevalecer com força o que nunca desaparecera de Nabuco e que, segundo ele, colhera da experiência inglesa, a prudência, o apego ao historicamente constituído. O reformador deve ser cuidadoso, não tirar uma pedra que derrube o muro, avançar com moderação e reconstruir sem destruir.

Não terá sido esta também a inspiração do Nabuco proponente ativo do pan-americanismo e, ao mesmo tempo, brilhante propagandista do que de melhor havia na cultura luso-brasileira para sensibilizar seus interlocutores no centro do Império? Não nos estaríamos credenciando a partilhar com eles as responsabilidades hemisféricas? É possível que fosse esse o objetivo de Nabuco ao voltar suas atenções e suas apostas tão radicalmente da Europa para a América, quem sabe com idealismo e também com ingenuidade, como aponta Marco Aurélio Nogueira. O fato é que desde a República, a partir de Floriano e do apoio americano ao novo governo, o eixo da política externa brasileira começara a olhar para o Norte, como a economia já o fizera. Esta tendência se tornara clara a partir de 1902 com o barão do Rio Branco. Este, entretanto, procurava sempre salvaguardar nas políticas do Itamaraty a margem para manobras, não se afastando demasiadamente da Europa.

Nabuco terá ido mais longe, quem sabe longe demais. Deixou para trás sua visão de cosmopolitismo como uma forma de olhar os dois lados por cima dos partidos e de resguardar os interesses da humanidade ou da nação e se empenhou no apoio ao monroísmo, revestido de pan-americanismo com a correção do *big stick* de Theodore Roosevelt. A tudo isso relevava, afirmando, numa antevisão de certas situações atuais tão bem expressa em sua frase famosa: "Daqui a pouco Europa, Ásia e África formarão uma só rede. É o sistema político do globo que começa em vez do antigo sistema europeu. Pode-se dizer que estamos nas vésperas de uma nova era".[57]

Acreditava possivelmente que, com a hegemonia mundial americana, seria vantajoso para o Brasil manter na nova era uma aliança com os Estados Unidos, ainda que subalterna. Claro que os críticos, Oliveira Lima à frente, não perdoariam mudança tão radical de atitudes, por mais que houvesse argumentos para contrabalançar a presteza com que Nabuco assumiu o pan-americanismo em nome de um realismo que poderia nos beneficiar, pois resguardaria para o Brasil um papel de moderador, pelo menos na América do Sul, quando menos no Cone Sul. Daí seus esforços diplomáticos, seus contatos com o governo americano, sua pregação nas universidades: queria mostrar que com as especificidades luso-brasileiras desenvolvêramos uma cultura que nos capacitava a ser parceiros dos "grandes".

Não é hora de aprofundar o tema. Fica registrado, contudo, que Joaquim Nabuco no final da vida, tornando-se, não obstante, ainda mais brilhante e competente como diplomata, deixou-se embalar por um conservadorismo que, mesmo se realista, distanciou-o do que fora seu pensamento de outras épocas.

Dito isso, espero que as poucas observações que pude transmitir sobre tão ilustre brasileiro, e que se restringiram a fragmentos de sua obra e a momentos de sua vida, sejam suficientes para justificar por que tantos, há tanto tempo, o consideramos entre os maiores pensadores e homens de ação que o Brasil já teve.

EUCLIDES DA CUNHA

Euclydes da Cunha

OS SERTÕES

(CAMPANHA DE CANUDOS)

Laemmert & C. — Livreiros-Editores
Rio de Janeiro — 1902

Canudos: o outro Brasil*

As nações se desenvolvem criando, além da riqueza, mitos. Canudos é um mito nacional. Em *Os sertões*, Euclides da Cunha deu a forma acabada que o mito passou a ter: seu espaço se desenha entre a epopeia da luta militar e a tragédia de um punhado de desesperados. Na crônica da época a imprensa esquadrinhou cada faceta da epopeia-trágica. Em seu livro *No calor da hora*,[1] Walnice Nogueira Galvão mostrou o que significou a Guerra de Canudos para a imprensa de 1897, no período da arrancada final contra o arraial rebelado. O tom das crônicas e das reportagens enviadas pelos correspondentes era de exaltação quase unânime à bravura do Exército nacional. Além disso, alguns republicanos de imaginação mais exuberante viam na rebelião de Antônio Conselheiro

---

* "Canudos: o outro Brasil". *Senhor Vogue*, 1978, pp. 108-9. Prefácio da série Livros Indispensáveis à Compreensão do Presente, 4, publicada na seção "Resumo do mês" referente à obra de Euclides da Cunha, *Os sertões*.

a armadilha preparada pelos restauradores monarquistas: o apego ingênuo e tradicionalista do pregador dos sertões transfigurava-se em "ideologia adversa", soezmente instilada pelos inimigos do regime; não faltaram nem sequer alusões à mão estrangeira, corporificada na suposta presença de um capitão italiano que treinara os "guerrilheiros". Isso tudo, apesar dos desmentidos honestos de alguns combatentes, como o coronel Carlos Teles, que foi taxativo: "Não há ali fim restaurador nem mesmo influência de pessoa estranha nesse sentido; [...] em Canudos não existe nenhum estrangeiro e muito menos capitão italiano instrutor de brigadas".

Desfeita a crença no maquiavelismo restaurador, a consciência nacional teve que haver-se com uma epopeia envergonhada, cheia de aspectos deprimentes. A censura das notícias, o fato de que os principais correspondentes jornalísticos, inclusive Euclides, eram militares da reserva, o extermínio da coluna Moreira César que teve tremendo impacto na opinião nacional, tudo isso contribuía para que de Canudos se visse apenas uma face da medalha: o "atavismo", o "primitivismo", o "barbarismo". E estas características se fixaram como se fossem atributos só do "outro Brasil", dos sertões áridos, do fanatismo religioso, da lei da vingança que prevaleceria entre os "jagunços". Nem mesmo a consciência liberal e civilista escapou: Rui Barbosa, defendendo os monarquistas da pecha de se terem aliado aos jagunços, qualifica estes últimos de "horda de mentecaptos e galés". Massacrado Canudos, diante da degola generalizada dos sertanejos feita com a complacência das autoridades, Rui retorna ao liberalismo verbal, mas em discurso rascunhado que não chegou a ser proferido.

Em face disso, Walnice Galvão — de cujo livro extraí as informações acima — glosa com razão o *mote* do intelectual-complacente, disposto a fechar os olhos diante do arbítrio e da violência sempre que seja o Poder, em nome da Razão Nacional, quem os pratique. E sempre disposto, também, a recuperar a dignidade humana dos que tombaram, através de um discurso retórico que quase invariavelmente chega tarde. Nem Euclides, acrescenta, escapou disso. Fê-lo, entretanto, com grandeza. De seu livro permanecerão muitas análises. A retórica castigada, que machuca o leitor, somada a um certo pernosticismo técnico de engenheiro atento à geografia não foram suficientes para obscurecer a observação crucial: "O sertanejo é antes de tudo um forte". Não é a luta, a epopeia, que marca *Os sertões*, embora sua discussão ocupe a maior parte do livro. É o *mea culpa*, que não foi só dele, mas de todo o país, que sobressai: os jagunços não eram monarquistas por deliberação; não estavam municiados até os dentes, senão que se armavam com o que sobrara na refrega das tropas legalistas; não tinham a animá-los a dieta farta, mas sim o sopro de uma crença, o fanatismo, o desespero, a palavra redentora. E foi sobre este punhado de marginais que desabou o fervor republicano e a indignação nacional, e no seu extermínio cobriram-se de glórias as forças legalistas. Euclides da Cunha não desmistifica o esforço oficialista. Mas redime o jagunço e tenta entendê-lo. O jornalista republicano e patriótico cede à razão do sociólogo. Escrevendo no fim do século XIX e começo do XX, a sociologia de Euclides não podia deixar de ter sido fortemente influenciada pelas crenças da época: o meio — a geografia e as condicionantes biológicas — fornece a base sobre a qual a história dos homens se desenha. Mas, ao falar em história, nosso autor não se refere apenas ao desdobramento de um fator já determinado pela raça. Paga seu pleito à ideia da interpenetração das "três raças": a branca, a negra e a indígena. Paulo Prado escreveria que somos formados por três raças tristes: o português, o índio e o negro. Euclides, entretanto, não se detém na tristeza ou em outras das supostas virtudes imanentes a nossas origens raciais: vai ressaltar a formação cultural. Medeia, assim, o condicionamento do meio pela ação dos homens. Contrasta o "jagunço" com o "paulista", o "bandeirante", e se refere ao papel do rio São Francisco como via de penetração.

Daí para a frente, muito da sociologia brasileira se calcou neste modelo: na fixação dos "tipos históricos" fundamentais na formação da nacionalidade e sua luta pela conquista do espaço. Oliveira Vianna, na década de 1930, Vianna Moog na de 1940, e tantos mais, irão definir o que foram os bandeirantes, os gaúchos, os tropeiros do Norte, e assim por diante. Só que Euclides da Cunha, ao caracterizar os jagunços, não se limitou a recorrer a uma tipologia. Desvendou o que era o jagunço-fanático sentando as bases para um estilo de estudo que frutificou e continua vivo em nossos dias: sem a análise do messianismo não se entenderia Antônio Conselheiro.

Penso que no mergulho em profundidade feito pelo nosso autor na busca da compreensão do que era a vida do sertanejo e na projeção que soube dar ao fenômeno do misticismo e do messianismo — que podem ser hoje corrigidos, aqui e ali, por bibliografia mais douta — ficou estabelecido o que de melhor nos legou Euclides sociólogo. E, de passagem, na discussão do *Homem* ficaram também páginas literárias que, mesmo escapando ao gosto contemporâneo, são admiráveis.

Mas não é só porque *Os sertões* descreve com argúcia as condições de vida do jagunço que o livro continua um marco na literatura sobre o Brasil. Nem talvez seja só porque nele se abre enorme perspectiva para conhecer o "outro Brasil", o Brasil-arcaico, o lado de lá dos *dois Brasis* de que falaria Jacques Lambert muito mais tarde. *Os sertões* constitui também importante, eu diria mesmo surpreendente, peça de criatividade metodológica. Euclides da Cunha passa de um nível de abstração para outro e deste para a discussão do concreto de forma admirável. Vai do meio ambiente à história cultural, dessa aos pormenores da vida cotidiana do sertanejo, devolve-nos de chofre o jagunço como "tipo-ideal" de uma formação sociocultural e, de repente, faz brotar pela reconstituição do tempo perdido (ou ganho) toda a movimentação de sua luta. A crônica funde-se com a análise e nos dá o quadro vivo da epopeia-trágica.

Porque foi capaz de desdobrar a análise em planos distintos, Euclides não transformou Antônio Conselheiro apenas num esqueleto — o Profeta — nem fez do sertanejo apenas o suporte de uma frase, que vê nele "um forte". Mostrou-nos, também, no concreto, que o Profeta era um homem de carne e osso. Que a autonomia dos municípios, proclamada pela República, irritou ao temperamental Antônio Maciel, o Conselheiro, porque a cobrança de impostos pelas câmaras deixava os "donos do poder" mais visíveis. E nos mostrou que o forte sertanejo era um deserdado que refluía para o *Além* porque suportava a opressão sem face de um sistema impiedoso de dominação.

Por fim, uma palavra sobre *A luta*. Se já nos surpreende em Euclides o "sociólogo da vida cotidiana", o quase psicólogo a debruçar-se sobre o vulcão anímico do Conselheiro — e que por isso vai muito além do parafraseador das qualidades intrínsecas do obscurantismo das três raças formadoras da nacionalidade e outras observações do gênero que fizeram furor na época mas não subsistem à crítica científica —, mais surpreende ainda o "sociólogo dos movimentos sociais". A descrição do Monte Belo — designativo transfigurado que os jagunços davam ao sensaborão Canudos — bem como a narração sobre os movimentos da tropa oficial e da guerrilha do Conselheiro fundem a imagem cênica potente com a compreensão do *aqui* e do *agora*, dando aos determinantes do meio e da história a força da vida. O sociólogo--repórter suplanta na discussão da *Luta* o cientificismo do sábio e mesmo o culturalismo do intelectual que tentou fixar a imagem do sertanejo.

A partir de *Os sertões* a consciência crítica brasileira reforçou seu sentimento de culpa para com o outro Brasil. O Brasil da pobreza rural, do analfabetismo, da fome, da doença. Teve, pelo menos, que reconhecê-lo. E, mesmo sem conseguir modificá-lo, teve de amargar, como ainda o faz, a certeza de que muito do "progresso", quando não é feito diretamente sob os corpos insepultos dos vários jagunços que erram nos campos (e nas cidades também), é pelo menos de pouca valia para os que, no desespero, ou mergulham na apatia da falta de esperança, ou, quando lutam, fazem-no enredados nalguma forma de messianismo. Isso só bastaria para explicar a permanência desse grande livro.

PAULO PRADO

I

Retrato do Brasil

Ensaio sobre a tristeza brasileira

—

„O jaburú..... a ave que para mim
symbolisa a nossa terra. Tem estatura avantajada, pernas grossas, aza
fornidas, e passa os dias com uma
perna cruzada na outra, triste, triste, d'aquella austera, apagada e vil
tristeza". É muito sua conhecida com
certeza".

Carta de Capistrano de Abreu
a João Lucio d'Azevedo

Fotógrafo amador[*]

Escrevi, no texto sobre Euclides da Cunha,[1] que *Os sertões* havia fixado um padrão de estudos brasileiros. A aula sobre o jagunço ou o bandeirante como tipos psicossociais, salpicados aqui e ali de determinismo geográfico ou biológico, mas sempre corrigidos pelo curso de história social, deu a base para uma espécie de morfologia arqueológica do homem brasileiro. Gilberto Freyre rompeu em *Casa-grande & senzala* com o que havia de preconceito sobre as "raças inferiores" e culturizou a análise. Menos do que a geografia ou a biologia, seria a cultura enraizada em padrões sociais quem daria a chave para explicar o Brasil.

É verdade que Oliveira Vianna, escrevendo depois de Freyre, deu um passo atrás. Mas Sérgio Buarque, nos idos de 1930, já usava mão de mestre para observar um Brasil mais preso às raí-

---
[*] "Fotógrafo amador". *Senhor Vogue*, out. 1978, p. 129. Prefácio da série Livros Indispensáveis à Compreensão do Presente, 7, publicada na seção "Resumo do mês" referente à obra de Paulo Prado, *Retrato do Brasil*.

zes histórico-sociais do que à tolice do biologismo. E Caio Prado contrapunha ao impressionismo ensaístico sólida base histórica para explicar as estruturas sociais e econômicas da Colônia. Outro não foi o procedimento, embora de voo explicativo mais raso, adotado por Roberto Simonsen. E Celso Furtado contemporaneamente, usando instrumental analítico distinto do que fora empregado por seus antecessores, consolidou a ruptura com o subjetivismo romântico, buscando no processo econômico e político, no decorrer da história, a base para entender o Brasil.

Pois bem, o livro de Paulo Prado, *Retrato do Brasil*[2] (livro escrito entre 1926 e 1928), situa-se no polo oposto: é a consagração do subjetivismo romântico, cheio de amor e de qualidade literária. Decidiu-se incluir este pequeno livro nesta série para exemplificar um tipo de compreensão do Brasil que, na época de sua publicação, 1928, aparecia como uma visão realista e, até certo ponto, "revolucionária".

Como se explica tanto equívoco?

É preciso não esquecer que Paulo Prado foi um dos promotores da Semana de Arte Moderna de 1922.

A redescoberta do Brasil como exótico-reivindicado e não expelido, sua orgulhosa exibição perante Europa-França e mesmo Bolívia, era sinal de autenticidade. Foi um momento do longo e atormentado casamento entre a classe dominante (ou melhor, a parte dela que tinha qualidades para ser uma elite cultural) e o povo brasileiro. Este foi "descoberto" por nossa intelectualidade tal como era ou se supunha que fosse: mestiço, feio, sifilítico, preguiçoso, malandro, mas, de qualquer forma, *nosso*. A afirmação orgulhosa do nós coletivo, a transfiguração do feio em belo, fez-se de forma lapidar na literatura. Macunaíma, para mim, é o ponto mais alto desse processo. Reivindica-se, sem esconder os pecados, a originalidade do *blend* brasileiro. Sem mentiras, ou melhor, mentindo-se abertamente e, portanto, santificando-se a mentira.

Mas este estilo de compreensão do Brasil, que foi manejado com gênio por Mário de Andrade, levou mãos menos peritas ao desvio fascistizante do verde-amarelismo, que chegou a ser ridículo e falso, como em Plínio Salgado, mais envergonhado em Cassiano Ricardo, salvou-se na antropologia irreverente de Oswald de Andrade por ser absolutamente anticonvencional. E ficou "de salão", ainda grávido de intenções democratizantes, na pena de Paulo Prado.

De fato, a afirmação cheia de impacto de que "numa terra radiosa vive um povo triste" ou de que "criava-se no decurso dos séculos uma raça triste", adubada pela luxúria e cobiça do colonizador, fez furor nos círculos bem pensantes.

Paulo Prado se apercebeu da fragilidade de seu argumento impressionista. No postscriptum explicou que talvez ele pensasse mais nos paulistas (esses, sim, coitados, tristes mamelucos) do que nos outros, eventualmente alegres brasileiros. Mas manteve o essencial de sua interpretação: nosso consciente construiu-se a partir do colono, do índio e do negro escravo, já por si — e por motivos diversos — picados pela malevolência do tropicalismo triste; ainda por cima, nossas elites se deixaram morder pelo *spleen* romântico. Na política, o verbalismo oco substituía a análise; na vida cotidiana a imitação nostálgica de uma Europa recuada pela imaginação e o contraste apavorante com as mazelas das crises étnico-sociais-biológicas tornavam nossas elites frívolas e incompetentes para construir uma nação. Diante desse quadro desventuroso, só a solução heroica. E eis que nosso autor, sem se dar conta, exemplifica com sua própria pena o mal que tanto criticava: propõe romanticamente a solução. Esta consistia ou na Guerra, para despertar quem sabe algum herói salvador, ou na Revolução. Antes da moda atual, Paulo Prado adota a solução mais fácil: só os mais simples, os não contaminados, vindos da profundeza da alma popular, teriam força para regenerar tanta perdição. E é no impulso, também romântico e irracional — "o futuro não pode ser pior que o passado" —, que nosso autor vai buscar a crença na redenção. Tivesse vivido mais um pouco e Paulo Prado veria que sobre a base precária de um povo "triste" se constituía um país moderno. E que não foi a alcandorada Revolução quem plasmou o futuro; pior ainda, teria visto que, para a massa da população, o futuro tampouco foi melhor do que o passado e que, *o tempora, o mores!*, tristezas não pagam dívidas. Deu-se a grande transformação que ninguém poderia supor há quarenta anos: o país se "modernizou", o romantismo das elites foi substituído por um pragmatismo sem encanto e, às vezes, safado; os grandes problemas como o da dívida externa tão profligada por Paulo Prado se reproduziram, se agravaram e acabaram por se resolver, embora noutro contexto, e assim por diante.

O "método" impressionista de interpretação do Brasil, por mais encantador que seja seu manejo por hábeis mãos e fecundas imaginações, pode valer como estética, pode abrilhantar salões e saraus (ah! Estes também já não existem mais...), mas não resiste ao tempo e às vezes nem ao vento. A uma moda segue-se outra, sem deixar no mais das vezes nada além da sensação de uma leitura prazerosa respingada aqui e ali de observações atiladas.

Em seu gênero e com essas limitações, *Retrato do Brasil* continua sendo dos melhores ensaios feitos para entender ou justificar os males do passado e as esperanças do futuro.

GILBERTO FREYRE

GILBERTO FREYRE

CASA - GRANDE & SENZALA

FORMAÇÃO DA FAMILIA BRASILEIRA
SOB O REGIMEN DE ECONOMIA
PATRIARCHAL

MAIA & SCHMIDT L.ᵀᴰᴬ
RIO — 1933

Casa-grande & senzala, clássico[*]

Quantos clássicos terão tido a ventura de serem reeditados tantas vezes? Mais ainda: Gilberto Freyre sabia-se "clássico". Logo ele, tão à vontade no escrever, tão pouco afeito às normas. E todos que vêm lendo *Casa-grande & senzala*, há setenta anos, mal iniciada a leitura, sentem que estão diante de obra marcante.

Darcy Ribeiro, outro renascentista caboclo, desrespeitador de regras, abusado mesmo e com laivos de gênio, escreveu no prólogo que preparou para ser publicado na edição de *Casa-grande & senzala* pela biblioteca Ayacucho de Caracas que este livro seria lido no próximo milênio. Como escreveu no século xx, seu vaticínio começa a cumprir-se neste início de século xxi.

Mas por quê?

Os críticos nem sempre foram generosos com Gilberto

---

[*] "Um livro perene" (Apresentação). In: Gilberto Freyre, 1900-87. *Casa-grande & senzala: Formação da família brasileira sob o regime da economia patriarcal*. 50. ed. rev. São Paulo: Global, 2005, pp. 19-28.

Freyre. Mesmo os que o foram, como o próprio Darcy, raramente deixaram de mostrar suas contradições, seu conservadorismo, o gosto pela palavra sufocando o rigor científico, suas idealizações e tudo que, contrariando seus argumentos, era simplesmente esquecido. É inútil rebater as críticas. Elas procedem. Pode-se fazê-las com mordacidade, impiedosamente ou com ternura, com compreensão, como seja. O fato é que até já perdeu a graça repeti-las ou contestá-las. Vieram para ficar, assim como o livro. É isso que admira: *Casa-grande & senzala* foi, é e será referência para a compreensão do Brasil.

Por quê? Insisto.

A etnografia do livro é, no dizer de Darcy Ribeiro, de boa qualidade. Não se trata de obra de algum preguiçoso genial. O livro se deixa ler preguiçosamente, languidamente. Mas isso é outra coisa. É tão bem escrito, tão embalado na atmosfera, morna, da descrição frequentemente idílica que o autor faz para caracterizar o Brasil patriarcal, que leva o leitor no embalo.

Mas que ninguém se engane: por trás das descrições, às vezes romanceadas e mesmo distorcidas, há muita pesquisa.

Gilberto Freyre tinha a pachorra e a paixão pelo detalhe, pela minúcia, pelo concreto. A tessitura assim formada, entretanto, levava-o frequentemente à simplificação habitual nos grandes muralistas. Na projeção de cada minúcia para compor o painel surgem construções hiper-realistas mescladas com perspectivas surrealistas que tornam o real fugidio.

Ocorreu dessa forma na descrição das raças formadoras da sociedade brasileira. O português descrito por Gilberto não é tão mourisco quanto o espanhol. Tem pitadas de sangue celta, mas desembarca no Brasil como um tipo histórico tisnado com as cores quentes da África. O indígena é demasiado tosco para quem conhece a etnografia das Américas. Nosso autor considera os indígenas meros coletores, quando, segundo Darcy Ribeiro, sua contribuição para a domesticação e o cultivo das plantas foi maior que a dos africanos.

  O negro, e neste ponto o antirracismo de Gilberto Freyre ajuda, faz-se orgiástico por sua situação social de escravo e não como consequência da raça ou de fatores intrinsecamente culturais. Mesmo assim, para quem tinha o domínio etnográfico de Gilberto Freyre, o negro que aparece no painel é idealizado em demasia.

  Todas essas caracterizações, embora expressivas, simplificam e podem iludir o leitor. Mas, com elas, o livro não apenas ganha força descritiva como se torna quase uma novela, e das melhores já escritas, e, ao mesmo tempo, ganha força explicativa.

  Nisto reside o mistério da criação. Em outra oportunidade, tentando expressar meu encantamento de leitor, apelei a Trótski para ilustrar o que depreendia esteticamente da leitura de *Casa-grande & senzala*. O grande revolucionário dizia: "todo verdadeiro criador sabe que nos momentos da criação alguma coisa de mais forte do que ele próprio lhe guia a mão. Todo verdadeiro orador conhece os minutos em que exprime pela boca algo que tem mais força que ele próprio".

  Assim ocorreu com Gilberto Freyre. Sendo correta ou não a minúcia descritiva e mesmo quando a junção dos personagens se faz numa estrutura imaginária e idealizada, brota algo que, independentemente do método de análise, e às vezes mesmo das conclusões parciais do autor, produz o encantamento, a iluminação que explica sem que se saiba a razão.

  Como, entretanto, não se trata de pura ilusão, há de reconhecer-se que *Casa-grande & senzala* eleva à condição de mito um paradigma que mostra o movimento da sociedade escravocrata e ilumina o patriarcalismo vigente no Brasil pré-urbano-industrial.

  Latifúndio e escravidão, casa-grande e senzala eram, de fato, pilares da ordem escravocrata. Se nosso autor tivesse ficado só nisso, seria possível dizer que outros já o haviam feito e com mais precisão. É no ir além que está a força de Gilberto Freyre. Ele vai mostrando como, no dia a dia, essa estrutura social, que é fruto do sistema de produção, se recria. É assim que a análise do nosso antropólogo-sociólogo-historiador ganha relevo. As estruturas sociais e econômicas não são apresentadas apenas como condicionantes da ação, mas como processos vivenciados por pessoas também movidas por emoções. Aparecem no livro emoções que não se compreendem fora de contextos e ações concretas e não apenas como padrão cultural.

Assim fazendo, Gilberto Freyre inova nas análises sociais da época: sua sociologia incorpora a vida cotidiana. Não apenas a vida pública ou o exercício de funções sociais definidas (do senhor de engenho, do latifundiário, do escravo, do bacharel), mas a vida privada.

Hoje ninguém mais se espanta com a sociologia da vida privada. Há até histórias famosas sobre a vida cotidiana. Mas, nos anos 1930, descrever a cozinha, os gostos alimentares, mesmo a arquitetura e, sobretudo, a vida sexual era inusitado.

Mais ainda, ao descrever os hábitos do senhor, do patriarca e de sua família, por mais que a análise seja edulcorada, ela revela não só a condição social do patriarca, da sinhá e dos ioiôs e iaiás, mas das mucamas, dos moleques de brinquedo, das mulatas apetitosas, enfim, desvenda a trama humana existente. E, nesse desvendar, aparecem fortemente o sadismo e a crueldade dos senhores, ainda que Gilberto Freyre tenha deixado de dar importância aos escravos do eito, à massa dos negros que mais penava nos campos.

É indiscutível, contudo, que a visão do mundo patriarcal de nosso autor assume a perspectiva do branco e do senhor. Por mais que ele valorize a cultura negra e mesmo o comportamento do negro como uma das bases da "brasilidade" e que proclame a mestiçagem como algo positivo, no conjunto fica a sensação de uma certa nostalgia do "tempo dos nossos avós e bisavós". Maus tempos, sem dúvida, para a maioria dos brasileiros.

De novo, então, por que a obra é perene? Talvez porque, ao enunciar tão abertamente como valiosa uma situação cheia de aspectos horrorosos, Gilberto Freyre desvende uma dimensão que, gostemos ou não, conviveu com quase todos os brasileiros até o advento da sociedade urbanizada, competitiva e industrializada. No fundo, a história que ele conta era a história que os brasileiros, ou pelo menos a elite que lia e escrevia sobre o Brasil, queria ouvir.

Digo isso não para "desmistificar". Convém recordar que outro grande invento-realidade, o de Mário de Andrade, Macunaíma, expressou também (e não expressará ainda?) uma característica nacional que, embora criticável, nos é querida. O personagem principal é descrito como herói sem nenhum caráter. Ou melhor, com caráter variável, acomodatício, oportunista. Esta, por certo, não é toda a verdade da nossa alma. Mas como negar que exprime algo dela? Assim também Gilberto Freyre descreveu um Brasil que, se era imaginário em certo nível, em outro era real. Mas como seria gostoso se fosse verdade todos terem sido senhores...

É essa característica de quase mito que dá a *Casa-grande & senzala* a força e a permanência. A história que está sendo contada é a história de muitos de nós, de quase todos nós, senhores e escravos. Não é por certo a dos imigrantes. Nem a das populações autóctones. Mas a história dos portugueses, de seus descendentes e dos negros, que, se não foi exatamente como aparece no livro, poderia ter sido a história de personagens ambíguos que abominavam certas práticas da sociedade escravocrata e se embeveciam com outras, com as mais doces, as mais sensuais.

Trata-se, reitero, de dupla simplificação, a que está na obra e a que estou fazendo. Mas que capta, penso eu, algo que se repete na experiência e na leitura de muitos dos analistas de Gilberto Freyre. É algo essencial para entender o Brasil. Trata-se de uma simplificação formal que caracteriza, por intermédio de oposições simples, um processo complexo.

Não será próprio da estrutura do mito, como diria Lévi--Strauss, esse tipo de oposição binária? E não é da natureza dos mitos não se alterarem com o passar do tempo? E eles, por mais simplificadores que sejam, não ajudam o olhar do antropólogo a desvendar as estruturas do real?

Basta isso para demonstrar a importância de uma obra que formula um mito nacional e ao mesmo tempo o desvenda e assim explica, interpreta, mais que a nossa história, a formação de um esdrúxulo "ser nacional".

Mas cuidado! Essa "explicação" é toda própria. Nesse ponto, a exegese de Ricardo Benzaquen de Araújo[1] em *Guerra e paz* é preciosa. Gilberto Freyre seria o mestre do equilíbrio dos contrários. Sua obra está perpassada por antagonismos. Mas dessas contradições não nasce uma dialética, não há a superação dos contrários, nem por consequência se vislumbra qualquer sentido da História. Os contrários se justapõem, frequentemente de forma ambígua, e convivem em harmonia.

O exemplo mor que Ricardo Benzaquen de Araújo extrai de *Casa-grande & senzala* para explicar o equilíbrio de contrários é a análise de como a língua portuguesa no Brasil nem se entregou completamente à forma corrupta como era falada nas senzalas, com muita espontaneidade, nem se enrijeceu como almejariam os jesuítas professores de gramática.

"A nossa língua nacional resulta da interpenetração das duas tendências." Enriqueceu-se graças à variedade de antagonismos, o que não ocorreu com o português da Europa. Depois de mostrar a diversidade das formas pronominais que nós usamos, Gilberto Freyre diz:

> A força, ou antes, a potencialidade da cultura brasileira parece-nos residir toda na riqueza de antagonismos equilibrados [...]. Não que no brasileiro subsistam, como no anglo-americano, duas metades inimigas: a branca e a preta; o ex-senhor e o ex-escravo. De modo nenhum. Somos duas metades confraternizantes que se vêm mutuamente enriquecendo de valores e experiências diversas; quando nos completarmos num todo, não será com o sacrifício de um elemento a outro.[2]

A noção de equilíbrio dos contrários é extremamente rica para entender o modo de apreensão do real utilizado por Gilberto Freyre. Até porque também ela é "plástica". E tem tudo a ver com a maneira como ele interpreta seus objetos de análise.

Primeiro porque transforma seus "objetos" em processos contínuos nos quais o próprio autor se insere. É a convivialidade com a análise, o estar à vontade na maneira de escrever, o tom moderno de sua prosa, que envolvem não só o autor como o leitor, o que distingue o estilo de *Casa-grande & senzala*.

Depois, porque Gilberto Freyre, explicitamente, ao buscar a autenticidade, tanto dos depoimentos e dos documentos usados quanto dos seus próprios sentimentos, e ao ser tão antirretórica que às vezes perde o que os pretensiosos chamam de "compostura acadêmica", não visava apenas *demonstrar*, mas *convencer*. E convencer significa vencer junto, autor e leitor. Este procedimento supõe uma certa "revelação", quase uma epifania, não se trata de um processo lógico ou dialético.

Por isso mesmo, e essa característica vem sendo notada desde as primeiras edições de *Casa-grande & senzala*, Gilberto Freyre não conclui. Sugere, é incompleto, é introspectivo, mostra o percurso, talvez mostre o arcabouço de uma sociedade. Mas não "totaliza". Não oferece, nem pretende, uma explicação global. Analisa fragmentos e com eles faz-nos construir pistas para entender partes da sociedade e da história.

Ao afastar-se da visão metódica e exaustiva, abre-se, naturalmente, à crítica fácil. Equivocam-se, porém, os que pensarem que por isso Gilberto não retrate o que a seu ver realmente importa para a interpretação que está propondo.

Por certo, obra assim concebida é necessariamente única. Não é pesquisa que, repetida nos mesmos moldes por outrem, produza os mesmos resultados, como prescrevem os manuais na versão pobre do cientificismo corrente. Não há intersubjetividade que garanta a objetividade. É a captação de um momento divinatório que nos convence, ou não, da autenticidade da interpretação proposta. A obra não se separa do autor, seu êxito é a confirmação do que se poderia chamar de criatividade em estado puro. Quando bem-sucedida, essa técnica beira a genialidade.

Não digo isso para tirar valor das interpretações, ou melhor, dos insights de Gilberto Freyre, até porque, a essa altura, seria ir contra a evidência. Digo apenas para, ao subscrever as análises já referidas sobre o equilíbrio entre contrários, mostrar as suas limitações e, quem sabe, explicar, por suas características metodológicas, o mal-estar que a obra de Gilberto Freyre causou, e quem sabe ainda cause, na Academia.

As oposições simplificadoras, os contrários em equilíbrio, se não *explicam* logicamente o movimento da sociedade, servem para salientar características fundamentais. São, nesse aspecto, instrumentos heurísticos, construções do espírito cuja fundamentação na realidade conta menos do que a inspiração derivada delas, que permite captar o que é essencial para a interpretação proposta.

Não preciso referir-me aos aspectos vulneráveis já salientados por muitos comentadores de Gilberto Freyre: suas confusões entre raça e cultura, seu ecletismo metodológico, o quase embuste do mito da democracia racial, a ausência de conflitos entre as classes, ou mesmo a "ideologia da cultura brasileira" baseada na plasticidade e no hibridismo inato que teríamos herdado dos ibéricos. Todos esses aspectos foram justamente apontados por muitos críticos, entre os quais Carlos Guilherme Mota.

E como, apesar disso, a obra de Freyre sobrevive, e suas interpretações não só são repetidas (o que mostra a perspicácia das interpretações) como continuam a incomodar a muitos, é preciso indagar mais o porquê de tanta resistência para aceitar e louvar o que de positivo existe nela. Neste passo, devo a Tarcísio Costa,[3] em apresentação no Instituto de Estudos Avançados da USP, a deixa para compreender razões adicionais à pinimba que muitos de nós, acadêmicos, temos com Gilberto Freyre. Salvo poucas exceções, diz Tarcísio Costa, as interpretações do Brasil posteriores a *Casa-grande & senzala* partiram de premissas opostas às de Gilberto Freyre, numa rejeição velada de suas ideias.

Em que sentido? Na visão da evolução política do país e, portanto, na valorização de aspectos que negam o que Gilberto Freyre analisou e em que acreditou. Ricardo Benzaquen de Araújo ressalta um ponto pouco percebido da obra gilbertiana, seu lado "político". Um politicismo, como tudo nela, original. Referindo-se ao *New Deal* de Roosevelt, Gilberto Freyre valoriza as "ideias", não os ideais. A grande eloquência, o tom exclamatório dos "grandes ideais", messiânicos, tudo isso é posto à margem e substituído pela valorização de práticas econômicas e humanas que, de alguma maneira, refletem a experiência comprovada de muitas pessoas. Mais a rotina do que o grande gesto.

Quando se contrastam as interpretações valorativas de Gilberto Freyre com as opções posteriores, vê-se que sua visão do Brasil patriarcal, da casa-grande, da plasticidade cultural portuguesa, do sincretismo está baseada na valorização de uma ética dionisíaca. As paixões, seus excessos, são sempre gabados, e esse "clima cultural" não favorece a vida pública e menos ainda a democracia.

Gilberto Freyre opta por valorizar um éthos que, se garante a identidade cultural dos senhores (é ele próprio quem compara o patriarcalismo nordestino com o dos americanos do Sul e os vê próximos), isola os valores da casa-grande e da senzala em seus muros. Da moral permissiva, dos excessos sexuais ou do arbítrio selvagem dos senhores, não há passagem para uma sociabilidade mais ampla, nacional. Fica-se atolado no patrimonialismo familístico. Não se entrevê o Estado, nem mesmo o Estado patrimonialista dos estamentos de Raymundo Faoro e, muito menos, o éthos democrático buscado por Sérgio Buarque de Holanda e tantos outros. A "política" de Gilberto Freyre estiola fora da casa-grande. Com esta, ou melhor, com as características culturais e com a situação social dos habitantes do latifúndio, não se constrói uma nação, não se desenvolve capitalisticamente um país e, menos ainda, poder-se-ia construir uma sociedade democrática.

É por aí que Tarcísio Costa procura explicar o afastamento de Gilberto Freyre da intelectualidade universitária e dos autores, pesquisadores e ensaístas pós-Estado Novo. Estes queriam construir a democracia e Gilberto foi, repetindo José Guilherme Merquior, "nosso mais completo anti-Rui Barbosa".

Não que Rui fosse da preferência das novas gerações. Mas Gilberto Freyre contrapunha a tradição patriarcal a todos os elementos que pudessem ser constitutivos do capitalismo e da democracia: o puritanismo calvinista, a moral vitoriana, a modernização política do Estado a partir de um projeto liberal e tudo que fundamentara o estado de direito (o individualismo, o contrato, a regra geral), numa palavra, a modernidade.

Claro está que o pensamento crítico de inspiração marxista ou apenas esquerdista tampouco assumiu como valor o calvinismo, a ética puritana da acumulação, e nem mesmo o mecanismo das regras universalizadoras. Mas foi sempre mais tolerante com esta "etapa" da marcha para outra moral — democrática e, talvez, socialista — do que com a regressão patriarcal patrimonialista.

Os pensadores mais democráticos do passado, como o já referido Sérgio Buarque ou Florestan Fernandes e também os mais recentes, como Simon Schwartzman ou, em menor grau, José Murilo de Carvalho (este olhando mais para a sociedade do que para o Estado), farão críticas implícitas quando não explícitas ao iberismo e à visão de uma "cultura nacional", mais próxima da emoção do que da razão. E outra não foi a atitude crítica de Sérgio Buarque diante do "homem cordial". O patriarca de Gilberto Freyre poderia ter sido um déspota doméstico. Mas seria, ao mesmo tempo, lúdico, sensual, apaixonado. De novo, no equilíbrio entre contrários, aparece uma espécie de racionalização que, em nome das características "plásticas", tolera o intolerável, o aspecto arbitrário do comportamento senhorial se esfuma no clima geral da cultura patriarcal, vista com simpatia pelo autor.

Terá sido mais fácil assimilar o Weber da *Ética protestante* e da crítica ao patrimonialismo do que ver no tradicionalismo um caminho fiel às identidades nacionais para uma construção do Brasil moderno. Dito em outras palavras e a modo de conclusão: o Brasil urbano, industrializado, vivendo uma situação social na qual as massas estão presentes e são reivindicantes de cidadania e ansiosas por melhores condições de vida, vai continuar lendo Gilberto Freyre. Aprenderá com ele algo do que fomos ou do que ainda somos em parte. Mas não do que queremos ser no futuro.

Isso não quer dizer que as novas gerações deixarão de ler *Casa-grande & senzala*. Nem que, ao lê-lo, deixarão de enriquecer seu conhecimento do Brasil. É difícil prever como serão reapreciados no futuro os aspectos da obra de Gilberto Freyre a que me referi criticamente.

Mas não é difícil insistir no que de realmente novo — além do painel inspirador de *Casa-grande & senzala* como um todo — veio para ficar. De alguma forma Gilberto Freyre nos leva a fazer as pazes com o que somos. Valorizou o negro. Chamou atenção para a região. Reinterpretou a raça pela cultura e até pelo meio físico. Mostrou, com mais força do que todos, que a mestiçagem, o hibridismo e mesmo (mistificação à parte) a plasticidade cultural da convivência entre contrários não são apenas uma característica, mas uma vantagem do Brasil.

 E acaso não é esta a carta de entrada do Brasil num mundo globalizado no qual, em vez da homogeneidade, do tudo igual, o que mais conta é a diferença, que não impede a integração nem se dissolve nela?

Gilberto Freyre, perene[*]

Não é a primeira vez que falo sobre Gilberto Freyre e, cada vez que me convidam para falar ou escrever sobre ele, fico na dúvida sobre aceitar ou não o desafio. Não há motivos especiais para que seja eu quem abra nesta Flip a semana de comemorações discorrendo sobre o homenageado: pois não fomos nós, os chamados sociólogos da "escola paulista", Florestan Fernandes à frente, quem mais criticamos aspectos importantes da obra gilbertiana, notadamente a existência de uma democracia racial no Brasil, interpretação frequentemente atribuída a ele? E ao longo de minha carreira profissional (já vão quase sessenta anos de lida com as questões sociais) tampouco me distingui por ser um conhecedor da vasta bibliografia de nosso homenageado. Não obstante, mesmo com escusas de sobra para escapar da incumbência, caio novamente na tentação: quem sabe ao me

[*] Conferência proferida na Festa Literária Internacional de Paraty (Flip), em 4 de agosto de 2010.

aproximar de tão gabado autor me sobrem umas lasquinhas de glória...

Cada vez que volto à obra de Gilberto Freyre, se repete o deslumbramento de descobrir facetas novas em seus escritos e de me deixar encantar pelo modo como ele envolve o leitor e quase o convence de suas teses, mesmo quando está navegando por mares cheios de escolhos e aprumando para portos que não parecem os mais seguros.

Não preciso me sentir moralmente culpado por deixar-me embalar pela prosa de Freyre, ainda quando possa vislumbrar a fragilidade factual ou mesmo interpretativa de um ou outro argumento do autor. Nem me molesta ressaltar as virtudes literárias de alguém, como Freyre, que, se não deixou de ter seus pecadilhos de permissividade com governos autoritários, manteve-se quase sempre no campo democrático-conservador. O fato é que, se me perguntarem, como me têm perguntado, o porquê da permanência de *Casa-grande & senzala*, ou mesmo de *Sobrados e mucambos*, direi, sem exclusão de outros motivos, que entre eles prima a forma como foram escritos. Palavras bem escolhidas. Frases concatenadas, graça no discorrer dos temas, de tal modo que a vasta erudição do autor e a imensidade das notas e citações são como papel de embrulho chinês ou como as caixinhas que os japoneses usam para dar um quê de mistério encobrindo os delicados presentes que oferecem. Leem-se as centenas de páginas de análises complexas de *Casa-grande & senzala* ou de *Sobrados e mucambos* no embalo de uma escrita de novela.

Entretanto, o estilo de Gilberto Freyre não é linear, nem na forma nem no andamento do raciocínio. Ele dá voltas, repete, leva o leitor a percorrer seus argumentos e suas descrições como que em espiral, como notou Elide Rugai Bastos[1] em sua síntese de *Casa-grande & senzala*. De repente, acrescento, a espiral se desfaz circularmente, retorna ao passo inicial. Pior: nem sempre é conclusivo. Mesmo nessa obra, o último capítulo, que trata do papel do negro na sociedade brasileira, termina prometendo um novo livro que nunca escreveu. Não cumpre o requisito de voltar às premissas que, uma vez demonstradas, requerem, no rigor do trato acadêmico, uma síntese conclusiva. O mesmo se dá em *Sobrados e mucambos*, embora neste pelo menos o anunciado volume seguinte se concretizou 23 anos depois com a publicação de *Ordem e progresso*, em 1959.

ALÉM DA METODOLOGIA: PROGRESSO E TRADIÇÃO

Este estilo, nas palavras do próprio Gilberto, foi algo deliberado: terminada sua tese de mestrado na Universidade Columbia em 1923, *Social Life in Brazil in the Middle of the 19th Century*, que foi lida por Henry Mencken, o "mais antiacadêmico dos críticos",[2] este aconselhou-o a desenvolver a tese sob a forma de livro. Daí por diante nunca mais Gilberto voltou a escrever à moda da academia. Ganhou leitores, alçou voo mundo afora, popularizou-se. Entretanto, em certo período, especialmente no final dos anos 1950 e mais claramente nos anos 1960, quase se tornou moda nos círculos acadêmicos e em setores políticos progressistas ou de esquerda fazer um muxoxo nas referências a ele. Por quê? Seria só em razão de suas posições políticas conservadoras? Seria o modo não bem-comportado de redigir que se afasta do cânone acadêmico? Ou, quem sabe, o fato de haver idealizado o patriarcalismo brasileiro e adocicado o que teria sido o tratamento dado aos escravos pelos senhores, teses que tanto as pesquisas acadêmicas como os movimentos negros (retratados na obra de Florestan Fernandes e de Roger Bastide, por exemplo) começavam a rechaçar? Uma vez que participei das pesquisas desse grupo, talvez se justifique — buscando uma vereda não percorrida para voltar a caminhar no cipoal dos trabalhos sobre Gilberto Freyre — tentar recordar como nos anos 1950 e 1960 encarávamos a obra do maestro pernambucano.

Sem dúvida, a idealização do patriarcalismo e a visão menos crítica dos efeitos da escravidão sobre as relações entre negros e brancos contribuíram para a reação negativa e mesmo para o simplismo das críticas. Não nos esqueçamos de que a partir dos anos 1960, avançando na década posterior e até à queda do Muro de Berlim, as ciências sociais latino-americanas (e não só) voltaram-se para o marxismo e muitas vezes para formas vulgares dele, sobretudo quando acasalado com as teologias da liberação (diga-se, de passagem, que o marxismo prevalecente na USP teve como ponto de partida um seminário sobre Marx, iniciado nos anos 1950, com a virtude de ser mais rigoroso na exegese do autor). É certo, porém, que as primeiras críticas da "escola paulista" aos trabalhos de Freyre antecederam à voga marxista. Quando Florestan Fernandes, principalmente, endereçou suas setas contra qualquer coisa que se aproximasse da visão da existência de uma democracia racial entre nós, ele estava no auge da defesa do método funcionalista de análise e não do marxismo. E talvez tivesse como alvo mais Donald Pierson do que Freyre. O que dizer então de Roger Bastide, sempre sutil, que, sendo o tradutor para o francês de *Casa-grande & senzala* [*Maîtres et Esclaves*], não só nutria admiração pelo autor como ponderava em suas análises sobre a situação racial no Brasil as particularidades por ela apresentadas em contraposição ao que prevalecia em sociedades racistas. Chegou mesmo a escrever "democracia racial" — o que Freyre não fez em *Casa-grande & senzala* — ao se referir à demografia do Brasil "marcada pela mesma política de arianização que domina os aspectos sociais do país, consequência de sua democracia racial".[3]

Provavelmente não foi só por discordâncias acadêmicas ou por reservas diante do conservadorismo de Freyre que este, aclamado no exterior, autoproclamado — e não sem razão — como um inovador e respeitado nos círculos da intelectualidade mais conspícua, ficou distante da produção intelectual que surgia nas universidades. Valho-me de um dos melhores conhecedores da obra de Gilberto Freyre, Nicolau Sevcenko, que escreveu a apresentação da sexta edição de *Sobrados e mucambos*. Para ele, paradoxalmente, o fato de Freyre ter tido uma formação acadêmica sólida nos Estados Unidos, ter convivido com a intelectualidade americana, conhecer o pensamento europeu, ser, numa palavra, um cosmopolita e, ao mesmo tempo, ter se distanciado do projeto político-intelectual das correntes progressistas e modernizadoras emergentes explica melhor essa reação negativa. Talvez mais do que se distanciar desse projeto, Gilberto Freyre se tenha rebelado contra ele, na medida em que o projeto "desenvolvimentista" desmancharia as bases sobre as quais se assentavam as formas de acomodação sociocultural do patriarcalismo brasileiro. Creio que isso de alguma forma o marginalizou do debate então em marcha.

De fato, como veremos e todos sabem, o pensamento gilbertiano estava voltado para a singularidade das formas sociais e culturais do Brasil, centradas na família patriarcal e na miscigenação. Ora, o pensamento científico nas ciências sociais, sob influência europeia desde a fundação da USP, assim como o pensamento político dos anos 1950 em diante, que teve como referências o Iseb, a Cepal e o Partido Comunista, queriam precisamente o oposto: livrar o país das mazelas de um passado que nos condenava ao subdesenvolvimento. De alguma maneira a identidade que Gilberto Freyre dava ao Brasil dificultava, se não impedia, tudo que o pensamento progressista da época queria: a industrialização, a ruptura da ordem senhorial, a emergência de uma cidadania livre das peias de uma cultura de submissão, a integração do país ao mundo.

O paradoxo reside precisamente em que Gilberto Freyre, longe de haver sido o ensaísta que os cientistas sociais "do Sul" imaginavam, era um acadêmico sólido, que disfarçava a erudição no correr da pena e que pregava contra a maré não só acadêmica, mas, talvez generalizando um pouco, da corrente ideológica hegemônica. Estávamos na época em que as "teorias do desenvolvimento" frutificavam, o Estado era visto como a mola do crescimento econômico, a industrialização era a aspiração de muitos e os laços da família patriarcal, sem se desfazerem completamente, não eram mais a chave para explicar as formas de coesão social. Havia, por consequência, muito mais do que uma diferença metodológica (que também havia) entre os sociólogos "uspianos", funcionalistas ou marxistas. Mais do que somente uma crítica a posições políticas específicas. Havia um choque de "ideologia" que ultrapassava as querelas acadêmicas.

Que Gilberto Freyre exibia um conhecimento enciclopédico da bibliografia da época é indiscutível. A posição de "intelectual nordestino" já havia produzido, entretanto, certa incompreensão quanto a sua modernidade na literatura. Ao mesmo tempo em que entrou em contato com a vanguarda intelectual dos Estados Unidos (e chegou a descobrir Yeats, Tagore e John Dewey) e da Europa, onde encontrou o cubismo e a influência da arte africana nos pintores inovadores (foi retratado em Paris por Rego Monteiro, conheceu Tarsila, tornou-se amigo de Manuel Bandeira), não comungava propriamente com os ideais ao mesmo tempo nativistas e "ocidentalizadores" da Semana de 1922 do Teatro Municipal de São Paulo. Nosso Gilberto era menos encantado que os paulistas dos salões de dona Olívia Guedes Penteado com Blaise Cendrars. Escreveu seu *Manifesto regionalista* em 1926, o que fez os modernizadores do Sul o verem mais como um "tradicionalista" do que como um revolucionário. Quem sabe, fiel a sua visão e a seus sentimentos, quisesse dar certa continuidade à ruptura e não assim o total repúdio das tradições. Ou seja, o apodo de conservador e tradicionalista acompanhou-o antes de ser considerado desta maneira por cientistas sociais depois que escreveu *Casa-grande & senzala*.

GILBERTO E A METODOLOGIA CIENTÍFICA

O domínio da literatura sociológica contemporânea por Gilberto Freyre era enorme. Se não deixava que o esnobismo do vocabulário cientificista torturasse seus textos, não era por desconhecimento da informação básica das ciências sociais, era por deliberação, como eu disse. O que não o deixava despreocupado de mostrar que tinha domínio da bibliografia. Alguns dos longos prefácios às edições de suas obras principais mostram essa obsessão. Em *Ordem e progresso* há uma introdução que exemplifica bem esta preocupação. Para começar, o título da seção, "Nota metodológica", chama a atenção, como se dizia na época com certo pedantismo, para o "aparato metodológico e conceitual" de suas análises. Recordo-me dos cursos que eu dava na Faculdade de Filosofia, Ciências e Letras da USP na segunda metade da década de 1950, nos quais os autores citados por Freyre nos eram familiares e hoje estão provavelmente esquecidos: o manual de E.S. Johnson, *Theory and Practice of Social Studies*, publicado em 1956, a metodologia pregada por Emory Bogardus no livro *Sociology* de 1941, em que se discutia, além das técnicas quantitativas de investigação, o valor da utilização de novos métodos qualitativos ligados às histórias de vida e às entrevistas, e assim por diante.

Mencionei os dois livros acima só para exemplificar. Gilberto Freyre exibia conhecimento também da literatura francesa contemporânea, especialmente Raymond Aron e Georges Gurvitch, na época o "Papa" da Sorbonne. Dialogava intelectualmente com as propostas metodológicas em voga mantendo o ponto de vista, que parecia ser a pedra de toque de sua metodologia, de que a vivência direta e a *empathic ability*, habilidade empática (escrita por ele em inglês), são fundamentais para a interpretação de épocas históricas. Não se pense, entretanto, que, ao defender tais procedimentos — distintos radicalmente das técnicas quantitativas de análises empíricas e do objetivismo das análises de sociólogos como Durkheim —, nosso autor desdenhasse da precisão e de cuidados técnicos. Numa referência defensiva sobre a tal *empathic ability*, conceito que Gilberto Freyre foi buscar em autor obscuro num capítulo de uma coletânea organizada em 1953 por Leon Festinger e Daniel Katz, *Research Methods in Behavioral Sciences*, justificou amplamente suas escolhas metodológicas. Note-se que o livro de Festinger e Katz, pouco difundido no Brasil, era de leitura difícil, mais usado por especialistas em análises quantitativas. Portanto, não havia em Gilberto Freyre desconhecimento do "cientificismo", mas sim repúdio de o ter como a única ou principal maneira de analisar os processos sociais.

Ele acreditava ter sido pioneiro em incluir nas análises sociais aspectos subjetivos e mesmo valorativos, como instrumentos de conhecimento e interpretação histórica. Tendo partido da antropologia, mas dedicando-se à análise de formações sociais e de sua transformação — *Ordem e progresso*, que estuda a desagregação do mundo senhorial com a abolição da escravidão e o estabelecimento da República —, incluía muito de psicologia social nas interpretações. Não descuidava, por outro lado, dos condicionamentos do meio ambiente e dos biológicos nem deixava de mencionar, vez por outra, a relevância dos processos econômicos para as transformações sociais. Acreditava ter inventado uma maneira de lidar simultaneamente com as intuições e com a captação de sentido das ações sociais e da cultura, pela empatia que tinha com as situações analisadas.

Em seu debate metodológico rebelou-se contra interpretações que desdenhavam da história, explicando o presente por ele mesmo, como se cada nova fase partisse *ex nihil*, de si mesma. Freyre achava que, além de tomar em conta o passado e ver como ele se reproduzia ou se modificava no presente, as análises deveriam incluir as orientações e visões que motivavam os homens a mostrar como vislumbravam o futuro. Foi buscar em Georges Gurvitch e em Raymond Aron a noção de que o entrelaçamento entre as condições sociais e as "construções mentais" é importante. Apoiou-se com muita liberdade em William Isaac Thomas e num crítico literário americano, John Brown, para chegar ao que queria: à noção de que há tempos coexistentes, tempos menos cronológicos do que psicológicos e que a intersubjetividade é parte constitutiva da realidade. Esta tanto é dada como é imaginada pelos atores sociais. Mais ainda, quando passa dessas considerações abstratas para a cronologia, procurou definir as épocas como sendo compostas por quatro gerações. Resumindo, diz: "o tempo do relato literário e sociológico tipicamente brasileiro parece dever corresponder à situação mais complexa de entrelaçamento na consciência do brasileiro dos três tempos: o presente, o passado e o futuro".[4]

Numa de suas constantes afirmações autolaudatórias diz que os franceses até criaram uma noção inspirada em suas obras. Vale a pena a longa reprodução do texto para mostrar o seu jeito de escrever sobre seus inventos metodológicos:

> Precisamente essa intimidade de estrutura é que vem sendo analisada pioneiramente em estudos brasileiros de sociologia genética com um afã de profundidade que críticos estrangeiros supõem não haver sido até hoje ultrapassado ou sequer igualado por analistas do mesmo assunto noutros países, havendo-se criado na França expressão "sociologia proustiana" para caracterizar a especialização brasileira. Especialização baseada numa extensão e numa intensificação do método empático de análise, compreensão e in-

terpretação do que de mais íntimo se possa encontrar no passado de uma sociedade, que talvez repugne, como método, aos puros objetivistas em questões de metodologia antropológica, sociológica ou literária.[5]

Percebe-se na escritura peculiar de Gilberto Freyre a reação ao contraste entre certo desdém por seus trabalhos que acreditava haver no meio local acanhado e a quase glorificação que recebia no meio mundial. Ao mesmo tempo responde aos "objetivistas", isto é, aos que proclamavam ser devotos da "sociologia científica", mostrando que estes se restringiam a um tipo de abordagem que repugnava tudo que fosse subjetivo. Chama também a atenção que, ao tentar construir um método para juntar compreensão à interpretação, de indagar, portanto, sobre o sentido das ações sociais e não só sobre seu encadeamento causal, ele não faça referência alguma a Max Weber (a quem conhecia, se mais não fosse, por ser familiarizado com o livro de Aron sobre *A sociologia alemã* e por ser *Ordem e progresso* posterior ao admirável *Raízes do Brasil*, no qual Sérgio Buarque faz ampla utilização dos conceitos weberianos).

O ponto que desejo ressaltar, porém, não é o das eventuais lacunas na revisão sociológica apresentada por Gilberto Freyre, mas sim o do vasto domínio que ele exibia da literatura sobre métodos de pesquisa. Foi por opção que deu amplo espaço à análise do significado das ações sociais e, portanto, à cultura em suas análises sobre a formação do Brasil, como Roberto DaMatta salientou e com o que se identificou ao fazer a apresentação de *Sobrados e mucambos*. Gilberto foi, na verdade, o antropólogo que se voltou para a sociologia e, acreditando que a realidade social é histórica, não desdenhou de que a história é produto da ação humana e que esta guarda um significado e se orienta por valores, além de estar condicionada fisicamente e pelo meio ambiente.

A crítica metodológica que lhe foi dirigida não poderia, portanto, resumir-se a sua desqualificação por ele não ser adepto do que chamava de cientificismo, ou seja, da visão positivista da ciência, postura que muitos outros cientistas sociais recusam, nem muito menos à de crer que seus trabalhos eram meros "ensaios". Isto é, que não poderiam ser submetidos a algum método de validação, uma vez que seriam meramente intuitivos. Embora seus críticos mais afoitos se tivessem aferrado a esses temas, as críticas mais pertinentes deveriam dirigir-se a outros pontos: tomando como válida sua opção de incluir a experiência vicária e a intuição simpática como parte das interpretações (embora dela discordando, eventualmente), foi ele capaz de extrair tudo que essa perspectiva permitia? Ao reconstruir, perdoem-me o abuso vocabular, seu "todo socioestrutural significativo", seus conceitos básicos captaram o fundamental do processo histórico? Sua abordagem culturalista foi precisa ou extrapolou englobando o conjunto do país ao que vivenciara e analisara numa região? Justificou suas generalizações, embora não estatisticamente?

A SOCIEDADE PATRIARCAL

A resposta não é fácil. Toda síntese requer alguma simplificação. No tempo de *Casa-grande & senzala* as interpretações contemporâneas do Brasil já sofriam a influência de algumas grandes sínteses. As mais abrangentes terão sido os trabalhos de Euclides da Cunha, de Oliveira Vianna e de Alberto Torres. *Os sertões* de Euclides, embora mais denso em análises de acontecimentos e mais guiado pelas ideias da época sobre as relações entre o homem e o meio ambiente, tinha alcance político imediato menor para as elites dirigentes do que os livros de Oliveira Vianna. Euclides tratava do povo e de uma região. As elites prefeririam tratar do governo e do país todo. Oliveira Vianna, desde *Evolução do povo brasileiro* e *O ocaso do Império*, dos anos 1920, procurava mostrar a falência do sistema representativo e da República liberal. Mas é nos livros subsequentes, sobretudo, em *Problemas de política objetiva*, de 1930 — anteriores, portanto, ao livro fundamental de Freyre —, que suas análises políticas ganham mais força. Para ele o mal do Brasil não era a centralização, mas a descentralização, não o Executivo forte, mas sua debilidade para enfrentar os localismos, os "gânglios" dispersos de população e de poder local da época colonial que se transformaram em coronelismo e clientelismo na República. Logo, conviria substituir os laços de solidariedade clânica, por meio de uma instituição que desse mais organicidade à nação: um Estado mais forte e atuante.

As ideias de Oliveira Vianna se completaram com a publicação de *Instituições políticas brasileiras* em 1949. Para se opor ao espírito clânico, ao personalismo e ao privatismo tradicionais, incluindo-se aí o do latifundiário, seria preciso um Estado deliberadamente voltado para a construção da nação. Para se contrapor às práticas político-sociais herdadas da sociedade colonial, de pouco valeriam as ideias que desde o Iluminismo fundamentavam a democracia. Sua aplicação entre nós não passava de "idealismo". Nossas leis e Constituições absorveram ideias inglesas, francesas ou norte-americanas sem correspondência com a realidade. Nada mais "fora de lugar" no Brasil do que a noção de contrato entre homens livres e iguais, pois há uma "desigualdade natural" entre pessoas e raças. Os estadistas do Império teriam servido melhor à construção do Brasil do que os idealistas republicanos. Eles foram centralizadores, mais ou menos autoritários e aferrados às responsabilidades do Estado. Mostraram-se pouco interessados em acabar com a escravidão, fundamento de nossa riqueza. Para Oliveira Vianna, como mostrou Jorge Caldeira[6] em sua *História do Brasil com empreendedores*, não era o latifundiário — portanto o senhor — quem deveria sustentar a ordem hierárquica do país, mas o Estado, fiador do bom funcionamento das partes constitutivas do organismo nacional.

É certo que houve toda uma linhagem de pensadores liberais no século xix e no início do xx, como Tavares Bastos, de juristas, como Rui Barbosa, e mesmo de críticos sociais, como Nabuco. Estes, entretanto, na visão de Oliveira Vianna teriam sido "idealistas", alheios às realidades sociais do país. Não era essa, além do mais, a ideologia dominante nos anos 1930, nem entre nós nem muito menos na Europa em que Mussolini já fazia fulgor e logo depois Hitler viria a ofuscá-lo no antiliberalismo. No Brasil, Alberto Torres, em *A organização nacional* (1914) e noutros livros, todos anteriores ao de Freyre, constituía uma exceção: positivista, propugnador pela necessidade de um governo forte, defendia ao mesmo tempo os direitos individuais e não ultrapassou inteiramente os marcos de um pensamento contratualista. Criticava, por certo, o juridicismo, cheio de ideias importadas. Sua experiência como ministro, governador do Rio de Janeiro e membro do Supremo Tribunal Federal o fez ver os limites da crença cega de Rui na eficácia das leis. Distinguiu-se de outros influentes autores de sua época porque não tomava a tese do condicionamento racial como restrição para a formação nacional nem, portanto, se deixou embalar pelas vantagens do branqueamento. Mesmo tomando-se em conta a posição complexa, mais eclética e menos radicalmente autoritária de Alberto Torres quanto ao papel do Estado, é inegável que as décadas de 1920 e 1930, nas quais se formou o pensamento de Gilberto Freyre, estavam sendo preponderantemente influenciadas por um pensamento organicista e politicamente centralizador, quando não abertamente autoritário. Além do mais, as próprias ligações estreitas de Oliveira Vianna com o pensamento de Alberto Torres e a influência daquele sobre Paulo Prado (de quem, por sua vez, era socialmente protegido) diminuiriam o peso das vertentes não estatal-autoritárias que existiam em Alberto Torres. A tradição de pensamento corporativista no Brasil foi tão forte que, a crer nas interpretações de Jorge Caldeira, nem mesmo o visconde de Cairu, tido e havido como o primeiro pregador das vantagens do livre mercado para o Brasil, teria escapado.

Gilberto Freyre, na década de 1930, erige outros atores sociais como foco para explicar as hierarquias e dar sentido à organização social: as instituições domésticas — com o *pater familias* à frente. A família patriarcal, não o Estado, constituiria a mola central do Brasil. O senhor em si não seria parte permanente, natural, constitutiva da nação. Foi produzido por um sistema, o escravocrata, tanto quanto o negro, que se tornou escravo por força do processo social de dominação e não por ser portador de uma condição natural de inferioridade. Essa posição era nova, rompia com a visão prevalecente no Império para justificar a escravidão — a desigualdade natural entre os seres humanos em função da raça — e discrepava das concepções corporativistas que davam como naturais as diferenças entre partes "funcionais" do sistema social, composto de escravos, senhores e outras categorias sociais, de menor alcance explicativo. Gilberto Freyre não aceitou a teoria da existência de desigualdades "naturais" socialmente funcionais dos organicistas-corporativistas, nem viu na vontade de construir uma nação pela concentração de poder central os caminhos para corrigir os malefícios do passado colonial-escravocrata. E tampouco fez como Caio Prado, que em *Evolução política do Brasil* (publicado pouco antes de *Casa-grande & senzala*) incorporou o papel central do "latifundiário" proposto por Oliveira Vianna transformando o latifúndio agroexportador na pedra de toque da formação do Brasil (abrindo brechas assim para introduzir a perspectiva de luta de classes).

Pelo contrário, Freyre criou categorias analíticas sociológicas e histórico-culturais. Para isso não desdenhou da base produtiva: foi, sim, o latifúndio açucareiro que deu sustentação à sociedade patriarcal, afirmação repetida o tempo todo em seus trabalhos. Repetidas também, as referências à influência das formas econômicas sobre a sociedade e a cultura. Apenas, elas não teriam sido o fator decisivo para explicar as particularidades brasileiras: o que distinguiu a sociedade brasileira não foi a grande propriedade escravocrata em si, que também existiu nos Estados Unidos. Foi a forma peculiar como se constituiu a "família patriarcal", um produto histórico-cultural. Cito:

> A família, não o indivíduo, nem tampouco o Estado, nenhuma companhia de comércio, é desde o século XVI o grande fator colonizador do Brasil, a unidade produtiva, o capital que desbrava o solo, instala as fazendas, compra escravos, bois, ferramentas, a força social que se desdobra em política, constituindo-se na aristocracia colonial mais poderosa da América. Sobre ela o Rei de Portugal quase reina sem governar.[7]

Oliveira Vianna via os males do Brasil na dispersão geográfica dos núcleos do povoamento e nos vícios decorrentes do acasalamento entre política local e personalismo. A geografia e a cultura, além da diversidade racial e da miscigenação, condicionavam nossa formação e eram obstáculos dos quais decorria o pessimismo vigente nas interpretações do Brasil que foram recolhidas por Paulo Prado. Para corrigir as distorções produzidas por esta situação é que tanto Torres quanto Oliveira Vianna propunham o Estado-forte. Gilberto Freyre, em contraposição, valorizava a força da sociedade e da cultura brasileiras. A sociedade escravocrata se organizara e se hierarquizava ao redor do núcleo familiar. A oposição direta não seria sequer entre senhores e escravos, mas entre a Casa-Grande patriarcal e tudo que se lhe opunha. A escravidão, concede Freyre, justificando-a até certo ponto, foi o modo que o português colonizador encontrou para levar adiante o empreendimento econômico da conquista. Muita terra, poucos portugueses, índios abundantes e, posteriormente, negros disponíveis teriam viabilizado a obra da conquista. Cito outra vez: "O meio e as circunstâncias exigiriam o escravo".[8] Agregando as dúvidas de Oliveira Lima sobre se teria sido um crime levar os escravos negros para a América e opondo-se a Varnhagen, que lastimava a concessão de grandes tratos de terra no lugar de propriedades menores, diz Freyre: "Para alguns publicistas foi erro enorme. Mas nenhum nos disse até hoje que outro método de suprir as necessidades de trabalho poderia ter adotado o colonizador português".[9] Colonizador que, segundo ele, já era inclinado a adotar o cativeiro para obter êxitos econômicos, mesmo na terra de origem. Como os portugueses foram os pioneiros em estabelecer colônias de exploração agrícola em terras tropicais, dada a escassez de mão de obra local que pudesse ser assalariada, só o latifúndio e a escravidão, indígena ou negra, permitiriam construir "a grande obra colonizadora".

> No Brasil iniciaram os portugueses a colonização em larga escala nos trópicos por uma técnica econômica e por uma política social inteiramente nova: apenas esboçada nas ilhas subtropicais do Atlântico. [...] O colonizador português do Brasil foi o primeiro entre os colonizadores modernos a deslocar a base da colonização tropical da pura extração de riqueza mineral, vegetal ou animal [...] para a criação local de riqueza [...] à custa do trabalho escravo: tocada portanto daquela perversão de instinto econômico.[10]

Ademais, "No Brasil [...] as grandes plantações foram obra não do Estado colonizador, sempre somítico em Portugal, mas de corajosa iniciativa particular".[11]

Para comprovar a tese, cita viajantes que chamaram a atenção para a ausência de entraves burocráticos à obra colonizadora, dada a ausência da administração. Gilberto viu nisso uma característica e mesmo uma vantagem. E não se diga que neste capítulo — o inicial de *Casa-grande & senzala* — ele tivesse apenas idealizado: a minúcia, como em todo o livro, do conhecimento das fontes históricas (documentos, livros de viajantes, comentaristas etc.) desmente uma vez mais a noção de que sua obra foi basicamente ensaística.

A mola da sociedade escravocrata teria sido o "projeto produtivo" do português, sua antevisão do futuro que, vinculada ao meio ambiente — a vastidão das terras, o clima tropical — e aos condicionamentos demográficos, escassez de brancos e abundância de indígenas e mais tarde de negros, criou as bases para que fosse plasmada uma cultura, uma adaptação de costumes, práticas, valores e crenças que marcaram nossa formação. Tudo isso se concretiza ao redor do latifúndio e da hierarquização entre Casa-Grande e Senzala, senhores e escravos. Mas a dinâmica deste todo histórico-estrutural, de base econômica dada, só se entende quando se acrescentam as dimensões culturais. Estamos longe de, sem negar sua importância, ver no "latifúndio-exportador" o sentido da sociedade colonial, como em Caio Prado ou mesmo em Oliveira Vianna. Por certo, Gilberto Freyre não desdenha o óbvio, como já disse, o papel da economia agroexportadora. Mas o sentido profundo da construção do país foi a matriz histórico--cultural constituída ao redor da Casa-Grande.

Deixo de lado considerações sobre até que ponto o modelo de sociedade escravocrata assim construído poderia generalizar--se para o Brasil, uma vez que as análises se basearam em Pernambuco e em partes do Nordeste. Certamente não foi assim em São Paulo, nem no Rio Grande do Sul, por exemplo. Nem nas regiões mineradoras ou nas faixas de comunicação comercial por onde o país se expandiu sem se basear no latifúndio patriarcal ao estilo do que ocorreu no Nordeste e, em outra época, nas terras fluminenses e mesmo paulistas, com o açúcar e o café. Há argumentos para mostrar que na caracterização histórico-cultural tomar o caso extremo é uma forma de iluminar as demais situações, ainda que por contraste.

A contribuição inovadora de Freyre para caracterizar a sociedade patriarcal não justifica, entretanto, como veremos adiante, seus excessos arbitrários ao caracterizar o papel inovador do empreendedorismo dos colonos portugueses e ao se aferrar às características de plasticidade cultural que teriam possibilitado além da aculturação a ascensão social de negros, índios e mestiços. Para construir a imagem positiva dos colonos, ele se opõe à visão de que os portugueses vindos para cá seriam os "piores elementos" (degredados, condenados etc.). Pelo contrário, gente de boa cepa também veio e muitos deles deram origem às grandes famílias patriarcais: "A colonização do Brasil se processou aristocraticamente, mais do que a de qualquer outra parte da América [...]. Mas onde o processo de colonização europeia afirmou-se essencialmente aristocrático foi no norte do Brasil".[12]

As características fundamentais da formação da sociedade brasileira, embora esta fosse assentada numa economia escravista, teriam sido dadas pelo equilíbrio de antagonismos que a matriz cultural aqui desenvolvida permitia:

> Antagonismos de economia e de cultura. A cultura europeia e a indígena. A europeia e a africana. A africana e a indígena. A economia agrária e a pastoril. A agrária e a mineira. O católico e o herege. O jesuíta e o fazendeiro. O bandeirante e o senhor de engenho. O paulista e o emboaba. O pernambucano e o mascate. O grande proprietário e o pária. O bacharel e o analfabeto. Mas predomi-

nando sobre todos os antagonismos, o mais geral e o mais profundo: o senhor e o escravo.[13]

Entendem-se os motivos que levaram os sociólogos da "escola paulista" a criticarem Gilberto Freyre: onde está a especificidade desses antagonismos, ainda que ele os tenha hierarquizado, pois há um antagonismo principal e geral, aquele entre senhores e escravos? Não haveria traços culturais semelhantes em outras formações socioeconômicas? Talvez, mas nosso autor não faz as análises comparativas suficientes para sustentar o argumento. Fosse só isso e o pecado talvez pudesse ser considerado venial. Mas Freyre vai mais longe em sua visão sobre o equilíbrio de antagonismos:

> Por outro lado, a tradição conservadora no Brasil sempre se tem sustentado no sadismo do mando, disfarçado em "princípio de Autoridade" ou "defesa da Ordem". Entre estas duas místicas — a da Ordem e a da Liberdade, a da Autoridade e a da Democracia — é que se vem equilibrando entre nós a vida política, precocemente saída da do regime de senhores e escravos.[14]

O autor vê certas vantagens nessa situação,

> as de uma dualidade não de todo prejudicial à nossa cultura em formação. [...] Talvez em parte alguma se esteja verificando com igual liberalidade o encontro, a intercomunicação e até a fusão harmoniosa de tradições diversas, ou antes, antagônicas, de cultura como no Brasil.[15]

Este processo de "harmonização de contrários", diz Freyre, ainda está incompleto; o vácuo e a deficiência da intercomunicação entre as culturas ainda é enorme. "Mas não se pode acusar de rígido, de falta de mobilidade vertical [...] o regime brasileiro, em vários sentidos sociais um dos mais democráticos, flexíveis e plásticos".[16]

A generalização dos qualificativos, a imprecisão e a variabilidade dos argumentos, sem falar na referência ao término "precoce" da escravidão, abrem flanco à crítica. O linguajar é atraente e a criatividade grande. Não faltam insights que iluminam o processo sociocultural do Brasil, mas o ressaibo conservador com a implícita aceitação de tudo que está dado não podem ser aceitos acriticamente. Nem por ter sido um grande intelectual nosso autor deixou de extravasar seus preconceitos e de contagiar suas análises com crenças e valores nem sempre abertamente expostos.

A DEMOCRACIA RACIAL

A ideia tão difundida de que Gilberto Freyre teria caracterizado o Brasil como uma "democracia racial" precisa ser mais bem qualificada. Ao descrever as qualidades dos portugueses em sua terra de origem, insistia em que eles já possuíam uma cultura baseada em equilíbrios entre contrários, com plasticidade suficiente para aceitar práticas de miscigenação racial e cultural. As análises históricas vêm acompanhadas de referências às fontes e a seus intérpretes. Chama mesmo a atenção o enorme conhecimento que Freyre tinha da formação histórico-cultural lusitana. Foi na interpretação, na valorização de certos traços culturais e sociais que ele introduziu algum viés, embora tenha sempre se oposto ao racismo prevalecente em muitos círculos. Para começar, nosso autor descreveu os portugueses — com exceção dos habitantes do norte, mais celtas — como um povo cujo sangue já carregava as marcas árabes e africanas. Da África negra e berbere.

Como negasse o valor explicativo das diferenças raciais em

si mesmo, acrescentava sempre dimensões culturais: não apenas o português era amorenado, mas também sua cultura absorvera muitos traços muçulmanos desde a ocupação árabe. Eram os "moçárabes", nos quais se juntavam traços culturais dos escravos negros e dos berberes:

> O que se sente em todo este desadoro de antagonismos são duas culturas, a europeia e a africana, a católica e a maometana, a dinâmica e a fatalista encontrando-se no português, fazendo dele, de sua vida, de sua moral, de sua economia, de sua arte um regime de influências que se alternam, se equilibram e se hostilizam.

Daí que "se compreende o especialíssimo caráter que tomou a colonização do Brasil, a formação sui generis da sociedade brasileira, igualmente equilibrada nos seus começos e ainda hoje sobre antagonismos".[17]

Essa contradição sem dialética — sem produzir propriamente uma síntese —, esse equilíbrio entre antagonismos teria sido a marca distintiva de nossa cultura. Em *Casa-grande & senzala* não se fala em "propensão democrática", nem mesmo em "democracia racial", mas em oposições que se equilibram. O português do século da descoberta e dos séculos iniciais da colonização já tivera na Europa tanto a experiência de intercâmbio cultural quanto conhecera algumas instituições que recriou na América e a elas se aferrara: a poligamia e a escravidão de negros e árabes não lhe eram estranhas. Gilberto Freyre chega mesmo a dizer que o português era o mais propenso dos povos europeus a praticar a escravidão, assim como a poligamia herdada da África. Nem essa nem o desregramento sexual e moral nasceram no Novo Mundo; já eram vividos na Europa pelos colonizadores. Sem motivos para orgulho de superioridade racial, havendo expulsado os mouros, sendo bravos guerreiros, cobriram-se no manto da Igreja para notabilizarem-se como combatentes dos hereges. A Igreja, a escravidão, o desregramento moral e a empresa colonial produtiva chegaram juntos ao Brasil pela mão dos portugueses. Estes, contudo, não partiram, na origem, de uma sociedade propriamente feudal, nem jamais deram à superioridade de pele e de sangue preeminência maior, pois dela não dispunham.

O mesmo estilo de abordagem se desdobra para caracterizar a junção de outras "raças" e culturas formadoras do Brasil. Na análise da contribuição dos índios, Freyre, uma vez mais, exibe notável conhecimento das fontes históricas e da antropologia da época. Deixo de citar os autores que serviram de base para suas descrições e interpretações para não cansar o leitor, mas posso assegurar — tendo eu próprio seguido no início dos anos 1950 cursos de antropologia — que a bibliografia referida era a que então se ensinava. Discípulo de Boas, leitor contumaz, ele não pecava por falta de base científica. Repito, quando pecava era por sua "visão", por suas interpretações, como disse acima.

Retomando o fio: Freyre também viu o processo de contato entre portugueses e indígenas como um antagonismo entre culturas atrasadas e mais desenvolvidas. Com a presença do colonizador, destrói-se o equilíbrio nas relações entre os indígenas e o meio físico, "principia a degradação da raça atrasada ao contato da adiantada". Os indígenas foram vítimas de duas influências desagregadoras, deletérias mesmo, nas palavras de Gilberto: a dos portugueses e a dos jesuítas, que se anteciparam nas tentativas de europeização ao imperialismo burguês europeu.

O imperialismo português — o religioso dos padres, o econômico dos colonos — se desde o primeiro contato com a cultura indígena feriu-a de morte, não foi para abatê-la de repente, com a mesma fúria dos ingleses na América do Norte. Deu-lhe tempo para perpetuar-se em várias sobrevivências úteis.[18]

A partir dessa visão distingue três dimensões características. A do "imperialismo dos colonos", quer dizer, a utilização do indígena pelo português em seus empreendimentos conquistadores (de terras, como nas bandeiras, digo eu, ou de exploração produtiva), a do "imperialismo religioso", dos jesuítas, e a da "convivência de contrários". Por isso, Freyre ressalta o contraste com a colonização inglesa que matava diretamente os indígenas, enquanto, em nosso caso, sua cultura era desagregada por ambos, jesuítas e colonos, e suas populações eram lentamente exterminadas pelas moléstias e maus-tratos por parte tanto dos portugueses quanto dos padres. Mas a população indígena teria sido ao mesmo tempo relativamente "preservada" para ser usada na exploração econômica e, sobretudo, sua cultura mantida e modificada pelas consequências do contato e da miscigenação. Nesse passo, novamente, a visão edulcorada do convívio entre contrários se mostra forte:

> Nem as relações sociais entre as duas raças, a conquistadora e a indígena, aguçaram-se nunca na antipatia ou no ódio cujo ranger, tão adstringente, chega-nos aos ouvidos de todos os países de colonização anglo-saxônica e protestante. Suavizou-as aqui o óleo lúbrico da profunda miscigenação. Quer a livre e danada, quer a regular e cristã sob a bênção dos padres e pelo incitamento da Igreja e do Estado.[19]

Freyre, como fará com relação aos negros, se delicia ao descrever a lubricidade prevalecente na Colônia, ao dar interpretações de fundamento sexual à couvade, ao descrever aspectos físicos dos órgãos sexuais dos nativos. Tudo isso, mais a necessidade de povoar e ampliar a base produtiva, levou ao intercasamento, quando não ao intercurso sexual frequente. Mesmo ressaltando que o estilo de interconexão racial e cultural permitiu manter a cultura autóctone mais viva na brasileira (toponímias, culinária, formas de lidar com as crianças, abrandamento da língua, poesia, música etc.) do que o ocorrido em outras plagas, ele acentuou sempre os aspectos perversos da desagregação cultural provocada pela colonização. Sua crítica mais persistente e dura foi antes contra o jesuíta do que contra o colono. Não poupou palavras referindo-se à "crueldade" dos jesuítas. Estes tentaram construir uma nova base moral para os indígenas sem antes "lançar uma permanente base econômica".[20] Resultado: a família dos indígenas se desagregou sem suportar os moldes cristãos, prevaleceu a miséria, aumentou brutalmente a mortalidade infantil, houve a "degradação da raça" que pretenderam salvar.

Essa desagregação cultural e moral ocorreu a partir de quando os padres resolveram colocar os índios em missões sob sua proteção. Antes, nos séculos XVI e XVII, o clima teria sido outro: "As crônicas não indicam nenhuma discriminação ou segregação inspirada por preconceito de cor ou de raça contra os índios; o regime que os padres adotaram parece ter sido o de fraternal mistura dos alunos".[21] Ainda assim a crítica dura de Freyre denunciando maus-tratos aos indígenas se voltou menos para os portugueses do que para os jesuítas. A estes não perdoou nada: "O missionário tem sido o grande destruidor de culturas não europeias, do século XVI ao atual; sua ação mais dissolvente que a do leigo [...]. O que se salvou dos indígenas no Brasil foi a despeito da influência jesuítica".[22]

Com seu estilo, cheio de espirais que se tornam círculos, Gilberto escreve, ao mesmo tempo, o contrário: "Campeões da causa dos índios, deve-se em grande parte aos jesuítas não ter sido nunca o tratamento dos nativos da América pelos portugueses tão duro nem tão pernicioso como pelos protestantes ingleses".[23] E dá nova cambalhota na argumentação:

> Ainda assim os indígenas nesta parte do continente não foram tratados fraternal ou idilicamente pelos invasores, os mesmos jesuítas

extremando-se às vezes em métodos de catequese os mais cruéis. Da boca de um deles, e logo do qual, do mais piedoso e santo de todos, José de Anchieta, é que vamos recolher estas duras palavras; "espada e vara de ferro, que é a melhor pregação".[24]

Sobre os colonos portugueses, que teriam sido mais flexíveis e mais interessados nas mulheres indígenas e em tê-los, homens e mulheres, como força de trabalho, nosso autor diz contraditoriamente que também repartiram a responsabilidade por algumas formas de desagregação da cultura e da moral indígena:

> Os colonos e não os jesuítas terão sido, em grande número de casos, os principais agentes disgênicos entre os indígenas: os que lhes alteraram o sistema de alimentação e de trabalhos, perturbando-lhes o metabolismo; os que introduziram entre eles doenças endêmicas e epidêmicas; os que lhes comunicaram o uso da aguardente de cana.[25]

Se foi assim, torna-se difícil entender no que consistiu o "equilíbrio" entre antagonismos e que atores sociais foram flexíveis e quais os impenetráveis. Tudo parece fazer crer que para Gilberto Freyre os jesuítas representaram a encarnação do mal maior — quem sabe ressaibos de antropólogo que não suporta a violação direta da cultura indígena pelos missionários —, mas dos colonos não se pode dizer que possuíssem disposição anímica capaz de facilitar o equilíbrio entre culturas e raças.

OS NEGROS

É, entretanto, quando trata dos escravos e negros, nos dois últimos capítulos de *Casa-grande & senzala*, que suas teses, sua força expositiva e suas interpretações se tornam mais claras. No primeiro deles, sobre o negro na vida sexual e na família dos brasileiros, volta a exibir pleno domínio da literatura antropológica de sua época, inclusive de antropologia física. Dedica-se a desmentir as hipóteses relativas à inferioridade dos negros, desde as que se baseavam em medições do peso e da estrutura dos cérebros até às que se referem às influências climáticas e de regime alimentar sobre o comportamento dos africanos. Entra mesmo na controvertida discussão sobre a transmissibilidade de caracteres adquiridos que, como sabemos, ocupou páginas e páginas da literatura em moda naquele período. Baseado em Franz Boas, Melville Herskovits, Augustus Pitt-Rivers, Robert Lowie e até mesmo Ruth Benedict, desfaz passo a passo as teorias em voga sobre a importância de diferenças raciais, seja as baseadas na genética, seja as que acentuavam fatores climáticos e ambientais para distinguir comportamentos. O que conta mesmo para Freyre são as diferenças culturais que se constroem historicamente. Apreciação válida tanto para os negros como para os ameríndios:

> Lowie parece-nos colocar a questão em seus verdadeiros termos. Como Franz Boas, ele considera o fenômeno das diferenças mentais entre grupos humanos mais do ponto de vista da história cultural e do ambiente de cada um do que da hereditariedade ou do meio geográfico puro.[26]

A frase resume o pensamento de Freyre sobre a matéria: "O depoimento dos antropólogos revela-nos no negro traços de capacidade mental em nada inferior à das outras raças".[27]

Se diferenças há, foram criadas pelas relações entre os homens, sempre em interação, obviamente, com o meio ambiente, o clima, regime alimentar etc. Mas o fundamental para explicar diferenças são as formas de sociabilidade, as relações de hierarquia, as técnicas criadas para a adaptação ao meio etc. Estamos longe de Nina Rodrigues, ou mesmo de Oliveira Vianna e seus próximos.

Outra contribuição importante do livro nessa matéria foi precisamente a de distinguir entre culturas, tanto ameríndias como africanas. Indo além das pegadas de Nina Rodrigues, que mostrara haver outras culturas afora a banto entre os escravos brasileiros, Gilberto Freyre acrescenta, dando ênfase, o papel que, entre outras etnias, os nagôs e iorubas e os hauçás — esses já mestiços de hamitas e berberes — exerceram na formação cultural dos brasileiros. Alguns desses grupos já teriam vindo para cá islamizados. Numa palavra, e parodiando: as próprias culturas africanas já formariam um *melting pot*. Razão adicional para confirmar que:

> Dentro da orientação e dos propósitos deste ensaio, interessam-nos menos as diferenças de antropologia física (que ao nosso ver não explicam inferioridades ou superioridades humanas, quando transpostas dos termos de hereditariedade de família para os de raça) que as de antropologia cultural e de história social africana.[28]

Apesar dessa conclusão, ele faz uma longa digressão sobre a superioridade cultural dos estoques negros vindos para o Brasil e, no Brasil dos que foram para o Nordeste, em comparação com o que ocorreu com os Estados Unidos. Critica o arianismo de Nina Rodrigues e de Oliveira Vianna, mas se refere aos fulas e aos hauçás, como mesclados com povos não negros, no momento em que está mostrando a "superioridade" destes em comparação com outros grupos africanos; discorre sobre as características diferenciais de certos grupos de negros nas várias regiões do Brasil; minimiza, é verdade, a cor da pele como traço distintivo, mas fala no tipo de cabelo como diferencial. Enfim abre espaço para o crítico que queira se esquecer de suas orientações basicamente antirracistas e culturalistas para mostrar contradições no texto. Que as há, as há e de sobra. Mas o "sentido geral da interpretação", se posso dizer assim, foi outro, foi o de desmentir a inferioridade do negro e acentuar as diferenças e possibilidades de fusão entre as culturas.

Na verdade Gilberto estava procurando valorizar as culturas negras para se opor às teses da inferioridade racial. Descreve com alguma minúcia[29] a variedade cultural africana, hierarquiza seus desenvolvimentos relativos, reafirma vantagens dos escravos brasileiros em comparação com os americanos e mesmo do Caribe — por exemplo, maior proximidade com a África, manutenção de um comércio constante entre as duas regiões e com isso revitalização cultural — e termina por dizer que duas grandes áreas culturais, especialmente, contribuíram para a formação brasileira, os bantos e sudaneses: "Gente de áreas agrícolas e pastoris. Bem alimentada a leite, carne e vegetais. Os sudaneses da área ocidental, senhores de valiosos elementos de cultura material e moral próprios, uns e outros adquiridos e assimilados dos maometanos".[30]

Feita a ressalva da multiplicidade de etnias vindas para cá, da sofisticação cultural relativa de algumas delas e do hibridismo de todas — não só racial, mas cultural, basta lembrar as influências maometanas no catolicismo brasileiro graças aos africanos —, Gilberto retoma a tese principal. Vai buscar apoio em Nabuco para dizer que não se pode avaliar a contribuição (positiva ou negativa) do negro para a nossa formação, separando-o do escravo, de sua condição social:

[...] uma discriminação se impõe: entre a influência pura do negro (que nos é quase impossível isolar) e a do negro na condição de escravo. [...] Sempre que consideramos a influência do negro sobre a vida íntima do brasileiro, é a ação do escravo, e não a do negro por si, que apreciamos. [...] O negro nos aparece no Brasil, através de toda nossa vida colonial e da nossa primeira fase da vida independente, deformado pela escravidão. Pela escravidão e pela monocultura.[31]

Em seu arrazoado em defesa do negro diante dos preconceitos vigentes, rebate a ideia comum de que a luxúria, a depravação sexual e o erotismo adviessem de sua influência. Arriscando-se em juízos de valor e baseado em testemunhos insuficientes, afiança que, pelo contrário, nas culturas africanas haveria maior moderação sexual do que entre os europeus, tanto que "a sexualidade africana para excitar-se necessita de estímulos picantes".[32] Deixando-se levar pela imaginação, menciona vários autores, chegando até a citar um que, contrariamente à crença generalizada, fala de terem os africanos "órgãos sexuais pouco desenvolvidos". A necessidade de festas orgiásticas e de símbolos fálicos desproporcionais viria como compensação à realidade.

Dito isso, o desregramento moral, a concubinagem, a proliferação sem Deus nem lei, adviriam do interesse do senhor em multiplicar o número de escravos e da própria libido desabrida que os portugueses já haviam desenvolvido na Europa e trouxeram com eles. A "esse elemento branco e não à colonização negra deve-se atribuir muito da lubricidade brasileira".[33]

O resto é a chaga moral da escravidão, não "culpa" do negro, uma vez que não há escravidão sem depravação, diz textualmente. E não se pense que Freyre poupa os senhores de terem mantido, como fizeram os jesuítas com os índios, relações cruéis com os negros. Basta ler as descrições sobre as crueldades habituais no regime escravocrata nas páginas 458 e 459. A amante negra, o filho mulato, a proximidade entre o escravo e a casa-grande não esmoreceram as relações desiguais e cheias de maldade, eivadas de sadomasoquismo. Ao mesmo tempo, e a despeito da desigualdade e da crueldade, foi havendo a assimilação cultural. Para não me alongar por desnecessário, basta ler as páginas sobre como a própria língua portuguesa foi sendo amaciada, abrandada e tornada mais meiga graças ao convívio com os negros, nas relações entre as casas-grandes e as senzalas.

Na interpretação de Freyre, isso reforça a crença de que "A força, ou antes, a potencialidade da cultura brasileira parece-nos residir toda na riqueza dos antagonismos equilibrados, o caso dos pronomes que sirva de exemplo", referindo-se a que os portugueses colocam o pronome depois do verbo, enquanto os brasileiros tanto o usam assim, como o fazem anteceder ao verbo. A partir dessa constatação de simbiose linguística, opõe o que teria ocorrido no Brasil à dureza das duas metades entre os ingleses e os americanos. E reafirma: "Não que no brasileiro subsistam, como no anglo-americano, duas metades inimigas: a branca e a preta; o ex-senhor e o ex-escravo. De modo nenhum. Somos duas metades confraternizantes que se vêm mutuamente enriquecendo de valores [...]",[34] e por aí segue numa descrição onde o que "eu gostaria que fosse" e o que realmente é se misturam no devaneio literário.

Ao mesmo tempo em que lhe dá encanto e dificulta sua compreensão, esta ambiguidade permanente na escrita e nas interpretações de Gilberto Freyre gera incertezas sobre o significado profundo de sua obra. Mesmo criticando a sociedade escravocrata, mostrando suas degenerescências, não atribuindo aos negros os males do país (nem aos indígenas), mas a um sistema social iníquo, de repente volta à tese do equilíbrio entre contrários e suas vantagens comparativas com outras culturas. Há um episódio descrito por Freyre do chibateamento de um soldado português ao qual até mesmo José Bonifácio — antiescravista ferrenho — assistiu impávido e por vontade própria. Isso mostraria o quanto todos estavam envoltos pela cultura da violência escravista.

Não obstante, poucas páginas adiante, o próprio Gilberto Freyre gaba essa mesma cultura porque: "Verificou-se entre nós uma profunda confraternização de valores. Predominantemente coletivistas, os vindos da senzala, puxando para o individualismo e para o privatismo, os vindos das casas-grandes",[35] confraternização que não adviria dos puros valores cristãos, do cristianismo ascético ao estilo protestante. Mas que se deu porque o cristianismo das senzalas, mais lírico, festivo e doméstico, penetrou na moral geral. A conversão dos negros ao catolicismo laicizado e sua aceitação pelos senhores mostrariam a plasticidade que só mesmo a "aproximação das duas culturas" poderia ter produzido e que não teria ocorrido em outras áreas onde a escravidão se implantou.

Assim, as formas de socialização e aculturação que tornaram nossa sociedade diversa das demais de base escravocrata foram geradas na convivência entre contrários, em permanente ora equilíbrio ora desequilíbrio, mas sem ruptura e sempre com plasticidade cultural. Como se na oscilação entre um e outro polo houvesse espaços para acomodações sem a eliminação de quaisquer deles. Não que graças a isso se houvesse formado propriamente uma "democracia racial", pois a desigualdade, a crueldade e a violência entre senhores e escravos não são negadas. A despeito delas, contudo, Freyre encontra formas de mostrar que era assim mas não seria bem assim. Dialética com uma contradição principal mas que não se resolvia pela fusão total nem pela superação de ambos os polos, senão que se arrastava oscilando e provocando pequenas mutações em cada um dos polos.

PRECONCEITO E MOBILIDADE

O último capítulo do livro dá continuidade à análise do papel do negro na família patriarcal. É nele que o autor oferece maior flanco para a crítica. Sem negar as condições sociais, econômicas e mesmo ambientais que levaram à formação da sociedade patriarcal com todos os seus males, insiste na menor vigência de preconceitos e maior existência de formas de mobilidade social na sociedade patriarcal brasileira. Os casamentos inter-raciais, o concubinato, inclusive entre padres e mulheres negras e mulatas, a maior proximidade física entre as raças, a menor vigência de preconceitos e a existência de formas de mobilidade social abrandariam a dureza da sociedade escravocrata. Começa por afirmar uma estranha tendência "genuinamente portuguesa e brasileira, que foi sempre no sentido de favorecer o mais possível a ascensão social do negro".[36] Isso num parágrafo no qual desmerece a crítica feita a partir de documentos que mostraram ter existido traços de discriminação racial na Colônia. Para se contrapor à menção a uma lei que declarou infames os portugueses que se ligassem a caboclas, apoiou-se em outra disposição, famosa, do marquês de Pombal, que falava em dar incentivos aos colonos portugueses que tivessem filhos com as "tapes" para incentivar o povoamento da Amazônia. Embora, no caso, se tratasse exclusivamente de mulheres indígenas, Freyre aproveita a opinião de Pombal para criticar alguns autores que faziam "do tipo mais complacente e plástico do europeu — os portugueses — um exclusivista feroz, cheio de preconceitos de raça, que nunca teve o mesmo grau elevado dos outros".[37]

No embalo de ver condições menos difíceis para a vida de negros e mulatos no Brasil patriarcal, não para aí:

> [...] muito menino brasileiro deve ter tido por seu primeiro herói, não nenhum médico, oficial de marinha ou bacharel branco, mas um escravo acrobata que viu executando piruetas difíceis nos circos. [...] E felizes dos meninos que aprenderam a ler e escrever com professores negros, doces e bons. Devem ter sofrido menos que os

outros alunos de padres, frades, "professores pecuniários", mestres régios [...][38]

e segue numa reconstrução imaginária do que poderia haver ocorrido.

Noutra página, com seu estilo peculiar, referindo-se ao tratamento vigente nos colégios, ao contrário, fala do "sadismo criado no Brasil pela escravidão e pelo abuso do negro".[39] Assim como se refere a "negras e mulatas degradadas pela escravidão" e à "degradação das raças atrasadas pelo domínio da adiantada".[40] Também se refere à existência de preconceitos contra os filhos de mestiços e desvantagens a que se submetiam, o que levava muitos deles a terem um complexo de inferioridade. Mas, acrescenta, isso "mesmo no Brasil, país tão favorável ao mulato".[41]

Compreendem-se as dificuldades dos sociólogos da "escola paulista" em aceitar afirmações desse tipo, apresentadas sem maiores esforços para demonstrar sequer sua plausibilidade. Na verdade Gilberto Freyre neste capítulo se esmera em mostrar as condições especiais que teriam caracterizado a relação entre negros e brancos. E cai numa emboscada: termina por assumir, abertamente, posições preconceituosas. Assim, referindo-se com entusiasmo à "atividade patriarcal dos padres", embora exercidas em "condições morais desfavoráveis", afirma tratar-se de

[...] contribuição de um elemento social e eugenicamente superior. Homens das melhores famílias e da mais alta capacidade intelectual. Indivíduos educados e alimentados como nenhuma outra classe, em geral transmitiram aos descendentes brancos, e mesmo mestiços, essa superioridade ancestral e de vantagens sociais.[42]

Freyre se refere a essa suposta "superioridade eugênica" mais de uma vez. Louva a reprodução pelos padres de filhos e netos de "qualidades superiores", assim como escolhe ao arbítrio exemplos de mestiços que no passado e até à sua época teriam chegado ao topo das elites literárias, profissionais e políticas. Isso mostraria a mobilidade social existente e, subliminarmente, insinua, como consequência, a pouca eficácia dos preconceitos, quando os havia.

Não é de espantar, pois, que também com referência aos judeus, tanto em *Casa-grande & senzala* como em outros escritos, tenha distribuído qualificativos não isentos de preconceitos. Não me vou referir a eles por desnecessário: o livro de Silvia Cortez Silva,[43] *Tempos de Casa-Grande*, publicado este ano, documenta largamente traços de antissemitismo de Gilberto Freyre. Daí a considerá-lo antissemita vai distância: seu estilo oscilante e seu prazer de gosto duvidoso de distribuir epítetos raciais não se limitavam aos judeus. Isto não os justifica, mas é preciso colocá-los no sentido geral da obra e não isoladamente.

A DESAGREGAÇÃO DA ORDEM PATRIARCAL

Não farei referências minuciosas aos demais volumes da trilogia famosa, *Sobrados e mucambos* e *Ordem e progresso*, porque já alonguei demais o texto para esta conferência. Mas não posso deixar de aludir a que é neles que se vê com mais nitidez o aspecto nostálgico da reconstrução que Freyre fez da formação patriarcal do Brasil. É também em *Sobrados e mucambos* que fala mais abertamente da mobilidade democratizadora das relações sociais. Mesmo sublinhando a continuidade desses processos, ele acha, entretanto, que a ruptura da ordem patriarcal teve mais efeitos negativos do que positivos no equilíbrio dos contrários. A urbanização alterou as antigas formas de acomodação social: "[...] o equilíbrio entre brancos de sobrados e pretos, caboclos e pardos livres de mucambos não seria o mesmo que entre brancos das velhas casas-grandes e os negros das senzalas".[44]

Como recorda Brasilio Sallum Jr. em resumo crítico de *Sobrados e mucambos*, a ideia de patriarcalismo não se resumia à família ampliada, gravitando ao redor das casas-grandes, mas era um conceito que abrangia "um complexo de elementos econômicos, sociais e políticos em que ressalta, mais que todos, o escravismo".[45]

Rompida a coesão social da senzala, os pretos e mulatos livres passaram a viver e se organizar nos mucambos de forma distinta. A urbanização veio junto com a industrialização e esta reforçou o processo migratório que se iniciara desde a Lei do Ventre Livre. Daí por diante, como Freyre escreve em *Ordem e progresso*, a gravitação da sociedade brasileira se deslocou "do Oriente para o Ocidente". A civilização que se formara durante três séculos, civilização "agrária, agrícola e que absorvera, como seus, costumes orientais", isto é, mouriscos e africanos, alguns destes também orientalizados, passa a sofrer os efeitos da europeização, ocidentaliza-se. Perde muito do "que nos era próprio".

Nessa visão, o Brasil urbanizado e industrializado acentuaria as diferenças regionais, provocaria maior mobilidade social e geográfica e viveria sob novas tensões que não provieram das diferenças "de raças", como se essas "fossem, biológica ou psicologicamente incapazes de se entenderem ou de se conciliarem",[46] e sim dos subgrupos que se formaram em várias épocas, respondendo a visões culturais distintas. A industrialização e a concentração do progresso econômico em certas áreas aumentaram as distâncias sociais e as disparidades regionais, criando novas minorias, econômica e politicamente poderosas. Apesar disso e de que Freyre descreve em tom quase queixoso este "progresso europeizante", a matriz cultural que gerara o equilíbrio entre contrários continuava forte e o ator privilegiado da plasticidade sociocultural do Brasil permanecia sendo o mestiço, o mulato. A este, acrescentou mais um matiz em *Ordem e progresso*: o dos amarelinhos, brasileiros esquálidos, quase raquíticos, baixos, mas intelectualmente brilhantes como... Santos Dumont, Rui Barbosa, Euclides da Cunha e outros eminentes personagens. Os mestiços continuavam a demonstrar serem capazes de criar uma sociedade progressista adaptada aos trópicos e aos tempos.

Há coerência e continuidade entre *Casa-grande & senzala* e *Sobrados e mucambos*. As diferenças entre sua visão apresentada nestes dois livros e a dos intérpretes do Brasil mais favoráveis aos aspectos "ocidentalizadores" aparecem com nitidez em *Ordem e progresso*. Este livro, fruto tardio da trilogia gilbertiana e menos conhecido do que os dois anteriores, nem por isso é menos interessante. Interessante metodologicamente porque o autor aplicou questionários para obter histórias de vida e com elas recompôs as mudanças sociais e culturais ocorridas entre 1870 e 1920, período abrangido pelo livro. O conhecimento da antropologia corrente na década de 1950, exibido na introdução metodológica, é impressionante. O modo de analisar não se modifica, contudo, em função desse conhecimento. Persiste em fazer sociologia histórica. Se não analisa a vida cotidiana de forma tão pormenorizada como nos outros volumes da trilogia, continua fiel à abordagem "em pinça", juntando comportamentos concretos, individualizados, que transcorriam no dia a dia da família, da rua, do trabalho, às modificações estruturais da sociedade. Interessante também porque o livro é de enorme valia para mostrar como diferentes tempos históricos se cruzam e como certos valores e formas de conduta persistem, apesar das mudanças estruturais, mantendo-se o jogo de equilíbrios entre contrários.

É mais do que conhecida a posição de Freyre sobre as "constantes" histórico-culturais, assim como é sabido seu apreço às posições "revolucionário-conservadoras", isto é, a dos homens que, tendo entendido os novos tempos que adviriam, nem por isso deixaram de guardar o que de melhor havia no tempo antigo. *Ordem e progresso* analisa as mudanças advindas da Abolição e da Proclamação da República pondo ênfase na continuidade da unidade nacional, na manutenção de formas de coesão social, no respeito à propriedade privada e na manutenção de certo espírito que vinha do Império, espírito qualificado pelo autor como democrático mas que seria melhor qualificar de "tolerante e paternalista". Fiel a suas convicções, Gilberto Freyre realça a capacidade de conciliação que os políticos brasileiros demonstraram na transição da Monarquia escravocrata para a República com predomínio do mercado livre. Conciliação que em muitos outros autores é percebida como a causa de nossos males, pois impede as rupturas revolucionárias.

Em *Ordem e progresso*, o autor deixa mais claras suas ideias sobre o equilíbrio dos contrários. Se em plena escravidão viu canais lubrificados de ascensão social dos negros e tolerância racial, era de imaginar que mantivesse essa visão para o período pós-escravista e pós-monárquico. Da leitura resulta a sensação de que teria havido um apego à antiga ordem por setores negros, ex-escravos beneficiados com a Abolição — exemplificado pela Guarda Negra em defesa da Monarquia —, ao mesmo tempo em que houve a aceitação pragmática dos novos tempos. Isso não só da parte dos negros e mulatos, mas também da elite. Na verdade, contraditoriamente, o imperador, símbolo da tolerância que permitiu o equilíbrio de contrários, seria um "inadaptado": com alma republicana, formação humanística e vernizes europeus. Exercia simbolicamente a função de Grande Patriarca, mas não vestia o figurino do Homem de Estado. Jamais cultivou as Forças Armadas, deixou que o bacharelismo urbano medrasse em detrimento da força dos patriarcas rurais, foi fraco no entender os verdadeiros interesses do Estado escravocrata. Numa palavra: semeou a tempestade republicana.

Essas atitudes talvez expliquem o pouco reconhecimento explícito dos negros ao Império no momento de sua queda. Por sorte as "constantes culturais" fizeram com que a República não fosse sociologicamente uma Revolução, mas uma transmutação. Muito da antiga ordem permaneceu e os positivistas, pregando um Estado centralizador e preocupados com a unidade nacional, não deixaram que aqui se reproduzisse o drama das "republiquetas" espanholas nas Américas, como antes o Império já havia logrado impedir que ocorresse. Melhor ainda: a vertente positivista que acabou predominando na República não foi a dos jovens militares radicalizados, simbolizados por Benjamin Constant, mas a de homens ponderados que sabiam que "a substância monárquica no Brasil se afigurava arcaica, mas não a forma autoritária de governo [...] prevaleceu o espírito de autoridade socialmente responsável, contra o de individualismo liberal".[47]

Os negros e mulatos, mesmo não tendo condições para se oporem à República, teriam percebido a Monarquia como instituição capaz de "maternal ou paternalmente estender à gente de cor a proteção necessária ao seu desenvolvimento em parte viva de uma democracia social e não apenas política, um espírito que, na gente mestiça ou negra mais humilde, vinha de longe".[48]

Essa visão sobre a prevalência de um espírito benevolente na Monarquia reaparece em várias partes do livro: "um regime tradicionalmente protetor deles [dos negros e mulatos humildes] contra os abusos dos particulares ricos".[49] Mantivera-se, portanto, entre os negros uma certa nostalgia do Império, como se Monarquia e Escravidão não formassem um só bloco, como mostrou Sérgio Buarque em sua clássica análise do período. Nostalgia que não se transformou nunca em movimento regressivo. Teria sido uma gratidão íntima, sem efeitos práticos. Ao mesmo tempo, as forças renovadoras continuavam atuando e modificando a ordem patriarcal. Esta tivera seu auge na Colônia, mantivera-se, embora enfraquecida, no Império, começava a desfazer-se na República. E, certamente, não era para esse tempo futuro que se voltavam as melhores esperanças de Gilberto Freyre. Agudamente ele reconhecia que: "A substituição do trabalho escravo pelo livre importava numa substituição do sentido de tempo na economia brasileira que não passou de todo desapercebida dos publicistas nacionais da época".[50]

O avanço do capitalismo e da industrialização requeria que houvesse maior racionalidade no uso do tempo e o "trabalho abstrato" ganhava preeminência. Nas palavras um tanto confusas de Freyre para explicar o que Marx já o fizera mais claramente:

> no Brasil escravocrático, o capital vinha funcionando simultaneamente como senhor do "dinheiro da terra", dos "utensílios" e do "trabalho"; mas não do dinheiro vivo representado pelo tempo. Para que o tempo no Brasil passasse a significar, como na nova Europa industrial e nos Estados Unidos, dinheiro vivo, era preciso que o trabalho se tornasse também agente na produção nacional: agente responsável.[51]

Elide Rugai Bastos sintetiza bem as análises de *Ordem e progresso* dizendo que a nova tensão a que se refere o livro tem no fundo a preocupação com a atração exercida pela economia americana, pelo capitalismo internacional, pela industrialização destruidora eventual da agricultura de exportação, enfim, demolidora das bases do sistema patriarcal:

> A motivação principal do trabalho encontra-se na resposta à pergunta como na mudança de regime se mantém a organicidade da sociedade e a unidade nacional? Se no Império a simbiose monarquia e patriarcado favoreceu uma ordem de certa forma democrática, no momento republicano o que favorecerá sua continuidade?[52]

A partir da República, com o "americanismo" de Rui Barbosa e as novas forças econômicas, somadas à presença dos imigrantes e à regionalização do progresso econômico (na verdade, digo eu, a mudança de eixo econômico do Nordeste para o Sudeste e Sul, mas, sobretudo, São Paulo), estariam sendo destruídas as bases da economia latifundiário-patriarcal e a cultura por ela gerada? Sim e não, responderá Gilberto: o equilíbrio entre contrários amortecia a voragem modernizadora. O positivismo, do lema "ordem e progresso" elevado à condição de dístico da bandeira nacional, já mostrava que o elemento "ordem" não deveria se separar do "progresso". O Exército nacional, de alguma forma, substituiria o elemento agregador simbólico representado pela Monarquia. O "presidencialismo imperial", que dura até hoje, asseguraria que na República federativa os focos locais de poder econômico e político, a integridade territorial do país e, quem sabe, o espírito público coletivo permanecessem vigentes, assim como a sociedade se manteria "etnicamente democrática". Sociologicamente, a República seria a continuação do Império.

Mesmo assim, Gilberto Freyre, dessa feita como cientista político, lastima que a República não tenha entendido bem o que tampouco o imperador entendera: a necessidade de preservar melhor as sugestões de espaço, o tropical, e de passado, o lusitano e hispânico. A "gente utópica" (lembrando Oliveira Vianna) que fez a República olhando para o futuro americano-europeu e criando um "terceiro tempo social" (os outros dois teriam sido o da Colônia e o do Império) também não soube poupar-nos de ver na industrialização o caminho único da modernização. O protecionismo industrial levou à criação de uma indústria "carnavalesca", e, ao se proteger uma região — a Sudeste —, protegeu-se, de fato, uma classe. Até mesmo a valorização da ciência em detrimento da religião foi uma forma de desconsiderar nossas bases culturais mais profundas. Daí a crise da República: governo e sociedade se desentenderam. No fogo cruzado entre os diferentes projetos políticos propostos para o Brasil, os de Rui, Nabuco e Rio Branco, que foram capazes de permanente reconciliação e não deixaram o país se dividir em duas metades, e, por outro lado, o dos que valorizaram a prata da casa e certo regionalismo, como em *Canaã* de Graça Aranha, que mostrava o conflito entre o adventício e o antigo, ou o de Euclides da Cunha, que nos *Sertões* dá preeminência ao clima e ao meio tropical para explicar as formas de sociabilidade, a República ficou hesitante, sem enfrentar as grandes questões sociais. Gerou mais desilusões do que realizações e a partir da década de 1920 preparou o fim do tempo histórico-social da sociedade patriarcal.

Em suma, "os tempos modernos exigiam mudanças e a ordem patriarcal tornou-se impedimento a um desenvolvimento secularizador. Cindiu-se o pacto".[53]

A SOMA E O RESTO

Terminado o texto desta conferência, reli o que escrevi, ou melhor, o que disse sobre Gilberto Freyre há alguns anos numa solenidade no Itamaraty. Decepcionei-me: disse de modo mais sucinto e talvez de maneira mais simples e elegante o que repito agora, dezessete anos depois.

Consolei-me com uma coisa, não modifiquei no essencial minhas opiniões sobre *Casa-grande & senzala*. Com a nova leitura desse e dos demais livros mencionados nesta conferência, ficou mais claro para mim, entretanto, que, se houve muita inovação no pensamento de nosso autor, seu texto, embora fascinante, tem um andamento tão oscilatório e com afirmações tão contraditórias que talvez isso, tanto quanto o inegável viés nostálgico de certas análises, tenha dificultado o reconhecimento do significado da obra de Gilberto Freyre pelos sociólogos da "escola paulista" e por outros cientistas sociais.

Mesmo mais tarde, em gerações posteriores à minha e com saber especializado mais profundo, continuou difícil aceitar a importância da obra de nosso homenageado sem a advertência de um porém. Exemplo disso é o livro de Ricardo Benzaquen de Araújo, *Guerra e paz*, que faz uma análise de *Casa-grande & senzala* mais do ângulo antropológico e procura ser equilibrado no julgamento (embora de escrita quase tão elusiva quanto a do mestre criticado) mas não consegue esconder a perplexidade diante dos vaivéns interpretativos e mesmo descritivos.

É inegável, contudo, que Gilberto Freyre significou uma ruptura com o pensamento predominante em sua época, tanto por ter se afastado das interpretações do Brasil que endeusavam o papel do Estado e se enamoravam do autoritarismo, quanto por ter, a seu modo, repudiado o racismo e valorizado a miscigenação. Nesse sentido a obra mantém validade nos dias de hoje. Gilberto Freyre não chegou a fazer a crítica radical de nossa herança em matéria de cultura política e de organização institucional como fez Sérgio Buarque de Holanda, seu contemporâneo. Sérgio criticou o que se valorizava na época e ainda hoje: o caráter cordial — emocional e personalista — dos brasileiros, nossas especificidades culturais afetivas. Mostrou as consequências políticas desastrosas da herança ibérica cozida no sol dos trópicos: o personalismo, o caudilhismo, a falta de regras e de hierarquias que significam muito mais arbítrio senhorial do que camaradagem entre iguais. Gilberto raramente fala de igualdade, e com a noção de "equilíbrio entre contrários" — essencial em suas interpretações — passa a impressão de aceitar a desigualdade, embora reaja à ideia de desigualdade racial. Sérgio mostra que, sem a igualdade abstrata, formal, da lei e sem seu exercício prático ancorado na cultura política, não há democracia. Critica o que Gilberto erige como feito luso-brasileiro de adaptação aos trópicos com a colaboração indígeno-africana: nossa matriz cultural. Mais ainda, Sérgio Buarque de Holanda acreditava que a renovação político-cultural viria com a urbanização e o advento das massas de cidadãos reivindicantes. Gilberto, pelo contrário, viu na urbanização e na industrialização a ameaça ao que de melhor havia em nossas tradições culturais.

Não cabem dúvidas de que Gilberto Freyre revolucionou a perspectiva de análise da sociedade brasileira, mas o fez como um "revolucionário-conservador", ao estilo que tanto o agradava. Ressaltou características da cultura política de conciliação, saudando-as, o que pode ser lido tanto como visão conservadora da história quanto, à luz até mesmo de experiências recentes, como uma das "constantes culturais" que podem nos ser incômodas.

No tópico específico das relações entre as raças e da falada "democracia racial", parece ser mais correto dizer que via mais um equilíbrio entre diversos do que uma "democracia", expressão que usou raramente e mais se referindo a uma eventual convivência harmoniosa entre desiguais do que no sentido corrente da expressão. Cabe acentuar, nesse caso sim, que Gilberto Freyre, apesar dos deslizes costumeiros salpicando uma ou outra frase com expressões "racistas", era profundamente contrário ao afastamento físico e cultural entre as raças. Se pensou em igualdade, foi a que seria assegurada pela miscigenação racial e pelo sincretismo cultural. Não concebia, como está se tornando voga hoje em dia, uma afirmação racial que marcasse diferenças entre "raças", a dos brancos e a dos não brancos. A ideologia emergente em nosso meio marca as diferenças e as identidades, para depois pedir igualdade entre elas. Gilberto Freyre propugnava uma névoa entre os matizes da pele e o repúdio de diferenças essenciais.

Com todas essas ressalvas, como explicar a perenidade de sua obra? Em outras ocasiões, além de me referir, como nesta conferência, a suas qualidades literárias e aos aspectos inovadores reiterados, fiz menção a que ela tem uma força mítica. Especifico os dois sentidos aos quais caberia o qualificativo. Primeiro, à moda de Lévi-Strauss:

> D'abord, chaque mythologie locale, confrontée à une histoire et à un milieu donnés, nous apprend beaucoup sur la société d'où elle provient, expose ses ressorts, éclaire le fonctionnement, le sens et l'origine des croyances et des coutumes dont certaines posaient, parfois depuis des siècles, des problèmes sans solutions. À une condition toutefois: ne jamais se couper des faits. [...] Revenir aux mythes certes; mais surtout aux pratiques et aux croyances d'une société déterminée qui peuvent seules nous renseigner sur ces relations qualitatives.[54]

Não será isso que faz Gilberto Freyre depois de estabelecer a relação binária — própria dos mitos — de contrários que se equilibram? Suas análises minuciosas das relações entre as pessoas, seu destrinchar permanente de traços culturais, suas tentativas de delimitar as relações entre o físico, o biológico e o meio ambiente, sempre revisitadas à luz da vivência humana, constituem a força de seus livros, tanto ou mais que suas "visões" encantatórias.

Também noutro sentido, menos usual, há uma força mítica na obra de Gilberto Freyre. Refiro-me ao mito soreliano (de Eugène Sorel) visto como um conjunto de imagens intuídas que desperta sentimentos. Nesse sentido, a sociedade patriarcal, as relações desiguais, mas próximas, entre as raças, o repúdio do racismo como conceito heurístico, a afirmação de uma cultura própria, funcionariam como um ponto de fuga que, se não retrata a realidade, faz parte dela e nos recorda também que não existe uma "realidade" dada. Nas sociedades, de certa maneira, tudo é processo, ora mais estável, ora se desfazendo, ora se refazendo, mas sempre guiado por distintas visões de futuro.

SÉRGIO BUARQUE DE HOLANDA

COLEÇÃO
DOCUMENTOS BRASILEIROS

DIRIGIDA POR GILBERTO FREYRE

1

SERGIO BUARQUE DE HOLLANDA

RAIZES DO BRASIL

Livraria JOSÉ OLYMPIO *Editora*

Brasil: as raízes e o futuro[*]

Existem motivos distintos para que um livro se torne clássico. Por vezes a paciência da minúcia e a argúcia das classificações constituem o esteio da obra relevante. Noutros casos, o inesperado da descoberta de uma senda nova faz rever toda uma tradição e dá ao livro notoriedade. Nem sempre, entre os livros que permanecem como marcos de uma cultura, o estilo prima sobre o conteúdo; mais raramente ainda uma obra pode sustentar-se por sua pura forma. No caso de *Raízes do Brasil*, de Sérgio Buarque de Holanda, já na primeira edição os contemporâneos sentiram a força de um clássico. Por quê?

O estilo é, sem dúvida, escorreito e a erudição — enorme — faz-se sentir discretamente, como manda o figurino. Mas não terá sido por suas virtudes formais, e convém gabá-las, que o livro

---

[*] "Brasil: as raízes e o futuro". *Senhor Vogue*, 1978, p. 140. Prefácio da série Livros Indispensáveis à Compreensão do Presente, 1, publicada na seção "Resumo do mês" referente à obra de Sérgio Buarque de Holanda, *Raízes do Brasil*.

de Sérgio nasceu clássico. Foi principalmente porque ele sintetiza um debate e aponta um caminho. O debate em causa diz respeito ao "afinal, o que somos?", que é a pergunta que os povos novos sempre se fazem; o caminho para o qual a resposta a esta questão se abre engloba a possibilidade de, ao reconhecer o peso do passado, adivinhar também um horizonte alternativo.

É esta para mim a grandeza maior de *Raízes do Brasil*. Com jeito, quase displicentemente, mas ao mesmo tempo com muito carinho, Sérgio Buarque vai mostrando ao leitor o peso dos muitos problemas derivados das estruturas de um país em formação. Primeiro, o estranhamento do mundo: somos uma herança ibérica, mas recriada. As aves que aqui gorjeiam, não gorjeiam como lá, embora tenham sido transumantes. Desde o início o colonizador português, com sua "plasticidade social", deixou-se levar caprichosamente pela natureza irrequieta do trópico. Em lugar de impor à paisagem a marca de sua vontade, como os espanhóis, o colonizador lusitano emaranhou-se nela.

Mas atenção. A displicência da herança portuguesa não entra no livro como elemento para desatar o cântico de Hosana às virtudes de uma cultura adaptativa por excelência. Se este fosse o caminho percorrido, *Raízes do Brasil* estaria hoje dormente ao lado das tantas obras de tom culturalista, dessas que gabam as virtudes ou menoscabam os defeitos "naturais" dos povos. Ao contrário, o que dá o toque de exemplaridade ao livro é que, beirando a cada instante os riscos da explicação fácil, de repente explodem os temas mais pertinentes sob os ângulos mais criativos. Há formas de trabalho e experiência de vida que condicionam a "plasticidade da cultura". E há também limites — e bem óbvios — para refazer toda a herança cultural lusitana na experiência do Novo Mundo. Há o peso das estruturas agrárias permeadas pela escravidão e há também as vicissitudes da construção de uma sociedade urbana a partir de experiências de vida associativa ilhadas no particularismo dos "grupos primários", isto é, do círculo das relações imediatas e diretas, de pessoa a pessoa, como na família.

É este o nervo do livro: as oposições, as contradições, para a criação de uma sociedade urbana e "moderna" dispõem-se como armadilhas nos caminhos do futuro. Decifrar o Brasil, nesta perspectiva, implica entender o passado e, ao mesmo tempo, interrogar o futuro para perguntar "onde está o Ródano? Será que poderemos saltá-lo?".

Outro segredo do êxito deste livro parece-me ser seu discreto otimismo. A crítica acerba, a destruição dos mitos autocomplacentes a respeito de nós como povo e de nossas raízes históricas, não impedem um voto pela possibilidade de realização. Mas esta realização, embora o autor não se socorra do linguajar engajado da luta entre as classes e das alternativas revolucionárias, supõe uma transformação radical. Por certo, o brasileiro seria o "homem cordial". A tese foi lida polemicamente por Cassiano Ricardo, que contra-atacou para mostrar que haveria um certo toque de irrealismo em Sérgio Buarque. Em vão, ou com alvo errado: nosso autor quis dizer apenas que, enrascados na visão afetiva dos que convivem proximamente nos círculos de familiares, de amigos e de inimigos, os brasileiros utilizariam menos a Razão abstrata — do que a paixão. E esta leva também à violência e ao arbítrio. O desafio proposto para o futuro será exatamente o de substituir o personalismo, que fundamenta as oligarquias, pela racionalidade da vida pública, que pode fundamentar a democracia.

Mas não foi só como ato de fé no futuro e através dele que Sérgio Buarque reavaliou, apesar das heranças distorcedoras, os caminhos possíveis do Brasil. Há em sua análise um fundamento real: a urbanização e a industrialização refazem a experiência cultural histórica e apresentam novos desafios e novas possibilidades para os brasileiros.

Tudo isso, diga-se de passagem, escrito em 1936, às vésperas do Estado Novo, quando boa parte da intelectualidade se alinhava no fascismo, justificando-o a partir de fatos, processos e características muitas vezes próximos daqueles que Sérgio Buarque assinala em seu livro como próprios dos brasileiros. Não estamos, portanto, diante de uma análise de tipo meramente cultural das características herdadas ou recriadas pelos brasileiros; nem do ensaio que intui sem buscar apoio nos fatos; nem da descrição do que ocorre, como se da soma de muitos fatos pudesse resultar um conhecimento novo. Sérgio Buarque *interpreta*, sintetizando, analisando, instruindo e apontando alternativas. E é por isto, porque o autor inova ao recolocar o passado e não o estiola pela ausência de perguntas sobre o futuro, que *Raízes do Brasil* é um clássico. Como todo clássico, o livro de Sérgio mantém *atualidade*. Noutro patamar da história, há quem recoloque hoje os argumentos sobre as características de relatividade política do Brasil e a impossibilidade de uma organização institucional na qual a democracia — fundamentada na ordem pública e no direito — possa impor-se sem qualificativos que a distorçam. A leitura do livro serve para mostrar que hoje, como quando Sérgio Buarque escreveu *Raízes do Brasil* — nas vésperas do Estado Novo —, é possível que o autoritarismo se afiance; mas, se isto ocorrer, não será certamente com o aval do que de melhor se serve a inteligência para demonstrar suas teses. E, de qualquer maneira, o aríete posto como arma da imaginação por nosso autor, o horizonte das alternativas à herança de um passado que pode e deve ser superado, continuará à disposição de todos nós. A partir de certo limiar, nos ensina o mesmo Sérgio, a concretização das opções deixa de ser questão de talento para ser questão da existência de vontade (e de força, por certo) capaz de articular interesses sociais novos para permitir que nossas raízes, com enxertos de futuro, sofram as mutações necessárias.

CAIO PRADO JR.

CAIO PRADO JUNIOR

FORMAÇÃO DO BRASIL CONTEMPORÂNEO

COLÔNIA

LIVRARIA MARTINS EDITORA
SÃO PAULO

A história e seu sentido[*]

Há várias maneiras pelas quais um livro e um autor se tornam clássicos. Caio Prado, com sua *Formação do Brasil contemporâneo*, passou a ser autor obrigatório de qualquer estante de estudos brasileiros, pelo caminho mais sólido. Pode não ser um livro tão brilhante, do ponto de vista da forma, como alguns dos ensaios clássicos sobre o Brasil. Pode não ser um livro tão documentado e baseado em pesquisas pessoais nos arquivos poeirentos como as obras dos mais famosos historiadores que o antecederam. Mas poucos livros fincaram tão duramente em solo tão profundo as raízes de nosso conhecimento sobre o Brasil Colônia.

O arcabouço do livro é feito à moda de certa arquitetura moderna: sem esconder os materiais que compõem a obra e deixando à vista o travejamento principal. As linhas fundamentais

---

[*] "A história e seu sentido". *Senhor Vogue*, 1978, p. 125. Prefácio da série Livros Indispensáveis à Compreensão do Presente, 6, publicada na seção "Resumo do mês" referente à obra de Caio Prado Jr., *Formação do Brasil contemporâneo*.

do estudo são despojadas de tal forma que, não fosse a solidez do argumento, não haveria como esconder os furos eventuais da obra. Não será essa a maneira mais honesta e mais difícil de passar a prova dos nove para entrar no rol dos clássicos?

Já foi dito por mim e por outros mais competentes, como Antonio Candido, que a obra de Caio Prado marcou uma geração logo que publicada. Uma geração, não; gerações sucessivas.

Exatamente porque terá sido nela que, pela primeira vez, de forma sintética se interpretou o sentido da colonização portuguesa, seus fundamentos econômicos, sociais e políticos e sua crise. E, ao mesmo tempo, Caio Prado mostrou que muito da crise colonial perdurou pelos séculos afora, vindo mesmo a alcançar até hoje a base de certas instituições brasileiras.

Quase todas as grandes obras são projetos inacabados. O próprio Marx legou-nos apenas esboços do que seria o desenvolvimento completo da sua obra. Talvez, só os muito dogmáticos possuídos pelo gênio — ou pela paranoia — da explicação total, num arroubo que os faz aproximarem-se imodesta e pecaminosamente do sentimento de que participam em algo da natureza divina, pretendam explicar tudo em todos os tempos. Caio é o oposto disso.

Penetrou em nossa história com a modéstia de trabalhador intelectual. Escreveu apenas um volume sobre a Colônia. Tenho a impressão, no entanto, de que se houve autor que descrevendo a parte chegou ao todo, esse autor foi Caio Prado. Seu ensaio mais recente, *A revolução brasileira*, completa, também despretensiosamente, como quem não quer nada, a *Formação do Brasil contemporâneo*, dando-nos num flash, quase flashback, a imagem dinâmica de como o passado colonial se refez no presente, amarrando-nos a uma situação de dependência econômica e a instituições político-sociais que, não sendo as mesmas da Colônia, não são também as de um país capitalista avançado, apesar — e por causa — da industrialização vinculada ao exterior e da forma como o capitalismo se refez no campo. Mais ainda: a mesma imagem de um Estado burocrático que nasceu das cinzas do Estado absolutista português, reaparece agora como Estado burocrático--capitalista, enroscando as instituições econômicas e sufocando as instituições políticas, como outrora.

Entre as muitas contribuições importantes do livro básico de Caio Prado está, em primeiro lugar, o enfoque que ele apresenta sobre a relação entre Colônia e Metrópole. Em vez de perder-se na discussão estéril e falsa sobre a qualidade "feudal" das instituições coloniais ou sobre a réplica moderna do mesmo equívoco — o de que existiu um modo de "produção escravista" —, Caio Prado traça com segurança o mapa da mina: sem que se compreenda a natureza da economia mercantilista, não se pode entender o sentido da economia colonial. De fato, tudo que se fez em terras da América ibérica, e talvez com mais nitidez na América portuguesa, foi construir uma empresa que era de vocação comercial e de base agroescravista. Foi o capitalismo comercial em expansão (e não, portanto, a economia feudal europeia) que instaurou a grande propriedade agrária. E foi a escravidão moderna, isto é, capitalista-comercial, que mercantilizou não a força de trabalho, mas o homem, lucrando no comércio de escravos, e foi como mostram vários autores, através de monopólios régios, dos estancos, que a economia metropolitana se viabilizou.

Assim, comércio colonial, escravidão, grande propriedade e monocultura exportadora constituíram as bases do sistema colonial. Este continha em si contradições essenciais: era "capitalista", mas se baseava na escravidão; era empresarial, mas reproduzia a cada instante as amarras de instituições que não davam espaço às grandes transformações tecnológicas e sociais que o capitalismo criava com maior vigor na Europa a partir da Revolução Agrária e da Revolução Industrial.

A estrutura social do Brasil Colônia e sua estrutura política, erigidas sobre essa base, não podiam ser senão acanhadas e contraditórias: Estado burocrático poderoso, convivendo com o latifúndio escravista no qual o senhor dispensa a figura do funcionário real; uma elite senhorial pedantesca e rude — explorando uma massa enorme de escravos e de não proprietários.

E esta foi a segunda grande contribuição da obra de Caio Prado: mostrou como o empreendimento mercantilista-escravocrata gerou uma sociedade simples em seus lineamentos fundamentais de exploração econômica e social. Daí a enorme contemporaneidade do livro: ao ressaltar a exploração da Metrópole sobre a Colônia, o autor não obscurece o fundamental, a saber: na Colônia havia os mecanismos internos de exploração, articulados aos interesses externos. Mais ainda, na dinâmica entre dependência externa e exploração interna, Caio mostra como na fase da "crise do mundo colonial" a pressão dos Cofres Reais portugueses sobre a camada setorial local, especialmente no caso da mineração, terminou por constituir, na Colônia, germes de rebeldia entre as classes dominantes locais e como a estes se somou o clamor da plebe.

Estamos longe, portanto, dos simplismos que costumavam caracterizar os enfoques globalizantes. E longe também das caracterizações gerais. A paixão do autor pela geografia, o senso do concreto — eu quase diria, não fora o medo de ser mal compreendido, que neste ponto há uma semelhança entre Caio Prado e, pasmem, seu antigo amigo Lévi-Strauss, não na fase dos mitos, mas nas agudas observações dos *Tristes trópicos* —, legaram-nos uma obra de interpretação colada à realidade. A descrição do povoamento, da expansão migratória da economia do gado, assim como a busca atormentada de "por que o escravo?" mostram a qualidade do pesquisador.

Tudo isso, last but not least, no contexto de uma interpretação histórico-materialista, dialética. O método e achados interpretativos vão juntos no livro de Caio Prado. Sem que ele esteja a cada instante batendo no peito para fazer o ato de contrição dos marxistas acadêmicos. Usa o método com a singeleza de quem sabe que não basta crer, é preciso aprender. E não se aprende sintetizando a partir do vazio: só a dura busca da rede que articula os fatos e a elaboração de conceitos, mesmo quando toscos, mas que mostrem a história concreta no movimento das coisas, permite as grandes sínteses abertas. Abertas à controvérsia, sempre prontas a serem revistas ante o dado novo; construídas sobre o provisório, pois o permanente só se pode alcançar no dogma, e a ciência, embora não derive da opinião, tampouco se alicerça em certezas metafísicas. Neste sentido também *Formação do Brasil contemporâneo* é um livro clássico. Propõe uma interpretação seguramente mais sólida do que tudo que havia sido escrito anteriormente sobre nossa história. Não é complacente com as interpretações analógicas, cheias de organicismos ultrapassados, de determinismos geográficos e raciais insustentáveis. Mostra como a chave para explicar o passado e a bússola para ver o rumo do futuro têm de ser buscadas nas instituições que as classes criaram e que estas se fundam na exploração econômica. Mas não afoga nesta constatação a surpresa da história, nem deriva mecanicamente a cultura e a política da anatomia econômica.

Ao contrário, no livro se procura refazer como problema cada passo de consolidação do sistema colonial, mostrando sempre as incertezas e contradições que finalmente o minavam. Não basta a referência a estes pontos para mostrar a razão de escolha desse grande livro como um dos clássicos da literatura sobre o Brasil? Poucas outras obras possuem tantas virtudes escondidas em tão grande simplicidade expositiva.

ANTONIO CANDIDO

coleção
DOCUMENTOS BRASILEIROS
DIRIGIDA POR AFONSO ARINOS DE MELO FRANCO

118

ANTONIO CANDIDO

OS PARCEIROS
DO
RIO BONITO

Estudo sôbre o caipira paulista e a transformação dos seus meios de vida

LIVRARIA JOSÉ OLYMPIO EDITÔRA

Um ex-aluno[*]

Quando entrei na Faculdade de Filosofia, em 1949, Antonio Candido já era famoso. Havia pouco tempo realizara-se em São Paulo um Congresso de Literatura. Oswald de Andrade, Pagu, Sérgio Milliet e outros personagens que povoavam a imaginação dos jovens da época se tornavam realidade para nós. Assistíamos às apaixonadas discussões. José Geraldo Vieira, Carlos Burlamaqui Kopke e tantos outros mais embeveciam-nos e nos confundiam com suas tiradas críticas de difícil entendimento.

Era época do Museu de Arte, recém-instalado na rua Sete de Abril, do encontro surpreendente com pintores que conhecíamos só nos livros de arte, como Rembrandt, Cézanne, Renoir, o retrato impressionante do conde-duque de Olivares, e assim por diante.

Ressoava ainda a presença de Camus em noites com debates

---

[*] "Um ex-aluno". In: Maria Angela D'Incao; Eloísa Faria Scarabôtolo (orgs.). *Dentro do texto, dentro da vida: Ensaios sobre Antonio Candido*. São Paulo: Companhia das Letras; Instituto Moreira Salles, 1992, pp. 37-40.

espetaculares e se repetiam as fofocas sobre apartes de Roland Corbisier. E, mais do que tudo, lia-se com paixão outra vez os magos da Semana de Arte de 1922. Vez por outra, Blaise Cendrars era citado, sem ser lido. E, sobretudo, gigante entre todos, Mário de Andrade era o guru dos "novíssimos" (aspirantes a poetas), dos críticos, dos literatos.

Pois bem, foi nessa época que conheci Antonio Candido, na Faculdade de Filosofia, que então funcionava na Escola Normal da praça da República. Na verdade a expressão "conheci Antonio Candido" é incorreta. Deveria ter escrito "conhecemos Antonio Candido", porque foi por intermédio de Ruth Corrêa Leite que melhor o conheci. E tampouco isso basta: conhecemos Gilda (Rocha de Mello e Souza) e Antonio Candido. Ruth, como Gilda, é de Araraquara. Para ela, mais do que para mim, as memórias sobre Antonio Candido deitam raízes no modernismo, em Mário de Andrade (de quem Gilda é prima), no interior caipira de São Paulo, enfim, há toda uma história a enriquecer nosso relacionamento.

Antonio Candido, eu disse, já era famoso. Famoso era o crítico literário. E benquisto era o esplêndido professor. De avental branco — impecável — como os professores de sociologia usavam na época, Candido, sempre discreto e charmoso, deslocava-se rápido pelos corredores para a sala de aula. Cortês e algo distante — quase formal —, explicava com clareza a barafunda sociológica que nos deixava fascinados e atônitos.

Antonio Candido, como Florestan Fernandes, era assistente do professor Fernando de Azevedo. Este, de pincenê, jaquetão e passo firme, era durkheimiano e superficialmente enciclopédico. Homem de luta e posições desafiadoras, fora um dos grandes reformadores da educação. Mas suas aulas não discutiam os temas que atraíam, então, os estudantes. Estes, ou melhor, nós estávamos mais propensos a descobrir que diferença havia entre sociologia e socialismo, uma vez que queríamos ser mesmo é socialistas e não sociólogos.

Florestan nos parecia mais sociólogo do que socialista: seu passado de entusiasmos trotskizantes adormecera no fundo da vasta erudição sociológica. Ele tentava sensibilizar-nos (e conseguia) para os grandes temas teóricos da constituição da sociologia como ciência com objeto e métodos próprios (como também insistia Fernando de Azevedo) e com vocação de "ciência empírica", voltada para a pesquisa. Penávamos para ver como, com Weber, Parsons, Mannheim, Durkheim etc., poderíamos construir um arcabouço teórico que levasse àquilo a que aspirávamos: reconstruir a sociedade em bases melhores.

Antonio Candido nos explicava Weber e tinha a aura de ser militante do Partido Socialista. Eu, que na época sofria influências políticas mais radicais, temperadas pelo nacionalismo populista, ficava desconcertado. Florestan era o pão cotidiano, o mestre de cada hora. Antonio Candido, o doce charme do intelectual de escol mas "participante" (imaginávamos).

Quando já estávamos na rua Maria Antônia, não me esqueço de um curso que Antonio Candido deu sobre literatura brasileira (cadeira da qual era livre-docente) e especialmente sobre os árcades. Expunha os esboços da *Formação da literatura brasileira*, livro que sairia em 1957. Eu, que assistia às aulas junto com Ruth, pensava com meus botões: nunca serei capaz de tanta limpidez, elegância e erudição. Dava inveja e admiração.

Àquela altura, por volta de 1951, já havia alcançado certa intimidade com Antonio Candido e Gilda. Eles moravam na rua dos Perdões, na Aclimação. Nome apropriado o da rua: eu deveria ter feito a cada vez que fui visitá-los o que faço agora, pedir mil perdões pelo abuso do tempo nas conversas espichadíssimas que tínhamos. Candido é um causeur formidável.

Conta histórias, faz humor, é irônico, ensina, enfim, homem de salão, só que à moda moderna, com naturalidade, sem nenhum pedantismo. E Gilda sempre foi o que continua sendo: irradia emoção, argúcia intelectual, posições firmemente tomadas e beleza.

Esse convívio, que não era frequente mas era motivador, marcou-me muito mais do que Antonio Candido pode imaginar. Mais tarde, já colegas na rua Maria Antônia, continuei, guardada a distância entre minhas aptidões didáticas e intelectuais e as dele, a tê-lo como ponto de referência constante.

Em outro depoimento,[1] na homenagem dos sessenta anos, registrei como percebo a influência intelectual do sociólogo Antonio Candido, especialmente em *Os parceiros do Rio Bonito*. Não sei se tive a oportunidade de comentar a admiração que tenho pelos seus minirretratos sociológicos (como aqueles pequenos grandes quadros que são as miniaturas dos pintores flamengos) ao estilo das cartas do "tenentinho" que foi à Guerra do Paraguai ou do livreto sobre a admirável lutadora Teresina, são flashes fulgurantes de aspectos parciais da sociedade que iluminam de repente toda uma época.

Mas não cabe neste depoimento fazer análises intelectuais. Quero apenas deixar registrado, como ex-aluno, ex-colega e permanente admirador, meu apreço por Antonio Candido. É certo que nem sempre coincidimos nas opções, nas apreciações, no estilo. Mas tanto na visão da Universidade — e Antonio Candido, como bom discípulo de Fernando de Azevedo, deu importante contribuição ao conhecimento e à crítica da escola brasileira — quanto no amor à liberdade, aí, sim, coincidimos.

Antes de terminar este escrito, quero fazer referência a uma aventura político-intelectual comum. Na época sombria da ditadura — e Antonio Candido foi impecável, destemido e solidário —, entre suas múltiplas manifestações de resistência, houve uma que foi marcante para mim. Junto com Paulo Emílio Sales Gomes, Fernando Gasparian e eu, Antonio Candido lançou-se com entusiasmo a uma nova publicação, a revista *Argumento*. Assim como, em época na qual eu não existia intelectualmente, Candido fora o animador da revista *Clima*, que balançou o coreto da jovem intelectualidade paulista, com *Argumento* balançou-se a modorra que a ditadura militar impôs à vida cultural dos anos 1970.

Foram só quatro números publicados. Dezenas de milhares de exemplares vendidos e, sobretudo, um sinal de resistência intelectual-moral ao bandalhismo da época. Utilizando como ponto de encontro o Cebrap (instituição que já era de resistência e que sempre contou com o aval de Antonio Candido), urdíamos as maneiras pelas quais seria possível publicar com independência crítica uma revista. Contra fatos (isto é, arbitrariedades), dizia o slogan da revista, há argumentos.

O iluminismo que pregávamos foi, naturalmente, apagado pela estupidez da censura. Mas, mesmo proibida a revista *Argumento* — em pleno governo Geisel, com Armando Falcão como ministro da Justiça, e apesar das declarações de boas intenções dos generais Cordeiro de Farias e Golbery —, vencia nossa tese: argumentávamos que não cederíamos aos fatos arbitrários. Não cedemos. Mesmo fechada a revista, aos poucos fomos reconstruindo um clima de liberdade.

É esse o Antonio Candido que eu admiro. O Antonio Candido que pôs em prática o que nosso saudoso amigo Cândido Procópio Ferreira de Camargo gostava de dizer (e de praticar) sobre a educação jesuítica: que ela ensina a esconder as virtudes. Antonio Candido é um corajoso. Antonio Candido é um erudito. Antonio Candido é um grande professor. Antonio Candido, sobra dizer, é o intelectual por excelência. E é também, a seu modo, um militante. É tudo isso, com discrição; carioca-amineirado, está presente onde é reclamado com ar de quem pede desculpas; carrega até na pronúncia acaipirando-a às vezes, para melhor disfarçar o que é: homem do mundo e, por isso mesmo, tão marcadamente localizado.

 Outro igual a Antonio Candido, só mesmo terminando à la García Lorca: custará muito a nascer.

A fome e a crença:
sobre *Os parceiros do Rio Bonito*[*]

Escrevi há algum tempo que minha geração teve como um de seus modelos culturais o Antonio Candido, que se inspirava no ensaísmo inglês. A alguns a observação desnorteou. Basta reler *Os parceiros do Rio Bonito*[1] para atinar com o sentido da afirmação. Se é verdade que *Les Structures Elémentaires de la Parenté* de Lévi-Strauss respingam aqui e ali na inspiração e nas notas de rodapé, o andamento da pesquisa, o estilo da exposição, o encadeamento entre os grandes temas gerais e a minúcia da descrição têm muito mais a ver com Evans-Pritchard, com Raymond Firth, com Malinowski ou com as fontes de referências mais imediatas — embora menos persistentes — que estão citadas na introdução e no correr da obra, como Audrey Richards.

Neste sentido, o livro constitui um esforço singular e, como

---

[*] "A fome e a crença (Sobre *Os parceiros do Rio Bonito*)". In: Afonso Arinos et al. *Esboço de figura: Homenagem a Antonio Candido*. São Paulo: Duas Cidades, 1979, pp. 89-100.

mostrarei a seguir, ficou, até certo ponto, como um marco muito mencionado mas pouco desenvolvido. Talvez tenha sido, juntamente com *A organização social dos Tupinambá* de Florestan Fernandes, a contribuição mais original da ciência social brasileira na época. Os dois livros, apesar disso, não fizeram escola, embora seus autores a fizessem através de outras obras. Por quê?

Antes de lançar-me a especular sobre esse aspecto da vida cultural paulista, convém esmiuçar a contribuição de Antonio Candido, para melhor situar e avaliar a importância de *Os parceiros do Rio Bonito*.

O andamento de *Os parceiros do Rio Bonito* desdobra-se em três níveis: o estudo dos meios de vida do caipira paulista, ao estilo das "análises de comunidade" da boa inspiração antropológica; a caracterização mais geral da cultura do caipira; e a preocupação teórica com a importância dos "mínimos de sociabilidade". Tudo isso é encarado, sem perder de vista a perspectiva mais geral: o caipira e sua cultura, bem como sua adaptação econômico-ecológica, dão-se no contexto de uma sociedade mais ampla que coloca continuamente desafios novos à sua sobrevivência. Daí que o livro tenha três partes fundamentais: na primeira estuda a vida caipira tradicional, na segunda, a situação presente e, na última, se faz a análise dos processos de mudança.

A questão teórica central dos "mínimos de sociabilidade" aparece desde a introdução metodológica:

> [...] dir-se-á então, que um grupo ou camada vive segundo mínimos vitais e sociais quando se pode, verossimilmente, supor que com menos recursos de subsistência a vida orgânica não seria possível, e com menos organização das relações não seria viável a vida social: teríamos fome no primeiro caso, anomia no segundo.[2]

A partir dessa perspectiva, pela qual se põe ênfase no entrecruzamento entre natureza e cultura, os meios de subsistência de um grupo passam a ser vistos simultaneamente em função das "reações culturais" que são desenvolvidas sob o estímulo de "necessidades básicas". Ao redor da necessidade de alimentação — básica por definição como recurso vital e passível de ser regulada socialmente — vê-se como natureza e cultura constituem um mesmo e diferenciado todo.

Desde o capítulo 1, Antonio Candido desenha o perfil do caipira. Mostra que a agricultura extensiva e itinerante foi um recurso para estabelecer o equilíbrio ecológico, ajustando a necessidade vital de sobrevivência à falta de meios técnicos para dar maior produtividade à terra. A dieta do caipira, ver-se-á no capítulo 2, é pouca e requer um mínimo de organização social limitado à sobrevivência do grupo, dadas as condições ecológicas, culturais e da expansão do povoamento.[3] Esse ajustamento foi sendo estabelecido no decorrer dos anos. A dieta do bandeirante não era igual à do povoador dos séculos posteriores, que era mais estável. Mas as variações (como, por exemplo, o açúcar que existiu no século inicial para logo escassear ou o arroz que substituiu mais tarde a mandioca) giraram ao redor do "triângulo básico da alimentação do caipira": feijão, milho e mandioca. Este triângulo era completado pela coleta, pela caça e pela pesca.

Sem grandes modificações foram estes os mínimos alimentares mobilizados pelos caipiras paulistas até a entrada do século xx. Como sustentáculo do funcionamento dessa economia de sobrevivência desenvolveram-se formas específicas de sociabilidade, que Antonio Candido trata no capítulo 3. Por certo, a vida caipira supõe contatos com os pontos de comércio — os povoados e vilas — nos quais se compra sal, algum pano para roupa etc. Mas o que caracterizou o povoamento caipira foi sua dispersão. Quais teriam sido as relações de sociabilidade desenvolvidas neste processo? Sem que se perca de vista que o povoador disperso encontrava ponto de apoio nos núcleos condensados de população, é fundamental perceber que o morador da fazenda, do sítio ou do casebre distante desenvolveu relações de vizinhança que constituíram uma estrutura intermediária na qual suas relações sociais básicas repousavam. Entre a família e o povoado, estavam os bairros, ou seja, grupos rurais de vizinhanças: "Este [o bairro] é a estrutura fundamental da sociabilidade caipira, consistindo no agrupamento de algumas famílias, mais ou menos vinculadas pelo sentimento de localidade, pela convivência, pelas práticas de auxílio mútuo e pelas atividades lúdico-religiosas".[4]

Por vezes, no passado como hoje, o viajante pode equivocar-se e vislumbrar na distância entre as casas um isolamento cultural e social maior do que aquele que ocorre na realidade. Mesmo separados por vazios de casas, os bairros mantêm os mínimos de comunicabilidade necessários à reprodução da vida material e cultural do caipira. É neles que se desenvolvem as formas de sociabilidade, como o mutirão, a vida religiosa, a vida familiar.

Por isso, o

> bairro [...] é o agrupamento básico, unidade por excelência da sociabilidade caipira. Aquém dele, não há vida social estável, e sim o fenômeno ocasional do morador isolado, que tende a superar este estádio, ou cair em anomia; além dele, há agrupamentos complexos, relações mais seguidas com o mundo exterior, características duma sociabilidade mais rica. Ele é a unidade em que se ordenam as relações básicas da vida caipira, rudimentares como ele. É um *mínimo social*, equivalente no plano das relações ao *mínimo vital* representado pela dieta, já descrita.[5]

Terminada a demanda de identificação dos mínimos biológicos e sociais, Antonio Candido lança-se à análise da cultura do caipira. No capítulo 5 descreve de forma luminosa suas características centrais: ela, "como a do primitivo, não foi feita para o progresso: a sua mudança é o seu fim, porque está baseada em tipos precários de ajustamento ecológico e social, que a alteração destes provoca a derrocada das formas de cultura por eles condicionada".[6] Seus componentes fundamentais são o isolamento, a posse de terras, o trabalho doméstico, o auxílio vicinal, disponibilidade de terras e margem de lazer. A posse de terra (sob a forma da ocupação de fato e precária de áreas, que tornava os caipiras *agregados*) está condicionada, naturalmente, à disponibilidade de terras, que por sua vez supõe o latifúndio improdutivo e a migração, cada vez que o proprietário dá destino produtivo direto à terra. O trabalho doméstico é a pedra angular das relações de trabalho numa economia baseada em mínimos e quase sem excedentes; o lazer extenso, vulgarmente confundido com a vadiagem, era mais um "desamor ao trabalho", o qual estava "ligado à desnecessidade de trabalhar, condicionada pela falta de estímulos prementes, a técnica sumária e, em muitos casos, a espoliação eventual da terra obtida por posse ou concessão".[7]

Se bem que fazendeiros (de cana, gado e, depois, de café) pudessem *participar* da cultura caipira, por seu grau de rusticidade, por seus *costumes* e sua fala, não constituíam parte *integrante* dela. Essa integrava-se por sitiantes pioneiros e agregados, os quais, embora na maioria das vezes fossem oriundos dos mesmos troncos familiares daqueles, não puderam empregar mão de obra servil do índio ou do negro, nem tiveram meios para recorrer ao colono estrangeiro mais tarde. A cultura caipira refugiou-se entre os que, sendo homens livres, não consolidaram a posse legítima das terras. Sem a constituição do direito de propriedade e sem disponibilidade de recursos que tanto permitiam aquela como asseguravam condições para compra da força de trabalho alheia à família, o caipira se enquistou em bolsões de resistência (testemunhas vivas de outra época) nos interstícios dos amplos latifúndios.

Foi assim que Antonio Candido os encontrou na época da pesquisa de campo, que é descrita na segunda parte do livro. Nesta, além de descrever a dispersão ecológica dos caipiras num município paulista, o autor mostra como a parceria se tornou a relação básica de trabalho na qual a cultura caipira sobreviveu. Em "Os trabalhos e os dias" a rotina árdua e pobre de uma comunidade que continuou ajustada aos mínimos tecnológicos e culturais na condição de parceira ou de posseira é analisada para mostrar que, apesar de algumas distorções, as relações vicinais e a ajuda mútua ainda constituem peças essenciais à economia local de subsistência. A dieta, com algo mais de arroz e algumas "misturas" novas e raras, como o grão de trigo e a carne de vaca, continua pouca e repetitiva, dia trás noite. Com um agravante: a caça escasseia e a aguardente é de uso generalizado. Os alimentos não são mais previstos inteiramente por uma economia de autossuficiência. A banha, a aguardente, o café, o açúcar, o sal, a carne, o trigo, o macarrão e o peixe seco são comprados nas vilas; o arroz é limpo nelas também e o milho se transforma em farinha ou fubá nos moinhos dos povoados.

Em resumo: "O homem rural depende, portanto, cada vez mais da vila e das cidades, não só para adquirir bens manufaturados, mas para adquirir e manipular os próprios alimentos".[8] A dieta é mal equilibrada e, além da fome e da subnutrição de caráter fisiológico, "há o que se poderia chamar de *fome psíquica*, a saber — o desejo permanente das *misturas* queridas: carne; em segundo lugar pão; em terceiro leite (este, bem menos do que os outros)".[9]

Noutros termos, a subordinação duma economia de autossuficiência a uma economia capitalista mais ampla redundou em crise social e cultural. Para analisá-la, Antonio Candido se lançou ao balanço dos fatores de persistência e de alteração, na terceira parte do livro. A comercialização crescente obriga a família caipira a organizar um orçamento virtual (com tudo o que isso implica em termos de racionalidade crescente de comportamento de mercado), leva à alteração do ritmo de trabalho e desorienta o equilíbrio da cultura caipira. Daí para a frente o camponês ou cede lugar ao assalariamento (rural, ou, se migrar, urbano) ou, mesmo que permaneça formalmente como agregado ou parceiro, renuncia a seu estilo de vida.

A tecnologia modernizada rompe, por sua vez, o equilíbrio ecológico que o caipira desenvolvera. Para manter-se nos mínimos típicos de seu ajustamento histórico, o caipira tem que migrar para novas terras. Mas agora a mobilidade é limitada pelo sistema de propriedade. O sistema de crenças, os usos e as técnicas redefinem-se quando a cultura urbana se torna sinal de prestígio no grupo local. E, o que é decisivo, as relações sociais tradicionais são redefinidas pela incorporação à economia capitalista. A nova mobilidade, em vez de reproduzir no espaço a mesma forma básica de sociabilidade — como nas velhas comunas agrárias do Oriente —, leva o caipira migrante a descaracterizar-se: incorpora-o ao proletariado urbano ou à agricultura moderna, como assalariado. Ora, o caipira típico — já se viu — era o *aforante*: não apenas economicamente *meeiro* eventual, mas cultural e socialmente um trabalhador semi-independente. Uma espécie de "proprietário incompleto" que se autoidentificava ao pequeno sitiante e não ao colono ou ao camarada (que recebe salário). É este o parceiro típico: situação intermediária entre a do proprietário ou a do posseiro e a do assalariado agrícola. A falta de terras, a expansão da fazenda capitalista, tornam o equilíbrio precário da posição de parceiro extremamente difícil de manter-se; as próprias instituições básicas de trabalho cooperativo, como o *mutirão* e o *terno*, perdem substância. A compra da força de trabalho e a calculabilidade do tempo pelo dinheiro destroem inexoravelmente o sistema básico de posições da vida caipira.

Toda essa transformação, entretanto, é vista por Antonio Candido como um ajustamento dos velhos padrões ao novo contexto e não como substituição mecânica destes. No capítulo 17 essa reelaboração cultural é analisada para mostrar como se dá a resistência da cultura caipira (às expensas, por certo, dos velhos ideais), mas mantendo-se um sistema que regula as pressões do "novo" de modo a evitar a completa desorganização da vida rústica tradicional. A seleção cultural se faz reajustando os mecanismos sociais fundamentais. Assim, por exemplo, se o bairro já não garante os recursos mínimos para a manutenção de certas práticas, alarga-se o convívio da vizinhança, intensificando-se as relações interbairros.

Em conclusão, Antonio Candido mostra que diante da pressão externa (ou seja, da economia capitalista circundante) os grupos rústicos aceitam apenas os traços culturais impostos:

> Daí qualificá-los como grupos que aceitam, da cultura urbana, os padrões impostos — aquilo que não poderiam recusar sem comprometer a sua sobrevivência —, mas rejeitam os propostos, os que não se apresentam com força incoercível, deixando margem mais larga à opção.[10]

Retomemos agora o fio da meada. Parece-me que a contribuição de Antonio Candido ao estilo de trabalho de nossas ciências sociais está na síntese que propõe entre uma funda preocupação teórica e a paixão pelo concreto. Disse, no início, que o outro livro da mesma época que me parece modelar neste sentido é *A organização social dos Tupinambá* de Florestan Fernandes. Pois bem, sendo produtos de espíritos tão diferentes, têm em comum este pano de fundo: a questão teórica dos "mínimos de sociabilidade" ou da organização social dos Tupinambá não se divorcia da análise de situações concretas e o concreto, em ambos os livros, não é o esqueleto estrutural das posições sociais, mas a síntese dinâmica de comportamentos que se configuram historicamente através da sedimentação cultural, tanto de escolhas quanto de técnicas, as quais só se deixam explicar quando referidas a categorias estruturais.[11] O "bairro" dos caipiras de Antonio Candido ou o "grupo local" dos Tupinambá de Florestan Fernandes; a cultura adaptativa, a "biosfera" na linguagem mais rebuscada de Fernandes; os determinantes ecológicos; a escassez e a persistência de contatos entre bairros ou intergrupos locais, constituem preocupações de autores que enfrentam um mesmo problema teórico (embora sem referências recíprocas no pé da página): qual a capacidade de existência de grupos sociais postos em xeque pelo contato com culturas e civilizações expansivas e dominadoras? Para responder a essa pergunta, os autores são obrigados, como o fez Antonio Candido explicitamente, a colocar-se a questão relativa às estruturas fundamentais de sociabilidade. Estruturas essas que são essenciais para preservar um certo estilo cultural.

Antropologia, sociologia, economia, ecologia, fundiam-se, então, na preocupação dos anos 1950, pelo menos na USP. À parte os já citados antropólogos ingleses, a grande fonte, se não inspiradora, pelo menos de reverência para justificar essa abordagem, era o Marx das *Oeuvres Philosophiques* e da *Ideologia alemã* em particular.[12] Antonio Candido e Florestan Fernandes lidam com problemas teóricos diversos: enquanto a cultura e a organização social dos Tupinambá constituíram em si mesmas uma matriz adaptativa própria do homem à natureza, os caipiras só se constituíram como resposta e como perda no contexto de outra matriz sociocultural mais ampla. Não obstante, nossos autores enfrentam essas questões a partir de um background teórico comum. Mais ainda, notou-o Antonio Candido explicitamente: a cultura do caipira, como a do primitivo, não foi feita para o progresso. A mudança é, em certo sentido, perdição.

Esta fusão entre os grandes temas civilizatórios (não há que esquecer também os políticos, pois Antonio Candido termina sua dissertação doutoral propondo a reforma agrária) e a minúcia descritiva, entre uma genuína preocupação teórica pela caracterização de estruturas fundamentais e a observação do comportamento efetivo mediatizado pela cultura não foi recolhida pelas gerações posteriores que se ocuparam de temas correlatos.

De fato, a releitura mais recente sobre o que ocorre com os grupos rústicos se faz a partir de outras inspirações. Não há que negar o enorme avanço descritivo e interpretativo havido no Brasil com relação à análise das populações rurais. Mas ele se deveu seja à socioeconomia estrita dos problemas agrários[13] seja à "nova antropologia" das sociedades complexas, de inspiração mais norte-americana. Os autores mais influentes nessa corrente de antropologia brasileira são provavelmente Eric Wolf e Sidney Mintz.

É compreensível que economistas e sociólogos preocupados com a categorização das relações sociais de produção possam deixar à margem *Os parceiros do Rio Bonito* como fonte metodológica de inspiração para suas obras. Mesmo estes, entretanto, teriam a ganhar com referências ao trabalho de Candido que fossem menos formais e mais orientadoras.

Assim, por exemplo, em livro que logo, e justamente, fez-se notório, *O boia-fria*, Maria Conceição D'Incao conta-nos a história desses novos figurantes da cena rural paulista. E o faz com maestria: descreve o significado estrutural dos trabalhadores *volantes* na região da Alta Sorocabana e esboça algo de seu modo de vida. Refere-se mesmo a que o "sitiante" local sofre um processo de desarticulação de seu modo de vida semelhante ao que fora descrito por Antonio Candido sobre os caipiras.[14] Descreve as condições de trabalho do boia-fria com argúcia e riqueza de material, assim como discute suas aspirações. Chega quase ao que, do ângulo que estou salientando, seria fundamental: mostrar que o boia-fria é o caipira despojado de sua condição de "quase proprietário" ou de "falso proprietário", mas que não assume a condição de assalariado.

Para isso, não bastaria, entretanto, a fenomenologia das relações de produção; seria preciso mostrar que a falta de "qualificação pessoal" para o trabalho (indisciplina, preferência pelo trabalho ao ar livre, disponibilidade e tempo para cumprir suas obrigações e rituais não sancionados pela sociedade capitalista etc., como são descritas as características dos boias-frias, especialmente nas páginas 105 a 108) faz parte do quadro de desagregação da *cultura* rústica.[15]

Menos compreensível me parece a perda do sentido totalizante, e especialmente a perda da dimensão propriamente cultural, nas análises inspiradas pela moderna antropologia do mundo camponês, que tão marcantes contribuições estão dando. Mas, tomando algumas das obras de Wolf e Sidney Mintz, quase ao acaso, chama logo a atenção a enorme similitude com o enfoque desenvolvido por Candido, quase uma década antes, em *Os parceiros do Rio Bonito*. Por certo, ambos são antropólogos de formação e erudição universal. Projetam seus achados à escala mundial, o que teria sido impossível em nossa USP dos anos 1950. Mas a definição fundamental do camponês, para Wolf, gira em torno da produção dos mínimos para a sobrevivência (mínimos calóricos) e de um escasso excedente para a constituição do que ele chama de um "fundo cerimonial", um "fundo de manutenção" e um "fundo de aluguel". O decisivo, na caracterização dos camponeses, é reconhecer que são "cultivadores rurais cujos excedentes são transferidos para as mãos de um grupo dominante" (através do fundo de aluguel que pode ser pago em trabalho, em bens ou em dinheiro).[16] É isso que distingue o camponês do cultivador primitivo. Dito nas palavras de Mintz, resumindo Wolf: camponeses são os produtores tanto de seus meios de subsistência como de mercadorias para a venda, que são parte de um sistema social mais amplo e sobre os quais outros, com poder maior, extraem parte da produtividade de uma ou de outra forma (obtêm deles uma "renda"). Além disso, a economia camponesa é basicamente *familiar*, e o "eterno problema" do camponês, já o anotara Chaianov, é "contrabalançar as exigências do mundo exterior em relação às necessidades que ele encontra no atendimento às necessidades de seus familiares".[17] O camponês, quase por definição, é um ser permanentemente "ameaçado de destruição".

Por fim, o campesinato não subsistiria sem desenvolver uma ordem ideológica própria: atos, ideias, cerimoniais e crenças para permitir o equilíbrio e a solidariedade entre os interesses das várias unidades que formam o mundo camponês e das coalizões que ligam os camponeses à sociedade mais ampla.

Não terá sido esta, a descrição feita por Antonio Candido de um pedaço do mundo camponês, o mundo rústico paulista?

Mais ainda — sempre em homenagem à modernidade do livro admirável que estou comentando —, não será um cuidado especial o dos antropólogos contemporâneos que discutem a vida rural, o de evitar (como o faz Antonio Candido) "o risco maior dos exercícios tipológicos (que é a tendência a ver diferentes 'tipos' ou categorias) primariamente em termos de suas diferenças, sem dar conta de que sua natureza como categorias separadas depende frequentemente, até certo ponto, dos modos particulares pelos quais elas se mesclam social e economicamente"?[18]

A tradição da boa antropologia foi localmente reanimada e aprimorada pela influência dos supracitados antropólogos americanos em nossa literatura especializada. Entretanto, mesmo os melhores trabalhos que se fizeram sobre a economia camponesa no Brasil tendem a insistir mais nos aspectos classificatórios das relações de produção, deixando em plano menor aquilo que constitui a dimensão especificamente antropológica no estudo do campesinato: o sentido dramático de uma situação de condenação irremediável na qual os personagens se agarram, apesar de tudo, à sua própria história. É essa teimosia agônica, entretanto, que há de ser vista — como fez Antonio Candido brilhantemente — para que se capte a dimensão cultural do caipira como de qualquer camponês. E é precisamente por isso — porque, ao lidar com o campesinato, lida-se com uma porção da sociedade que por definição é fraca e subordinada, condenada ao desaparecimento — que sua expressão simbólica deve ganhar força diante do contorno social capenga que a define. O camponês é a somatória da fome (ou de sua ameaça) com a crença em seu modo de ser. Se não se restitui na análise a dimensão dramática de uma luta inglória, pulveriza-se a estrutura da vida camponesa numa série de dimensões socioeconômicas. Essas podem armar-se eventualmente a partir de categorias formalmente marxistas,[19] mas não permitirão que se reconstrua o mundo rústico em sua totalidade, senão quando o modo de viver apareça como uma condição indispensável ao modo de produzir e vice-versa.

Não quero que este breve comentário tenha jeito de panegírico: o valor intrínseco do livro estudado dispensa esse tipo de convenção. O arcabouço teórico de *Os parceiros do Rio Bonito* parece-me aquém da argúcia analítica do autor. O que fica da obra — e, no aspecto que ressaltei neste trabalho, fica quase como contribuição de um precursor sem seguidores — é muito mais a finura da interpretação de uma situação do que a teoria da mudança social ou cultural proposta. Embora no balanço entre os fatores de persistência e de mudança Antonio Candido tenha introduzido a noção de que os traços culturais são reelaborados a partir da dinâmica da sociedade, é Malinowski quem fornece o quadro teórico explicativo geral. É preciso fazer, entretanto, uma ressalva. Para a compreensão do funcionamento dos padrões culturais e das formas de sociabilidade de *Os parceiros do Rio Bonito*, o modelo efetivo é muito mais a noção de organização social — complementar à de estrutura — tal como a elaborou Raymond Firth em *Elements of Social Organization* (1951) do que a ideia de uma cultura que regula automaticamente os comportamentos. Novamente neste ponto há uma aproximação entre o modo de analisar de Antonio Candido e o enfoque de Wolf e de Mintz, que, para ressaltar o aspecto histórico e dinâmico da ação social, falam em *social manoeuvre* ou *human manoeuvre*.

De lá para cá a antropologia já passou por sua revolução levistraussiana, já voltou a um novo marxismo e sofreu o impacto da contribuição dos antropólogos que analisam as sociedades complexas, como os acima referidos.

Mas o essencial da contribuição de *Os parceiros do Rio Bonito* se mantém: o sentido de problema na relação entre natureza e cultura e na relação entre diferentes modos de produção (o caipira e o capitalista). A minúcia da pesquisa, sem a qual os grandes problemas correm sempre o risco de formalizarem-se e tornarem-se vazios, permitiu respostas convincentes para os problemas propostos.

Foi essa virtude, penso, que limitou seu alcance como livro formador de escola. Parte de nossa intelectualidade (como de resto pelo mundo afora) engolfou-se na árdua tarefa de restituir ao marxismo prioridade e consistência científica. Endereçou, porém, sua preocupação noutra linha: as grandes categorias, as grandes classificações, a análise das estruturas. Tudo isso é necessário e estimulante. Mas, quando vem desacompanhado da paixão pelo concreto e da compreensão (tão simples) de que não há modo de produção digno deste nome senão quando ele é ao mesmo tempo um fazer e um querer que devem ser analisados e problematizados em conjunto, estiola a imaginação e descarna a pesquisa do movimento da vida que se pretender entender.

Diante de *Os parceiros do Rio Bonito*, reparos de ordem metodológica poderiam até ser feitos. Mas quem o ler terá a exata noção do que é a economia caipira, de quais são suas formas de sociabilidade, e terá entendido como e por que, apesar de tudo, o modo rústico persistiu por séculos. Não intocado, mas resistente. Pois que de crença também se sobrevive.

FLORESTAN FERNANDES

Florestan Fernandes

A Organização Social

dos Tupinambá

INSTITUTO
PROGRESSO
EDITORIAL

S. PAULO

A paixão pelo saber*

Darei um depoimento que temo possa parecer um pouco desordenado. Gostaria de transmitir ao leitor a complexidade das várias facetas da personalidade e da criatividade de Florestan Fernandes, bem como o significado que seu trabalho teve para a minha geração e para as ciências sociais no Brasil. Conheci Florestan Fernandes em 1949, quando entrei na Faculdade de Filosofia; eu tinha então dezessete anos e o professor Florestan dava aula de Introdução às Ciências Sociais. A Faculdade de Filosofia naquela época funcionava onde foi a Escola Normal da Praça (a Caetano de Campos, na praça da República) e hoje está a Secretaria de Educação. Para alguém que começava a trilhar a vida universitária, a Faculdade de Filosofia era um mun-

---

* Originalmente este depoimento foi feito na I Jornada de Ciências Sociais da Unesp, campus de Marília, 22-24 de maio de 1986, e depois publicado como: "A paixão pelo saber". In: Maria Angela D'Incao (org.). *O saber militante: Ensaios sobre Florestan Fernandes*. Rio de Janeiro: Paz e Terra; São Paulo: Unesp, 1987, pp. 23-30.

do um pouco estranho e quase mágico. Para começar, boa parte dos professores, pelo menos a maioria dos professores do segundo ano do curso de ciências sociais, dava aula em francês. Os estudantes, geralmente, não tinham conhecimentos suficientes de francês para que pudéssemos acompanhar as exposições e nos deliciar com elas. Isto já encantava um pouco aquela "FaFi". Era um primeiro contato com o meio cultural paulista que, naquela época, ainda era um pouco bizarro, um pouco de elite.

Cada classe não tinha mais do que dez ou doze alunos. E havia professores que desfilavam pelos corredores da Escola Normal da Praça vestidos de avental branco, como se fossem "cientistas", como Florestan Fernandes e, mais discretamente, Antonio Candido. O avental era quase um macacão. Era a maneira de mostrar duas coisas: uma, que a ciência é trabalho, e a outra, que a sociologia é ciência. Esse empenho terrível de demonstrar a todos nós que havia uma ética do trabalho a ser desenvolvida e que não era qualquer trabalho, mas um trabalho rigoroso a partir de um conjunto de hipóteses e de um conjunto de métodos, era a paixão da vida de Florestan Fernandes e ele a transmitiu a nós.

Eu me recordo que uma vez, quando eu cursava o segundo ano, enquanto tomávamos um café na avenida São João, Florestan doutrinava sem parar sobre a importância de ser sociólogo. A partir daí eu não fiz outra coisa na vida (a não ser recentemente) além de me dedicar à sociologia. Porque Florestan transmitia a seus alunos o mesmo ardor, a mesma firme vontade de dominar o conhecimento que ele possuía, de mostrar que havia de se desenvolver durante toda a vida uma profissão, no sentido de que havia de se dedicar ao que se estava fazendo, que era o trabalho mais importante do mundo. O resto não contava. Esta exemplaridade sempre marcou a presença de Florestan. Importa menos saber se a aula dada por ele era um "tijolo" (e era) ou se era amena. O importante era que ali estava em formação uma *escola*.

Quando já estávamos terminando o curso, ou o havíamos terminado e passamos a constituir um grupo de assistentes, fazia-se esta "escola" à moda antiga: o professor entrava na sala de aula com seu avental branco, os assistentes acompanhavam-no também com seus aventais brancos e assistíamos a todas as aulas. E isto era necessário, para transmitir a paixão pela vida intelectual, o esforço de rigor, e para mostrar que o trabalho era coletivo. O professor Florestan Fernandes por certo não era o único a trilhar esses caminhos. Mas seu estilo contrastava com outros estilos predominantes na faculdade. Alguns professores estrangeiros eram realmente brilhantes. Vou mencionar apenas um — Charles Morazé —, de quem, mais tarde, tive a honra de ser colega na França. Outros professores, talvez menos brilhantes, transmitiam seus ensinamentos com a convicção quase retórica de que se poderiam fazer modificações na sociedade para melhorar o Brasil, como era o caso do professor Fernando de Azevedo, de quem Antonio Candido e Florestan Fernandes eram assistentes. Cada um tinha um estilo, mas a postura de Florestan Fernandes era a do trabalhador intelectual que inaugurava no Brasil um modo novo de encarar a sociologia. Neste afã, ele foi incentivado, é certo, por alguns professores americanos e outros franceses, da Escola de Sociologia e Política e da Faculdade de Filosofia, dos quais foi aluno. Mas ninguém lhe fez sombra até hoje, nessa capacidade de criar escola.

Não foi só isto, a meu ver, que marcou a presença de Florestan Fernandes na Universidade de São Paulo e na universidade brasileira. Antes de falar no seu trabalho intelectual, gostaria de ressaltar outra faceta de Florestan universitário: uma espécie de ira sagrada contra a injustiça. Doía nele a desigualdade, doía nele a discriminação contra os negros, doía nele a apropriação privada de bens coletivos, como, por exemplo, a educação. E houve momento em que nós todos esquecemos um pouco nossos aventais e nos lançamos a uma peregrinação por São Paulo para fazer uma campanha — a Campanha em Defesa da Escola Pública. Este Florestan também foi um Florestan seminal, que se distinguiu, porque mostrou que o acadêmico pode e deve, em certas circunstâncias, posicionar-se e lutar para melhorar as condições de vida de seu país. Esta Campanha teve uma importância muito grande naquela época, fins dos anos 1950, se não me falha a memória.

Foi uma mobilização intensíssima, uma mobilização que nos levou ao que então era raro: o encontro entre a universidade e os trabalhadores. Andamos por sindicatos sem fim, pregando. Andamos por escolas, andamos pelo interior, pregando, discutindo modificações concretas numa lei que iria dar as normas fundamentais ao processo educativo no Brasil. Portanto, não surpreende o Florestan que mais tarde reaparece com esta mesma ira sagrada de combatente, às vezes até próximo de Dom Quixote, que investe e muitas vezes acerta o alvo. Lutou a vida inteira.

Esse mesmo aspecto de um Florestan que se abriu à sociedade reapareceu em lutas tenazes, travadas no seio da Universidade de São Paulo. A Universidade de hoje é muito diferente do que já foi. Não só pela sua massificação — pelo aumento do número de alunos — como também porque houve uma democratização interna em sua ordem hierárquica. Sei que a muitos pode parecer estranho e irrealista dizer que hoje há uma certa democratização, mas vou lhes dar apenas um exemplo. Houve uma luta muito grande na Universidade para que os assistentes, os auxiliares de ensino, pudessem ter estabilidade, pois eles eram, como se diz em latim, demissíveis ad nutum, quer dizer, o professor catedrático tinha o direito de dispensar seu assistente a qualquer momento e em qualquer estágio da carreira, fosse até mesmo um livre--docente. A figura fundamental em torno da qual se organizava toda a vida universitária era a do professor catedrático. Para que houvesse uma reorganização, para que se tivesse um departamento, para que os departamentos tivessem alguma vitalidade, em tudo isso está a marca de Florestan Fernandes. São inumeráveis os trabalhos que escreveu a respeito da universidade e da educação. Continuava a ser ao mesmo tempo o grande intelectual, o homem que abre o caminho na sociologia brasileira e o homem que muda a instituição na qual ele vive. O homem que olha mais além e trata de deixar sua marca na sociedade circundante.

Tudo isto, entretanto, talvez seja pouco diante da importância da produção propriamente intelectual de Florestan Fernandes. Eu fui dos que puderam acompanhar de perto, de muito perto, esta evolução. Fui dos que sentiram forte, muito forte, a presença de Florestan Fernandes em vários setores da vida intelectual. No começo, tratava-se de incorporar uma disciplina científica à nossa prática universitária. Mas isto nunca esteve desligado de uma preocupação teórica. As aulas de Florestan no primeiro ano eram dificílimas. Ele nos fazia ler Mannheim, que nós não entendíamos. Quando passávamos de uma aula sobre Mannheim para um curso sobre Durkheim dado pelo professor Roger Bastide, nos parecia que Durkheim era tão claro! Se fosse o professor Antonio Candido que nos explicasse Weber, então era um Weber fascinante. Mas o homem que nos dava o impulso para que lêssemos tudo isto era Florestan Fernandes, que vinha com o seu Mannheim, que nos obrigava a ler os trabalhos mais maçudos de Mannheim, a tentar entender o conceito de utopia, a tentar perguntar qual era a função do intelectual, como ele se situa na sociedade; estávamos todos tateando para ver se descobríamos alguma coisa e Florestan nos incentivando sempre.

Eu me recordo dos gavetões do escritório doméstico de Florestan onde a bibliografia estava devidamente classificada em enormes fichas, todas escritas à mão com tinta roxa. Naquele tempo fazíamos ciência com papel, lápis e caneta, pouco mais do que isto. O imenso material fichado já tinha sido objeto de uma elaboração brilhante na *Organização social dos Tupinambá*. O outro livro baseado no mesmo material, *A função social da guerra*, é um oceano de sabedoria difícil de atravessar. Mal se terminava a primeira leitura, mesmo com os resumos no final de cada capítulo, voltava-se ao início, porque não se conseguia entender muito bem, tanta coisa havia sido ali posta e reposta, vista e revista, que eu não sei se há outro trabalho igual na bibliografia antropológica brasileira. Com isto o Florestan, que era sociólogo e nos fazia ler Weber, Marx e Durkheim, de repente era um dos eruditos que, ao lado de Gioconda Mussolini e outros eruditos em antropologia, como Egon Schaden e Emilio Willems, mais sabiam a respeito dessa disciplina. Florestan tinha enorme erudição em antropologia.

De repente percebíamos que a sociologia, que era a paixão de todos nós, era a disciplina-mestra, fundamental, mas não poderia sobreviver sozinha. Tínhamos que percorrer as disciplinas afins. Em certa fase de nossa formação, a antropologia representava quase que a mesma coisa que a sociologia. Lia-se tanto uma quanto a outra disciplina. Com uma dificuldade enorme para os que não sabiam inglês: é que a boa antropologia da época estava quase toda escrita nesse idioma. Lévi-Strauss estava apenas começando a ter influência com seus livros mais importantes; a grande antropologia era a da escola de Radcliffe-Brown e Malinowski.

Passávamos pois da sociologia para a antropologia e para a economia, tanto que um dos meus primeiros impulsos foi fazer alguma coisa juntando economia com sociologia. Mais tarde organizamos o Centro de Sociologia Industrial e do Trabalho (Cesit)[1] com esta mesma preocupação.

Nos meados dos anos 1950, Florestan começou um novo momento do seu percurso intelectual, que durou muito tempo e foi marcante. Esse momento está ligado a duas preocupações:

uma com os negros e outra com a cidade de São Paulo. Eu não sei se já foi suficientemente ressaltado o que era a inquietação de Florestan com o estudo da cidade de São Paulo. Talvez buscando inspiração em Chicago, já que a sociologia americana tivera enorme élan com os estudos sobre a sociologia urbana daquela cidade. Florestan fez várias tentativas, todas elas frustradas, para obter recursos para um estudo semelhante. Embora não tenha sido feito nos moldes de sociologia urbana, acabou sendo realizado de outra maneira. O estudo sobre a evolução histórica dos negros (que é extraordinário) tornou-se, ao mesmo tempo, um estudo sobre São Paulo. Florestan procurou ver como se formava uma categoria social nova, uma classe em substituição à condição de escravo, no processo de urbanização de São Paulo. A discussão sobre classe, casta (o que era o negro? escravo? operário?), que eu pude refazer mais tarde nas análises sobre os negros no Rio Grande do Sul, apoiou-se nesse trabalho de Florestan. Crescia a cidade, diferenciavam-se as classes, rompia-se a matriz do mundo agrário. Era o começo do processo que foi retomado mais tarde, por Florestan, na *Revolução burguesa*, para mostrar os delineamentos da sociedade brasileira contemporânea.

Assim, o que apareceu como teoria nos seus livros posteriores foi vivência muito concreta, análise muito concreta de uma situação social e de um processo de transformação histórica. Tentei replicar este esforço no livro *Dependência e desenvolvimento na América Latina*, quando de minhas andanças pela temática dessa região. A tentativa de juntar o que é momentâneo com o que é estrutura, o que é configuração com o processo que a forma. Para fazer esse percurso intelectual, convém introduzir a dialética. Portanto, foi com a paixão de descobrir o negro na realidade brasileira, de situá-lo, que de repente se passou a nível mais abstrato, e Florestan recompôs uma série de modelos teóricos de explicação da realidade.

Continuar mostrando a contribuição de Florestan seria infindável, além do que há uma parte desta contribuição sobre a qual, por deficiência minha, não poderia falar e peço que outros falem. É o folclore, que também está ligado à análise da cidade, à pobreza, à memória coletiva. Como ficam os massacrados, os deserdados? Como sobrevivem? Minha sensibilidade nunca se ajustou às análises do folclore, às quais Florestan se dedicou extensamente. Escreveu livros e livros nesta matéria, aparentemente marginal mas que, situada no percurso intelectual de Florestan, faz parte do esforço para descobrir aspectos novos do mesmo processo que o preocupava, pois as classes populares têm no folclore um refúgio de identidade cultural, apesar das diferenças entre seus diversos segmentos, apesar de sua falta de consciência no plano político e às vezes até mesmo no plano social.

Haveria muitos outros aspectos a serem ressaltados sobre Florestan Fernandes, mas o fundamental no seu percurso foi a paixão pelo saber; a elaboração da sociologia como ciência; a ciência como parte da sociedade; a sociedade como problema; a definição de métodos e, depois, a elaboração teórica de tudo isso num grande arcabouço que vai além da fotografia estática da sociedade, pois ressalta a dinâmica que permite sua transformação.

Não conheço exemplo semelhante no Brasil. Nunca houve entre nós uma obra que tenha tido tamanho alcance, que tenha tido a capacidade de abarcar tão amplamente, de ser criativa, às vezes até de esconder esta criatividade na erudição. Porque Florestan é também um erudito. Não no mau sentido da erudição que tolhe. A erudição de Florestan é muito densa, mas seu pensamento é mais poderoso. Ele sacode o peso da erudição e de repente, no meio de muita citação, aparece com força algo que é criação própria e que fica esmaecido pela vastidão da cultura posta à disposição do leitor. Mas o leitor mais treinado, que sabe separar o que pertence a cada um, descobre que há naquele cipoal de autores uma ideia que é peculiar, que é nova, que é de Florestan.

Outro aspecto importante: Florestan criou uma linguagem. Linguagem que foi também terrível em certa época. Que nós todos tentamos imitar com desespero. Alguns conseguiram. Foi uma tragédia! Depois, ele mesmo poliu a linguagem e se libertou de seu peso. Mas esta linguagem não era afetação. Era busca de identidade. Era busca do conceito. Era tentativa para mostrar que se fazia na sociologia algo muito importante e que a sociologia era uma ciência. Não era uma linguagem simplesmente para diferenciar, para tornar mais difícil ao outro, mas para tornar mais rigoroso o pensamento. E muitas vezes a busca do rigor prejudica a fluência do argumento. Mas este aspecto era fundamental! E até nisso é tão forte a personalidade de Florestan, que mesmo no cacoete da linguagem ele influenciou, marcou a muitos. Eu custei bastante a não escrever certas palavras complicadas, e de repente percebo que ainda as emprego, pois estão no meu subconsciente: vêm de longe, vêm da convicção de que é preciso usar palavras adequadas, conceitos corretos e só eles. E às vezes parecem palavrões, de tão diferentes e desnecessários.

Isto tudo não impediu que Florestan fosse um polemista. Brigou, mas brigou sem fim. Só não brigou conosco. Nunca brigou, que eu saiba, com nenhum de seus discípulos. Era duro, mas não era áspero. Incentivava. Tolhia às vezes, mas tolhia para dar disciplina. Mas com os outros, meu Deus, como brigou! E eu, que sou de temperamento mais cordato do que o dele, em quantas frias entrei! Em quantas brigas na Universidade, na congregação, em quantos desaforos terríveis! Porque Florestan brigava porque acreditava, queria melhorar; polemizou extensamente, nunca deixou de polemizar.

Encontrei-o uma vez, num semiexílio de ambos, no Canadá e nos Estados Unidos. Só não conto aqui o que ele fez porque estamos numa universidade e não é apropriado, mas brigou com gestos de tal força numa reunião em Nova York, no Council of the Americas,[2] que os americanos presentes me perguntaram: mas o que é isto? Porque o gesto não tinha correspondência na cultura americana. Ele não hesitou e utilizou os dois braços para responder a um argumento impertinente de alguém que estava no auditório. Isto também é Florestan. Isto também faz parte deste motor incrível, de alguém que em dado momento rompe as formas para se manter fiel àquilo que acredita que seja o dever e a correção. Eu sou bem distinto, mas até nisso eu o invejo. Porque em certas circunstâncias é muito importante ser capaz de romper as formas. Florestan as rompe se necessário, acho que rompe até mais coisas, barreiras, para tentar levar adiante a sua verdade particular.

Eu francamente poderia falar horas e horas, com paixão. Mas não seria delicado para com os ouvintes. Quis apenas mostrar algumas de suas dimensões, quis dar alguns exemplos do que é o homem cuja Jornada em sua homenagem se inicia hoje e, pelo que ouvi do próprio reitor Jorge Nagle, vai se repetir na Unesp, para a glória desta Universidade, e não dele, Florestan, cujo significado profundo, para todos nós, dispensa até mesmo homenagens.

Florestan, cientista[*]

Reler este livro[1] tantos anos depois de publicado foi para mim uma experiência humana e intelectual compensadora.
Digo experiência humana porque hoje, em 1999, ocupando as funções sabidas, fez-me recordar um passado de cinquenta anos. Isso mesmo, cinquenta anos! Conheci Florestan Fernandes em 1949, quando ingressei na Faculdade de Filosofia, Ciências e Letras da USP (assim se chamava), então instalada no antigo prédio da Escola Caetano de Campos, na praça da República, bem no centro de São Paulo.
Fui aluno, auxiliar de ensino, assistente e colega de Florestan. Ninguém influenciou tanto quanto ele a minha geração. Na época, Florestan, como todos nós, usava bata branca nas aulas e nos corredores: queríamos ser "cientistas" e, pela influência positivis-

[*] "Florestan Fernandes: a revolução burguesa no Brasil: texto introdutório". In: Silviano Santiago (org.). *Intérpretes do Brasil*. Rio de Janeiro: Nova Aguilar, 2000, v. 3, pp. 1491-6. (Biblioteca Luso-Brasileira. Série Brasileira).

ta, o Departamento de Sociologia pertencia à seção das Ciências na Faculdade. Estudávamos matemática e estatística, e nos davam licença para ensinar no curso secundário tanto sociologia — e mais amplamente "ciências sociais", em geral história — como matemática.

Florestan Fernandes nos anos 1950 era mais que o apóstolo, era o profeta do projeto da sociologia como "ciência empírica". Com ele e com Roger Bastide fazíamos pesquisas de campo para sermos treinados na análise objetiva dos processos sociais. Ao lado dessa devoção à disciplina, ao método, Florestan fazia arder em nós a paixão, que nele era vulcânica, por uma vida de comprometimento com a ciência e com os valores de uma sociedade melhor.

Na época em que foi meu professor — e mesmo mais tarde, até precisamente o período de elaboração dos primeiros ensaios deste seu livro —, Florestan não exibiu seu lado de militante político. Embora guardasse os ideais socialistas do fim da juventude, a paixão maior era pela ciência. Isso não obstante (aí sim, permanentemente) um comportamento indissoluvelmente ligado às práticas democráticas e republicanas, cujo momento áureo de militância se concretizou na Campanha em Defesa da Escola Pública.

A obstinação de Florestan em superar obstáculos na busca do aprendizado e, depois, no ensino, suas dificuldades financeiras, seu entusiasmo de quase pai dos alunos, seu exemplo comovedor de professor universitário honrado, marcaram toda a minha geração. Para mim, particularmente, que, além das ligações profissionais, tinha um relacionamento estreito com ele (fomos vizinhos anos a fio, nossos filhos cresciam juntos), Florestan era uma referência indispensável.

Ao iniciar a releitura deste livro, deparo logo com o Florestan de sempre. Diz na "Nota explicativa": "É preciso que o leitor entenda que não projetamos fazer obra de 'sociologia acadêmica'".[2] Imaginava ele estar escrevendo um ensaio livre, com linguagem simples... Impossível: o militante Florestan Fernandes, sendo como foi na fase final de sua vida verdadeiramente um militante, nunca sufocou o acadêmico.

E neste aspecto, entrando a considerar a experiência intelectual desta releitura, é interessantíssimo ver a evolução do nosso autor, comparando-se os ensaios finais do livro com as primeiras partes.

Em "As origens da revolução burguesa", Florestan faz uma análise que (seguindo a caracterização dele próprio noutro livro, *Fundamentos empíricos da explicação sociológica*)[3] é típico-ideal. Ele está à busca dos "agentes humanos" — o burguês — capazes de encarnar o "espírito burguês". Juntos, os burgueses e o espírito do capitalismo instaurariam a "ordem social competitiva", típica do capitalismo em sua fase gloriosa.

É Werner Sombart quem o inspira. E, por trás, Max Weber dá-lhe o traçado metodológico.

Todos os ensaios desta parte do livro são uma anotação contrastante entre os agentes humanos (os fazendeiros, os comerciantes-exportadores) que, encarnando virtudes burguesas, opõem-se aos agentes humanos da "sociedade colonial" e a seu espírito. É a luta pela "modernização" daquela sociedade.

Florestan revela, em muitas passagens, seu inconformismo com o que na linguagem da época se diria "o coetâneo do não contemporâneo", ou seja, a permanência da antiga ordem (do Ancien Régime) na nova ordem.

É de salientar que a erudição e o espírito científico de Florestan Fernandes nunca o deixaram incorrer em equívocos habituais nos "intelectuais de esquerda", tipicamente ideológicos. A análise sobre os efeitos construtivos do liberalismo constitui um belo exemplo desta atitude. Para Florestan, o liberalismo — ontem como hoje *bête noire* dos ideólogos de esquerda — "concorreu para revolucionar o horizonte cultural das elites nativas"[4] e deu substância aos processos de modernização.

Do mesmo modo, Florestan ressalta as modificações na estrutura da sociedade ocorridas sob os impulsos do "espírito burguês" e portanto do liberalismo, na passagem da "sociedade colonial" para a "sociedade imperial". Embora nas duas houvesse "senhores" e "escravos", havia novas dimensões na "sociedade imperial" que não se exauriam na oposição binária mais simplista.

Obviamente, o reconhecimento das transformações e do surgimento de agentes portadores de novas "virtudes" não diminuía as características negativas do Ancien Régime nem obscurecia os aspectos perversos do novo. De qualquer modo, a "sociedade imperial", sob este ângulo, incorporou agentes sociais que desencadearam uma nova dinâmica favorável à instauração da "ordem social competitiva". Mais ainda — isto para Florestan era essencial —, iniciava-se o processo de consolidação de uma "ordem social nacional". Florestan assinala invariavelmente uma certa "incompletude": "O que ocorreu com o Estado nacional independente é que ele era liberal somente em seus fundamentos formais. Na prática, ele era instrumento da dominação patrimonialista".[5]

Por certo, quem quisesse assumir uma atitude crítica diante das análises de Florestan Fernandes poderia questionar o que significaria uma estrutura socioeconômica "imperial" — confusão entre a infraestrutura econômica e a superestrutura política, dirão os marxistas à antiga. Assim como poderia criticar certa visão "humanista", em contraposição à análise categorial marxista. Por exemplo: "A autonomização política e a burocratização da dominação patrimonialista imprimiriam à produção e à exportação as funções de processos sociais de acumulação estamental de capital".[6]

Há inumeráveis exemplos semelhantes, assim como os há para mostrar que à sociedade era atribuída a capacidade de "absorver" o espírito do capitalismo e ao mesmo tempo "eternizar" o pré-capitalismo. Era um capitalismo "vindo de fora", assim como o liberalismo. Mas não é isso que me preocupa, pois essas críticas são externas à metodologia adotada pelo autor. Preocupa-me a razão pela qual Florestan, descrevendo processos de mudança estrutural de longa duração (para os quais ele prescrevia, no já referido livro sobre os *Fundamentos empíricos da explicação sociológica*, a utilização da dialética marxista), tivesse feito uma análise típico-ideal, de nítido corte weberiano.

Digo isso não para diminuir a força analítica de Florestan, mas para ressaltá-la: a despeito desse viés metodológico, e de seu caráter altamente abstrato, o livro é denso na observação de processos sociais concretos e na categorização de situações de classe.

Visto isso, passo a considerar os ensaios da terceira parte do livro, especialmente os capítulos 6 e 7. Nos primeiros ensaios, escritos em 1966, nosso autor está à busca dos "agentes humanos" da revolução burguesa no Brasil e vai encontrá-los no "fazendeiro" (sobretudo de café) e no "homem de negócios", antes de chegar ao "capitão de indústria" sombartiano e ao "imigrante". Nos últimos ensaios passa-se a um estilo de análise mais marxista, sobre as fases de acumulação do capital.

Certamente, Florestan tinha consciência da escolha metodológica que fizera nos primeiros ensaios (basta ler a nota 14, na página 133) e, portanto, da sensação que o leitor teria de que a "economia de mercado", a "sociedade competitiva", a "mentalidade burguesa" pairassem, não se sabe onde, talvez "lá fora", e fossem "absorvidas" pelos agentes humanos concretos. No entanto, como eu disse acima, à margem Florestan ia anotando os "processos sociais concretos": a expansão do mercado interno, a urbanização, as conexões de dependência com o exterior, a autonomia nacional etc.

Pois bem, nos capítulos finais, escritos em 1973, quase dez

anos depois dos primeiros, Florestan como que reconta a história dos agentes humanos da revolução burguesa, à luz das "etapas da acumulação do capital". Nessa síntese mais recente existem três fases: a da "eclosão de um mercado capitalista moderno", a da "expansão do capitalismo competitivo" e a "irrupção do capitalismo monopolista".[7]

Sem entrar nas minúcias de suas descrições, lembro apenas que Florestan reitera que não estava diante do "desenvolvimento do capitalismo em si mesmo", que, em nosso caso, os influxos dinâmicos "vinham de fora", que não havia, portanto, "espaço histórico para a repetição das evoluções do capitalismo na Inglaterra, na França, nos Estados Unidos, ou na Alemanha e no Japão".[8]

Assim, nossa revolução burguesa não só foi internamente *incompleta* (pela convivência *permanente* com os momentos históricos anteriores) mas também *deformada*: não repetimos a história do *verdadeiro* capitalismo, "o deles".

Por trás dessa análise, as vicissitudes do final da década de 1960: os tormentos e "imbróglios" da assim chamada teoria da dependência.

Mas tampouco nesse caso Florestan Fernandes se deixa levar pelo "marxismo vulgar" ou pela distorção analítica dos processos históricos que são "engolidos" pela lógica abstrata da acumulação do capital. Ao contrário (como eu fizera nos estudos sobre desenvolvimento e dependência), Florestan valoriza as peculiaridades do desenvolvimento capitalista na periferia do sistema mundial, critica suas distorções, chega a ser nostálgico das perdas de oportunidades históricas que a "burguesia brasileira" teria tido para avançar,[9] mas não deixa de fazer análises concretas.

Por que escrevo isso?

Porque a meu ver o que este livro mostra não é a superioridade da análise weberiana em contraposição à análise marxista (ou vice-versa), mas a força de um sociólogo de excelente formação teórica e paixão pela pesquisa, que não sufoca os processos históricos no vazio de análises "típico-ideais" ou economicistas. Faz observações histórico-estruturais com fino espírito analítico e não deixa que a paixão ideológica sufoque a argúcia científica. Talvez seja este, *contrario sensu*, o maior legado de Florestan Fernandes. Legado que no futuro será ainda mais valorizado e que faz deste livro e de seu autor uma referência permanente na bibliografia brasileira.

Rio de Janeiro, Gávea Pequena, 14 de agosto de 1999

Uma pesquisa impactante*

Esta nova edição de *Brancos e negros em São Paulo* é mais do que bem-vinda. Por múltiplos motivos: é obra clássica, que marca uma nova visão sobre a questão racial no Brasil, e é oportuna, pois o livro reaparece no momento em que os debates sobre as identidades raciais voltaram à cena pública, com a questão das políticas afirmativas e das cotas.

Antes de discutir estes temas, convém situar a pesquisa levada adiante por Roger Bastide e Florestan Fernandes no começo da década de 1950. Lévi-Strauss havia escrito para a Unesco um dos vários pequenos ensaios de divulgação sobre a noção de raças que aquela instituição patrocinara para combater o preconceito. Na década anterior, Gunnar Myrdal publicara seu monumental livro sobre os negros nos Estados Unidos, *An American Dilemma*. Os

---

* "Uma pesquisa impactante" (Apresentação). In: Roger Bastide, 1898-1974; Florestan Fernandes, 1920-95, *Brancos e negros em São Paulo: Ensaio sociológico sobre aspectos da formação, manifestações atuais e efeitos do preconceito de cor na sociedade paulistana*. 4. ed. rev. São Paulo: Global, 2008, pp. 9-16.

estudos sobre raça e preconceito ganhavam foro de preocupação científica, como atestam os trabalhos de G.W. Allport, *Prejudice: a Problem in Psychological and Social Causation*, ou de A.M. Rose, *Problems of Minorities*, citados por nossos dois autores, e que seus alunos, como eu, leríamos com devoção. Florestan sonhava em poder repetir em São Paulo o que os sociólogos da escola de Chicago haviam feito naquela cidade, transformando-a num verdadeiro laboratório de análises. O estudo proposto pelo editor da revista *Anhembi*, Paulo Duarte, a Roger Bastide e Florestan sobre a questão do negro em São Paulo abria uma oportunidade para isso. Paulo Duarte não só era o grande patrocinador dos novos sociólogos, publicando-os na revista *Anhembi*, como era muito bem relacionado internacionalmente. Havia trabalhado no Musée de l'Homme em Paris e mantinha relações de afeto e respeito com Lévi-Strauss.

Foi neste contexto que o então diretor de Ciências Sociais da Unesco, Alfred Métraux, chegou a São Paulo com a ideia de financiar uma pesquisa sobre o contato interétnico no Brasil. Os primeiros passos para tal estudo na cidade de São Paulo já haviam sido dados graças ao referido patrocínio da revista *Anhembi*, anterior à proposta da Unesco. Os prazos requeridos para um trabalho de maior profundidade, como se imaginara, tendo como modelo o que faziam os sociólogos da escola de Chicago, não coincidiam com as exigências do calendário mais burocrático da Unesco — com pressa em combater o preconceito racial. Daí o esperneio de Florestan no prefácio à segunda edição da obra, também publicado neste volume.

Por outro lado, a situação racial no Brasil era vista pela ideologia predominante e pela expectativa dos patrocinadores internacionais como contrastante com a norte-americana. A relação interétnica seria marcada pela ausência de discriminação racial e pela quase inexistência do preconceito de cor, dada a forte miscigenação ocorrida no país. Estes pressupostos não formavam parte, contudo, do horizonte interpretativo que se vê consubstanciado no texto que serviu de base para a pesquisa paulista, denominado "O preconceito racial em São Paulo (projeto de estudo)", também publicado no Apêndice da presente edição.

De qualquer modo é significativo notar que há mais de cinquenta anos já havia no Departamento de Sociologia da USP quem pioneiramente estivesse se relacionando com o mundo extrauniversitário para buscar apoio para a pesquisa, tivesse conexões com uma instituição internacional, dominasse a bibliografia científica pertinente e ousasse buscar inspiração intelectual em modelo norte-americano. Os autores sabiam que o importante era redefinir a temática em função da situação prevalecente no Brasil e confiavam em sua independência intelectual.

A esse respeito também é significativo que Florestan Fernandes tenha se valido mais de Durkheim do que de Weber ou mesmo de Marx para caracterizar teórico-metodologicamente a pesquisa. Deixava de lado também o formalismo da abordagem funcionalista, que utilizara para escrever *A organização social dos Tupinambá* e que estava usando para escrever seu monumental trabalho sobre *A função social da guerra na sociedade tupinambá*. Em vez disso, escreveu:

> Ainda que não seja universalmente aceito por todos os sociólogos, o método que oferece maiores garantias de exatidão à sociologia empírica é aquele que considera os fenômenos particulares investigados em seu modo de integração ao contexto social. Durkheim formulou muito bem o princípio implícito nessa maneira de encarar os fatos sociais ao escrever que "a origem de todo processo social de alguma importância deve ser procurada no meio social interno".[1]

Obviamente, Florestan conhecia os desdobramentos do

método funcionalista. Sabia que eles explicavam os fenômenos por suas funções sociais e minimizavam a utilização da noção de *causas eficientes* da análise durkheimiana. Mas, fiel a sua paixão pelas análises empíricas, tão ao gosto também de Bastide, preferia ressaltar a simplicidade da formulação de Durkheim e lançar-se à pesquisa. Como escreveu *Brancos e negros em São Paulo* antes dos *Fundamentos empíricos da explicação sociológica*, também não precisou ressaltar que na análise das mudanças histórico-estruturais haveria que utilizar a dialética marxista. Simplesmente formulou as hipóteses básicas mostrando como o preconceito de cor se prendia às estruturas sociais (ao *meio social interno*) e como suas funções se transformam quando as estruturas mudam. Trabalhou, portanto, com grande liberdade intelectual, não se prendendo ao formalismo metodológico.

Neste aspecto o fio condutor que percorre as análises de nossos dois autores — Bastide e Florestan — é o mesmo: as relações interétnicas e os mecanismos de acomodação social entre negros e brancos se formaram no regime senhorial escravocrata, e se modificaram à medida que ruiu a antiga ordem senhorial-servil, dando lugar a uma sociedade capitalista-competitiva baseada no trabalho livre. O preconceito de cor, entretanto, não desapareceu, embora suas funções tenham variado com as mudanças no *meio interno*. Ao percorrer a trajetória das relações entre brancos e negros, primeiro como senhores e escravos, depois como cidadãos pertencendo a classes sociais diferentes, nossos autores analisaram com minúcias as intrincadas relações entre raça e escravidão numa sociedade de castas e, posteriormente, entre raça e classe social numa sociedade capitalista-competitiva em formação.

Isso é dito e redito por ambos os autores:

[...] o que nos parecia importante, na situação racial brasileira, não era a inexistência de atitudes preconceituosas e discriminatórias mas as formas pelas quais elas se exprimiam e as funções que preenchiam. Sem assumir feições ostensivas e virulentas, características do *estado de conflito*, elas traduzem o que ocorre quando ambos os processos fazem parte de um *estado de acomodação*[2]

diz Florestan Fernandes. Todo o primeiro capítulo é dedicado à análise da evolução da estrutura social e econômica na qual o escravo negro se inseria. Região de relativamente poucos negros, de muitos índios e, ao finalizar o século xix, de ondas maciças de imigrantes europeus, São Paulo, depois da Abolição, foi palco de uma lenta transição para um regime de classes sociais. Entretanto, assim como a transição jurídica foi súbita, pois a Abolição deu ao negro, formalmente, o status de homem livre, a transição social e econômica foi lenta:

> É que a transição precisava se operar como um processo histórico-social: o negro deveria antes ser assimilado à sociedade de classes, para depois ajustar-se às novas condições de trabalho e ao novo status econômico-político que adquiriria na sociedade brasileira.[3]

Curiosamente Florestan Fernandes julga que a diferença de ritmo entre a mudança jurídica e a sociopolítica facilitou a redefinição da concepção que o negro tinha de si e de seus papéis na sociedade, bem como da imagem que os próprios brancos formariam dele na nova sociedade, dando margem a uma *transformação orgânica* (a expressão é dele) dos libertos e seus descendentes à condição de trabalhadores assalariados e, em menor proporção, de empreendedores capitalistas. O leitor atual talvez se espante ao ver estas declarações. Mas é preciso não perder de vista o fio da meada, o fio condutor da análise, como chamei acima, que era a passagem da ordem escravocrata à sociedade capitalista de classes. A superioridade desta última sobre a anterior não se esconde nas análises de Florestan, o que não o leva a endeusá-la nem a imaginar que, havendo competição mais livre no mercado e quebrada a rigidez do sistema de castas que a escravidão impunha, desapareceriam de repente a discriminação e o preconceito. Não desapareceram, mas mudaram de função.

É a riqueza desse vaivém entre estamento (casta), classe, preconceito de raça e preconceito de classe que fornece o miolo do livro. Desde o segundo capítulo, da lavra de Florestan Fernandes, como no primeiro, vê-se como o preconceito de cor e a discriminação racial se completavam para preservar a ordem escravocrata (vejam-se as análises das páginas 109 e 110): cor e diferenças raciais são elementos refeitos em seus significados culturais para manter uma situação interétnica desigual, potencialmente violenta, altamente espoliativa, mas que se acomodavam, graças àquelas redefinições culturais, evitando a explosão daquela ordem.

Florestan Fernandes e Roger Bastide não desconheceram a importância da obra de Gilberto Freyre e suas análises sobre o amestiçamento cultural e racial dos brasileiros. Pelo contrário, tanto a ideologia das relações ditas cordiais como as práticas mais suaves de tratamento na Casa-Grande e o ambiente cultural-sentimental que envolvia as relações entre negros e brancos, assim como a maior aceitação do mestiço, do mulato, formavam parte das acomodações interétnicas que impediam as relações de conflito aberto e jogavam importante papel na ordem escravocrata (e posteriormente também na sociedade de classes). Nem é certo que pensassem que na nova ordem a classe seria o elemento classificatório exclusivo e, em certas circunstâncias, nem mesmo o elemento dominante. Neste equívoco incorreu o antigo professor de Florestan, a quem ele muito devia sua formação de pesquisador, Donald Pierson, para quem no Brasil (em comparação com os Estados Unidos) prevalecia o preconceito de classe, não o de raça.

Florestan ressaltou que na nova sociedade, apesar de a cor deixar de ter a antiga significação classificatória imediata, tanto o preconceito quanto a discriminação continuavam a existir. Isso embora a contraposição automática de negro e escravo deixasse de ter equivalência numa sociedade na qual patrões, empregados e operários não se distinguissem racialmente como no passado, quando os senhores se distinguiam dos escravos e libertos pela cor. Como não houve a integração imediata do negro liberto e de seus descendentes ao mercado de trabalho, eles se mantiveram em posições sociais de franca inferioridade, semelhantes às ocupadas anteriormente. Assim, as diferenças raciais continuaram a expressar inferioridade social, mantendo-se os preconceitos e as discriminações, embora com as novas funções sociais de os afastar ou prejudicar na concorrência econômica, social e cultural.[4]

É curioso que frequentemente se atribua a Florestan Fernandes, nessa matéria, o que ele não pensava. Ao reducionismo atual, no qual uns veem em tudo as diferenças de classe (educação e renda) e outros as identidades raciais, nosso autor opunha uma visão bem mais rica e complexa. Não via no preconceito e na discriminação a causa das desigualdades:

> [...] a escravidão e a dominação senhorial deram origem a um regime misto de castas e estamentos, em que os níveis sociais prevaleceram sobre as linhas de cor. Estas existiram, mas como consequência daqueles, ou seja, como produto natural da posição ocupada pelos representantes das "raças" em contato no sistema de relações econômicas.[5]

Sua convicção nessa interpretação era tão forte que acreditava que, se perpetuasse a tendência à integração estrutural com base numa sociedade capitalista de classes, ela faria com que a antiga correlação entre cor e posição social perdesse significado e ponto de apoio estrutural. Não por isso, entretanto, desapareceria o preconceito. Basta ver o que ocorre nos Estados Unidos de hoje, acrescento eu.

É neste ponto que as análises de Roger Bastide ganham realce, nos capítulos 3 e 4 do livro, onde se consagram às manifestações do preconceito de cor e a seus efeitos. Com sutileza, simplicidade e argúcia, Bastide estudou as manifestações contemporâneas do preconceito e indagou sobre até que ponto se poderia falar atualmente de preconceito de classe ou de raça. Sua interpretação ziguezagueia ao passar em revista formas de preconceito e discriminação nas famílias tradicionais, nos grupos de imigrantes (portugueses, italianos, sírios), nos esportes, nas escolas, na carreira profissional, nos clubes, na vida sexual, no casamento, enfim, na tessitura da sociabilidade urbana. Basta lê-lo para sentir o drama não mais do escravo, mas do negro numa sociedade politicamente democrática (estamos em plena vigência da Constituição de 1946), em expansão econômica do pós-guerra, que se define ideologicamente como alheia ao preconceito e valorizadora da mestiçagem mas que impõe no dia a dia toda sorte de obstáculos aos negros e mulatos, mantendo-os em posição de inferioridade na competição em todos os aspectos da vida. Sem demagogia e quase despercebidamente Bastide cria um clima de solidariedade espontânea para com aqueles que têm que fazer um esforço muito maior do que os "brancos" simplesmente para levar uma vida digna e, mesmo assim, nem sempre logram seus objetivos. Essa era, e é, a sociedade "sem preconceitos" onde a miscigenação, por si só, faria o milagre da igualdade entre as raças...

Mas tampouco Roger Bastide foge ao cerne da questão: os valores tradicionais estão desmoronando, pois os valores mudam sempre que as estruturas sociais se modificam (hipótese de ambos os autores). Mas mudam mais lentamente, estão fixados em ideologias e nas relações sociais, e as coisas "estão demasiado entrosadas", as ideologias são racionalizações do preconceito e, por outro lado, refletem relações socialmente estruturadas. Há um novo negro diante do qual o branco hesita, assim como há uma nova sociedade, ainda muito entrelaçada à antiga.[6] Boa parte dos negros pós-Abolição não se "classificou" socialmente, formando uma "plebe" que não faz parte da nova classe operária. Alguns negros penetram nesta, outros, pelo esforço, pela continuidade dos favores da classe dominante e pela educação, começam a galgar posições mais elevadas. Pode-se chamar a isso "ascensão social"? Para responder, Bastide faz uma interpretação perspicaz: ocorre uma "infiltração", mais do que uma ascensão, "uma gota negra após outra a passar lentamente através do filtro nas mãos do branco".[7]

Não há espaço nem necessidade de eu me alongar descrevendo o conteúdo deste livro precioso. Mencionei que Bastide ziguezagueava para responder se o preconceito era de classe ou de raça. É óbvio que numa situação cambiante jogam os dois sistemas classificatórios, um, o último, embotando o outro. Isso é explicitamente reconhecido pelo autor: "de modo que o preconceito de cor identifica-se com o de classe [...]. A cor desempenha um papel, evidentemente, mas o papel de um símbolo, é o critério bem visível, que situa um indivíduo num certo degrau da escala social".[8] A tal ponto que entre os mais pobres praticamente inexistiria o preconceito. Mas, e é ainda Bastide quem adverte: "se o preconceito de cor se confunde com o de classe em um grande número de casos, será possível generalizar o fenômeno?". Para responder, Bastide vai analisar o que ocorre na própria classe proletária para marcar em que momento a cor passa a ser um estigma racial e não apenas um símbolo de status social. E conclui que "a cor pode prevalecer sobre a classe".[9] Em suma, existem ambos os preconceitos, estão entrelaçados e a verificação de um não nega o outro.

Também não se deve tomar a ideologia do branqueamento como "mera ideologia". Ela opera efetivamente, amortecendo a identidade racial e, portanto, o substrato material e pseudocientífico do preconceito racial. Será que as acomodações sucessivas, abertas seja pelas possibilidades de ascensão social seja pela ideologia predominante de acomodações sem conflitos abertos, serão suficientes para evitar — a pergunta é do autor — a irrupção de um futuro "racismo antirracista" que nos levaria a maiores pontos de similitude com a situação americana? Tanto Bastide como Florestan, há cinquenta anos, se não previam, consideravam esta última hipótese como uma possibilidade. Ponderaram, contudo, que mesmo os ativistas mais conscientes da necessidade de uma reação não acomodatícia dos negros — um racismo provisório e mitigado —, quando perguntados sobre se a situação norte-americana seria mais favorável ao negro, manifestavam apego ao clima mais livre e afetivo da situação racial no Brasil.

Nossos autores estavam confrontados com situação semelhante à de muitos de nós hoje em dia quanto às ações afirmativas em contraposição a ações de caráter geral, como, por exemplo, a melhoria e a extensão da educação fundamental, como mecanismos para a promoção social de todos e, portanto, dos negros, que são os mais excluídos dela. Só que não se deixavam embaralhar pelas ideologias racistas. O ideal democrático da igualdade deveria prevalecer sobre os critérios exclusivistas de identidades raciais, mesmo porque não acreditavam na base científica para uma definição de raça. Contudo, tal reconhecimento não dispensaria uma atenção especial às discriminações baseadas na cor, pois nem todo preconceito poderia ser explicado pelo critério de classe. Abre-se assim um espaço para ações afirmativas, desde que não sejam pensadas em contraposição aos ideais de igualdade e menos ainda em nome de uma imaginária identidade racial absoluta que se oponha à miscigenação.

No capítulo final sobre a luta contra o preconceito racial, escrito por Florestan Fernandes, bem como nos capítulos redigidos por Bastide, há um esforço pioneiro para entender o papel dos movimentos sociais e de seus líderes no esforço de revisão da posição dos negros na sociedade. Para compreender esses processos, foi essencial a decisão inovadora de chamar os líderes daqueles movimentos para participarem das discussões e mesmo para orientarem muitas das interpretações acolhidas na pesquisa. Houve um ensaio de sociologia *participativa*. Essa técnica, bem como a combinação dela com outras, desde a reconstrução histórica da vida social dos negros e das formas do preconceito até a utilização de técnicas de pesquisa de campo, mostra a ousadia metodológica do empreendimento de Bastide e Florestan. Também pesquisas psicológicas (não publicadas neste volume) e análises sobre o negro e o preconceito em situações contrastantes com as urbanas, como no estudo feito por outro pioneiro, Oracy Nogueira, serviram de apoio às interpretações contidas no livro. Nas páginas finais do trabalho há uma tentativa de aproveitamento por Roger Bastide e Pierre van den Berghe de uma pesquisa feita por Lucila Hermann — falecida antes do fim da pesquisa — que dá bem a noção da variedade de técnicas usadas. Lucila Hermann, que trabalhava então no Instituto de Administração da Faculdade de Economia da USP — e que foi minha primeira chefe de pesquisa —, dedicara-se com afinco às pesquisas de campo, tendo iniciado estudo inovador em São Paulo, inspirado pela escola de Chicago, sobre as radiais urbanas.

É difícil avaliar hoje, mais de cinquenta anos decorridos, o impacto que tudo isso produziu no meio acadêmico da época. Eu mesmo participei, junto com meus colegas de classe, de inúmeras incursões nos cortiços e numas poucas favelas de São Paulo, com Bastide mascando seu charuto e balbuciando um português que se fazia entender pelos negros mais pela empatia do que pela pronúncia, indagando incessantemente sobre as questões que nos interessavam. E Florestan Fernandes, sempre de bata branca como um cientista no seu laboratório, brandindo seu "projeto de pesquisa", repleto de hipóteses principais e derivadas, à busca do rigor metodológico para distinguir o esforço de pesquisa que ele fazia do ensaísmo predominante nas ciências sociais da época.

Dá gosto ver, tanto tempo passado, que os trabalhos daqueles pioneiros continuam a guiar as novas gerações na busca de melhor entendimento da formação social do Brasil.

CELSO FURTADO

Celso Furtado

FORMAÇÃO ECONÔMICA
DO BRASIL

EDITÔRA FUNDO DE CULTURA S. A.

O descobrimento da economia[*]

Cada geração redescobre o Brasil através de algum grande livro ou de uma série deles. A geração anterior à minha, que floresceu de meados dos anos 1940 em diante, como ressaltou Antonio Candido no prefácio à reedição de *Raízes do Brasil*, sofreu a influência decisiva de Gilberto Freyre, Caio Prado Jr. e Sérgio Buarque de Holanda. A geração que começou a escrever na década de 1960, à qual eu pertenço, também aprendeu com aqueles autores. Mas sua descoberta intelectual fundamental deu-se com a leitura de Celso Furtado.

Primeiro lemos *A economia brasileira*. Depois, a *Formação econômica do Brasil*.[1] Foi um choque enorme: passamos a ler e a adivinhar o que ocorria no Brasil pela lente da economia. Caio Prado já ensinara a muitos o fundamental da inserção da eco-

---

[*] "O descobrimento da economia". *Senhor Vogue*, ago. 1978, p. 107. Prefácio da série Livros Indispensáveis à Compreensão do Presente, 5, publicada na seção "Resumo do mês" referente à obra de Celso Furtado, *Formação econômica do Brasil*.

nomia brasileira no mercado mundial. Simonsen também dera os contornos da economia colonial de forma objetiva. Mas Celso Furtado fez brotar em nós a paixão pela economia. Desenvolvimento e subdesenvolvimento; produto bruto; taxa de investimento e capacidade de importar; fluxo de renda e outras noções do gênero, que eram quase palavrões a saltar de textos técnicos para ferir os ouvidos de leitores mais atentos ao capricho da frase do que à clareza do conceito, passaram a ser o pão nosso de cada dia das universidades.

Isso só bastaria para qualificar Furtado no rol dos grandes dessa terra, em geral tão pobre de espíritos realmente criativos e suficientemente vigorosos para tornarem moda o que era, antes, pedantismo de meia dúzia de especialistas. A linguagem mudou no círculo dos letrados, antes e depois de Celso Furtado, embora não exclusivamente por sua influência, mas porque se estava vivendo um período de grande transformação econômica e social. De qualquer modo, foi com esse autor que se inaugurou o "economês". E foi em boa parte por intermédio dele também que a "ciência econômica" começou a substituir na Academia (e na imprensa, que é a academia das multidões) o prestígio do juridicismo beletrista.

Se no passado recente o historiador-ensaísta e o sociólogo-encantador de palavras já haviam assediado o bacharel em sua trincheira jurídica, depois dos anos 1950 o economista passou a ser o vigário que abençoava os êxitos de cada fim de ano de governos tesamente armados para acelerar a Prosperidade Nacional, ou então, em caso contrário, que profligava sem voltar atrás os fracassos embalados por alguma taxa de inflação menos controlada ou por uma queda menos explicável na taxa de investimentos.

Cruel ironia essa: Celso Furtado é sóbrio no escrever; seu estilo, claro, se não cartesianamente, pelo menos cambridgianamente; segue mais a lógica do empírico que a do abstrato, cultivando paisagens menos geométricas e mais chegadas ao gosto caprichoso de oposições não simétricas, mas não por isso menos consistentes. E foi a partir desta matriz que veio a florescer o ritualismo economicista que nos atormenta, o barroquismo encaracolado com que as ciências sociais contemporâneas, a ciência política e mesmo o discurso cotidiano atual passaram a ser vergastados pelo "economês" e pela explicação "economística" de qualquer acontecimento social ou político de maior monta.

Mas seria injusto atribuir a Celso Furtado a culpa de suas virtudes. Ocorre apenas que ele foi o primeiro entre nós que recodificou com força nossa história à luz da "economia do desenvolvimento", que se tornou a coqueluche da nova intelectualidade. E foi ele também quem, depois de ter ajudado a elaborar a teoria da Cepal (Comissão Econômica para a América Latina, da ONU) sobre desenvolvimento econômico, aplicou-a ao Brasil e mostrou como e por que, à luz daquela teoria, o Brasil era um país subdesenvolvido.

O resultado dessa análise, no seu desenvolvimento histórico, encontra-se no livro que adiante se resume. Alguns capítulos dele se tornaram clássicos para o entendimento do Brasil e o livro em seu conjunto é de importância básica para quem quiser entender a evolução histórica de nossa economia.

Apenas para chamar a atenção do leitor sobre alguns dos muitos pontos da obra que merecem destaque, eu lembraria, por exemplo, que a explicação do funcionamento da economia do açúcar, feita por Furtado, não encontra precedente em nossa historiografia. Os papéis do capitalismo comercial e financeiro holandês, do fluxo da renda nas mãos de camada tão reduzida como a dos produtores locais, da retenção de parte importante dos excedentes no exterior, das importações de quase tudo (equipamento, mão de obra, alimentos, manufaturas etc.) consumindo o valor das exportações são descritos e explicados com maestria. É certo que a análise histórica do sentido da colonização já havia sido feita por Caio Prado; da mesma forma Alice Canabrava analisara a economia açucareira nas Antilhas, mas Furtado retomou esses temas e projetou-os num quadro estrutural mais amplo, mostrando como e por que o fluxo da renda da economia colonial percorria o circuito fechado que, ao mesmo tempo em que a tornara peça do mercado internacional, estrangulava-a na dependência comercial e financeira e estiolava seus efeitos locais pela concentração da renda em poucas mãos.

Com as mesmas ferramentas da análise estrutural-keynesiana, Celso Furtado lança-se à questão de saber por que os Estados Unidos se industrializaram no século XIX enquanto o Brasil permanecia agrário e se encaminhava para o subdesenvolvimento crônico. Com perspicácia, sem descartar as diferenças na estrutura social dos dois países, o autor mostra que só o comércio internacional poderia dinamizar uma economia periférica, à condição de que a renda gerada pelas exportações pudesse fluir para criar um mercado interno.

No caso brasileiro foi a economia do café, já nos fins do século XIX, que cumpriu esta função. Contrastando a economia cafeeira com a do açúcar, Furtado mostrou que a primeira foi impulsionada por homens com mentalidade nova: tinham experiência comercial e influíam nas decisões de políticas públicas para alcançar êxito econômico, como se viu notadamente no caso da imigração de estrangeiros para a lavoura do café.

Uma das teses centrais do livro é a de que foi a generalização do pagamento de salários no setor cafeeiro, depois da Abolição, que permitiu dinamizar o mercado interno, graças à redistribuição da renda em favor da mão de obra — tese que até hoje requer maior comprovação. Independentemente, entretanto, da aceitação desse ponto de vista, a análise da economia feita por Celso Furtado é brilhante. A defesa da renda dos cafeicultores dava-

-se tanto nos períodos de prosperidade econômica como nos de depressão. Quando os preços do café se elevavam, os cafeicultores retinham as vantagens, sob a forma de lucro; quando havia a queda do preço internacional do café, os fazendeiros e exportadores forçavam a depreciação da moeda, tornando as importações mais caras e defendendo o valor das exportações; como as importações eram consumidas pela massa da população e o valor das exportações permanecia nas mãos dos cafeicultores e exportadores, produzia-se o fenômeno que Furtado qualificou de "socialização das perdas", ou seja, de transferência dos prejuízos para o conjunto da população. Olhando-se o que ocorre hoje, quando as dificuldades financeiras dos grupos econômicos são socorridas pelo Banco Central,[2] vê-se que não foram apenas os cafeicultores que aprenderam a usar os cofres públicos e a política econômica para benefícios próprios: *plus ça change, plus c'est la même chose...*

A explicação da política de defesa da produção e do emprego, dada por Furtado, posta em prática depois da crise de 1929, também se tornou clássica. De igual modo, a análise relativa ao fortalecimento do mercado interno e ao crescimento industrial, hoje repetida por vários autores, teve, na época, um efeito que é difícil de avaliar. Tanto se repisou o argumento, e mesmo tanto foi ele corrigido e ampliado, que o leitor desatento pode até esquecer que, no caso deste livro, está em face do original e não de cópia. É esta a marca de toda grande obra que tem êxito ao ampliar a visão da história: vê-se reproduzida anonimamente, embora quase sempre empobrecida. Aconselha-se, por isso, a leitura do original, cujo resumo vem adiante.

A propósito de *Formação econômica do Brasil*[*]

Terminada a leitura de *Celso Furtado e a formação econômica do Brasil: Edição comemorativa dos 50 anos de publicação (1959--2009)*, assaltou-me a dúvida: o que acrescentar? A memória de Celso e sua obra mereciam um livro deste quilate. Não houve ângulo do *Formação econômica do Brasil* que deixasse de ser esquadrinhado. Mesmo seus trabalhos que antecederam este livro e outros que lhe foram posteriores encontram neste volume apreciações positivas e críticas que, no conjunto, valorizam a obra de Celso Furtado. Antes de me referir a alguns dos capítulos do livro, gostaria de acrescentar umas palavras mais pessoais.

Conheci Celso Furtado em 1963, quando ele voltara a dirigir a Sudene. Fui ao Recife, com um companheiro sociólogo, Leôncio Martins Rodrigues, para entrevistar alguns empresários locais,

[*] "Prefácio". In: Francisco da Silva Coelho; Rui Guilherme Granziera (orgs.). *Celso Furtado e a formação econômica do Brasil: Edição comemorativa dos 50 anos de publicação (1959-2009)*. São Paulo: Ordem dos Economistas do Brasil (OEB)/ Atlas, 2009, pp. 8-14.

pois estava escrevendo o livro *Empresário industrial e desenvolvimento econômico no Brasil*, que publiquei em 1964. Antes desse encontro, quando Celso Furtado foi ministro do Planejamento, eu o seguia cada vez que vinha a São Paulo. Da plateia, bebia cada palavra sua sobre o Plano Trienal. Celso — já famoso e referência para minha geração — recebeu-nos em seu modesto apartamento térreo, na praia da Boa Viagem. Para nossa surpresa conversou longamente sobre o tema que nos interessava, com uma paciência que não era de esperar de tão atarefado e importante personagem. Incitou-nos a que fôssemos ver o que estava ocorrendo no campo, pondo-nos à disposição um jipe que, noutro dia, levaria um casal de jornalistas iugoslavos para os lados do Engenho Galileia, terras nas quais imperava Francisco Julião. Dessa viagem resultou um "informe" do motorista às autoridades da polícia política, implicando a mim e ao Leôncio numa "trama" com jornalistas estrangeiros, altamente suspeitos... Estávamos, sem que adivinhássemos, à beira do golpe de 1964.

O golpe levou-nos ao Chile. Santiago não era para Celso Furtado desconhecida. Ele vivera vários anos naquelas terras no período inicial da Cepal. Era admirado e respeitado por seus colegas de jornada na formação da "escola estruturalista latino-americana". Os azares da vida fizeram com que eu tivesse a oportunidade, a partir de então, de conviver mais proximamente com ele. Vivemos na mesma casa por alguns meses, enquanto minha família não chegava a Santiago e ao longo do tempo em que Celso, antes de ir para Yale, morou no Chile. Repartíamos nossa frugalidade, Celso, Francisco Weffort, Wilson Cantoni e eu. E, sem ter o que dar, sugávamos a sabedoria de Celso num seminário que fazíamos sob o comando de Raúl Prebisch no velho casarão do Instituto Latino-Americano de Planejamento Econômico e Social, o Ilpes, na rua José Miguel Infante. O Ilpes era o domínio de Prebisch, depois de sua experiência na formação da Conferência das Nações Unidas para Comércio e Desenvolvimento, a Unctad. Ele era ao mesmo tempo assessor da presidência do Banco Interamericano de Desenvolvimento, o BID. Do alto de seu prestígio e competência, a cavaleiro dessas duas posições, Prebisch continuava sendo a grande figura inspiradora da Cepal, à qual o Ilpes era associado.

Foram meses preciosos nos quais fizemos uma reavaliação dos resultados intelectuais da Cepal. Além de Celso Furtado — figura dominante mesmo naquele cenáculo de ilustres pensadores — e de Raul Prebisch, que, com um brilho inesquecível no olhar e uma bonomia que encobria seu instinto de mando, comandava e resumia o resultado de cada sessão, estavam presentes Aníbal Pinto, José Medina Echavarría, Oswaldo Sunkel, Carlos Matus e, entre outros mais, os novatos no grupo, Francisco Weffort, Enzo Faletto e eu. Foi dos debates que se iniciaram neste seminário que, mais tarde, nasceu o livro que escrevi com Enzo Faletto, *Dependência e desenvolvimento na América Latina*.

Furtado nem sempre concordava com Prebisch e, quanto me recordo, tinha respeito intelectual também por Jorge Ahumada e por Regino Botti, economista cubano. Reviviam-se naquele seminário os primórdios da Cepal. Entre os temas havia o que se chamava de *la brecha*, ou seja, o desequilíbrio da balança de pagamentos e a escassez de divisas, gerando um estrangulamento nas contas externas, derivado da variação de preços e quantidade das exportações em confronto com as importações. Aníbal Pinto vinha com sua "heterogeneidade estrutural" e, raro na época, com as preocupações sobre o financiamento da Previdência Social e a oferta de proteção social. Sunkel esboçava as generalizações que fez depois sobre o funcionamento do que hoje se chamaria de economia global e da necessidade de um "impulso interno" para o crescimento econômico. Medina Echavarría corrige as tendências deterministas com seu ceticismo liberal, e Furtado, com senhorilidade, era visto por todos como o verdadeiro sucessor do *maestro*, Don Raúl.

A fala de Celso era como sua escrita, sóbria, poucas palavras para dizer o essencial, um Graciliano Ramos da economia (alguém anotou isso neste livro). Figura elegante, olhar penetrante, sabedor de suas qualidades intelectuais e físicas, um tanto reservado, atraía a atenção de todos, homens e mulheres. Não diria que "pontificava", porque Celso nunca foi presunçoso nem pedante, mas a força de sua presença, a precisão de seus comentários, distinguia-o de todos. Isso sempre junto a uma frugalidade marcante no modo de viver.

Desta época em diante convivi com Celso Furtado até que os caminhos da política me levaram a militância distinta da que ele praticava no PMDB e, mantida a amizade, nos encontramos menos no cotidiano. Em Paris, quantas vezes jantamos juntos, sós ou com outros amigos, sendo Luciano Martins, querido amigo de ambos, parceiro constante. Passei férias, junto com Ruth, em sua casa da Rue de la Brosse, perto da Halle aux Vins. Duas vezes hospedou-se em meu apartamento de Brasília quando eu era senador. Como intelectual de mente aberta e com incrível capacidade para estruturar quadros de referência e situar os acontecimentos, em minha longa experiência de lidar com professores, pensadores e políticos, se vi outros iguais, foram pouquíssimos.

Junto com alguns de seus colegas de geração, como Hélio Jaguaribe, Furtado foi uma figura como as que existiam no Renascimento: seu olhar humanístico abrangia muito mais que um campo específico da economia. Este modo de abordar as ciências sociais foi se formando desde o aprendizado na França.

Um dos capítulos mais interessantes deste livro foi escrito por Alain Alcouffe, analisando as influências cruzadas dos economistas franceses na formação de Furtado. Na época foi marcante a influência de Braudel, o grande historiador da École des Annales, e também professor da USP. De igual modo como marcaram gerações os trabalhos de Henri Pirenne ou de François Perroux. Furtado assimilou as contribuições desses mestres, bem como a de seu orientador de tese, Maurice Byé. Por trás de alguns desses autores, especialmente de Perroux, havia a sombra de Schumpeter, com a ênfase no papel das inovações, das técnicas e dos ciclos de investimentos. Perroux "historicizou" e deu abrangência global a suas abordagens: sem a análise da dominação e da desigualdade nas relações internacionais, não se entenderiam as características do capitalismo contemporâneo. Henri Pirenne abrira o caminho na História para tais interpretações. Sem um planejamento, ainda que indutivo, acrescenta Perroux, a concentração regional e funcional da renda manteria as desigualdades dentro dos países e entre os países.

Este ensaio que trata de seus primeiros trabalhos é muito interessante, pois mostra que Furtado, antes de sofrer a influência da Cepal, já tinha de onde haver haurido ideias estruturalistas. A citação que Perroux faz de Sombart, na *Enciclopédia das ciências sociais*, é particularmente esclarecedora. Nela o capitalismo é descrito como um sistema de trocas entre mercadorias, sem maiores considerações sobre o valor de uso delas. Perroux vê no lucro um desequilíbrio entre valor produzido e valor apropriado, sem mencionar nada de semelhante à "mais-valia" ou ao processo produtivo no qual se assenta a exploração da força de trabalho. Deixa na sombra Marx, o grande revelador dos segredos do capitalismo. Será diferente nas análises de Furtado?

Não creio. É difícil dizer que o "historicismo" de Furtado ou seu estruturalismo advieram, ainda que por intermédio dos autores franceses, da influência de Marx. A noção de desenvolvimento desigual e de dominação de grupos e classes, assim como de nações, salta à vista nas contribuições de Perroux, mas sem passar por Marx. É dentro do próprio capitalismo que os autores que mais influenciaram Celso Furtado vão buscar solução para os problemas do desenvolvimento. Ninguém apela a nenhuma superação, ao socialismo: "a economia de mercado entre as nações não pode ser salva senão por uma intervenção apropriada da economia dominante, principal e imediata beneficiária da economia de mercado", é como Alain Alcouffe resume a visão de Perroux. Furtado sofreu, é certo, além do impacto da bibliografia francesa e das elucubrações cepalinas, o impacto de Keynes, que fora grande também em Prebisch, mas, se houve influência de Marx, ela foi posterior às obras fundamentais de Furtado sobre a formação da economia brasileira.

Embora Luiz Carlos Bresser-Pereira, no capítulo que escreveu sobre a teoria econômica em Celso Furtado, diga que o modelo por ele adotado é tanto keynesiano quanto marxista, não se pode afirmar que sua interpretação seja dialética. Nem mesmo se reduzirmos a compreensão da dialética ao ciclo de inovações e de sua difusão, o que seria um procedimento schumpeteriano, mas não necessariamente marxista. Na verdade Furtado não se resume à perspectiva de Schumpeter, como ressalta o próprio Bresser na parte final de seu interessante capítulo. Apavorado com as desigualdades e com a concentração da renda que dificultariam ou mesmo impediriam a formação do mercado interno, Furtado ultrapassa a visão do economista e vê na política o desafio para mudar os padrões econômicos que acentuavam as desigualdades entre as classes e as nações. Mais ainda, em seus escritos posteriores à década de 1970 há um pessimismo difuso que decorre de um tipo de crítica cultural-civilizatória: o estilo de capitalismo consumista, à moda dos Estados Unidos, não se pode generalizar, sob pena de tocarmos nos limites das possibilidades de uso racional dos recursos naturais. Daí a modernidade de Celso Furtado.

Nas análises de nosso autor há muita lucidez. Bresser-Pereira ressalta ainda que a própria ideia de desenvolvimento econômico é social e historicamente definida: "É a elevação do nível material da vida na forma como determinada sociedade o define partindo de uma escala de valores que reflete o equilíbrio de forças que prevalece nessa sociedade", diz texto de Furtado de 1975. Isso, que é boa sociologia, não é, em si mesmo, marxismo. É repúdio de um economicismo e pode ter derivado da influência de qualquer dos autores mencionados que ajudaram a formação intelectual de Furtado. No caso do Brasil e dos países subdesenvolvidos, a imensa massa de trabalhadores disponíveis reduz as possibilidades para que o avanço tecnológico tenha efeitos positivos no equilíbrio de forças prevalecente na sociedade. É este o miolo da questão: a oferta ilimitada de mão de obra retida na economia de subsistência e nos setores "desocupados" barateia a força de trabalho, não induz aperfeiçoamentos tecnológicos que a poupem e freia os avanços distributivos que o aumento de produtividade poderia permitir. Daí um certo pessimismo de Furtado sobre se existiria um verdadeiro "desenvolvimento" enquanto esta situação permanecer. Pior: mesmo quando ela começa a mudar (e muda quando o assalariamento capitalista se expande), induz mais ao consumo conspícuo das classes dominantes (e à importação de bens de consumo de luxo) do que ao consumo das massas.

Há, portanto, uma visão crítica do capitalismo, pelo menos de seus efeitos na Periferia. Assim como pode haver elementos de "nacionalismo" ou de "eficientismo", como caracteriza Bresser-Pereira, mas não de marxismo. Para corrigir as desigualdades estruturais, Furtado não tinha dúvidas em valorizar o planejamento e a intervenção estatal tópica. Tudo isso "com moderação", como acentua Bresser-Pereira. Mas seu ângulo de análise não é o do Capital e o do desenvolvimento de suas formas. Furtado a cada instante subjetiviza a análise e culpa as elites pelos desvios das boas práticas, entra em ondas de pessimismo, vê tendências à estagnação e obstáculos ao mercado, como, por exemplo, no caso dos trabalhadores imersos na economia de subsistência (no Nordeste), que não responderiam aos estímulos de mercado graças aos liames de dependência e favorecimento que os ligam aos dominadores.

É por este motivo que Fernando Pedrão, em texto provocativo que escreveu a respeito do Nordeste e da Sudene, diz:

> A teoria do desenvolvimento de origem keynesiana não distinguia entre a análise consolidada das fábricas e a análise das empresas, pelo que não via a indústria como um reflexo do movimento geral do capital onde as opções industriais e as dos demais setores são interdependentes.

Na visão de Pedrão, Celso Furtado teria preferido oferecer um plano de incentivos para manter a estrutura de produção industrial já existente a

> criar novos estilos de produção industrial e industrializada, que surgem como negação das formas de acumulação que foram empreendidas no início do século xx. A proposta de industrialização da Sudene pautou-se ainda pelo velho estilo de atrair indústrias e de apoiar projetos novos de velhas empresas regionais tornando-se uma contradição com o delineamento da política regional, que clamavam por uma reestruturação da política regional em seu conjunto.

Sem que eu necessariamente endosse as críticas de Pedrão, é inegável que, no raciocínio de Celso Furtado, as questões da demanda agregada e dos incentivos governamentais primam sobre a análise dos desdobramentos dos movimentos do Capital à maneira da dialética marxista.

No seu texto, Tamás Szmrecsányi esmiúça a *Formação econômica do Brasil*, refaz seu percurso e vê os desdobramentos de suas interpretações. Chama a atenção o zelo com que Tamás reconstrói a escritura de Furtado e a insistência com que defende o método histórico adotado e a base empírica das análises. Como se refere mais ao livro *A fantasia organizada*, de 1985, percebeu com agudeza que Furtado, diante da precariedade dos dados disponíveis, utilizava a imaginação em algumas de suas interpretações. Não dispensava, porém, sua validação, ainda que para isso dispusesse apenas de fragmentos informativos. Sem ser propriamente um historiador (creio que Tamás Szmrecsányi discordará desta apreciação), utilizou a história da maneira como os sociólogos ou economistas podem fazê-lo, substituindo a falta de dados pela imaginação congruente com o desenrolar histórico. Em caracterização mais elegante Maurício Coutinho (que escreveu um ensaio central para a compreensão de como Furtado encarava a questão cambial) diz que Furtado fazia "esquemas de abstração da história". Conceito que ressalta, de outro modo, o mesmo que Tamás Szmrecsányi assevera.

Não seria possível nem necessário resumir neste prefácio cada um dos ensaios da obra. Mas quero mencionar ainda duas vertentes que me parecem interessantes. A primeira diz respeito ao esforço feito para desvendar as relações entre a obra de Furtado e a de dois outros importantes intelectuais brasileiros, Caio Prado e Roberto Simonsen. O ponto de partida do texto de André Tosi Furtado sobre Caio Prado é correto: a contribuição de Caio Prado não se limitou a "uma interpretação marxista" de nossa história. Trata-se de uma visão original, baseada no conhecimento do capitalismo comercial português, analisado na inteireza de sua formação social. Embora caracterizado por seu sentido "predatório", instaurou uma economia capitalista no Novo Mundo, ligada ao comércio mundial. O predomínio da grande propriedade e da escravidão na produção da cana-de-açúcar foi a marca original da monocultura escravista de exportação. Do primeiro livro importante de Caio, o *Formação do Brasil contemporâneo*, até às análises de Furtado sobre a economia mineradora o autor do capítulo mostra que houve uma evolução na análise. Mais e mais Furtado vai se interessar pelos efeitos dos fluxos diferenciais de renda na economia açucareira e na mineradora, gerando complexos sociais distintos em cada uma dessas situações. A produção mineira permitiu maiores encadeamentos internos e menores coeficientes de importação. Esta evolução continuou até chegar-se à produção cafeeira, que permitiu que o país começasse a romper o padrão anterior.

Assim, se Caio Prado nos dá o painel de uma economia comercial-exportadora, Furtado desenha com mais nitidez as transformações internas da economia brasileira desde o período colonial. Mais ainda, desvenda alguns mecanismos específicos da sociedade escravista brasileira comparando-a com a norte-americana. E, sobretudo, põe ênfase naquilo que passou a ser seu tema preferido: a formação do mercado interno pós--Abolição e a dinâmica que poderia levar à industrialização e ao desenvolvimento. Ressaltou as diferenças entre a produção propriamente colonial e a cafeeira, pois nesta última houve mudanças como consequência da redução da oferta de mão de obra e, depois, da importação de imigrantes. Essas mudanças levaram à transformação de todo o complexo social produtivo. Por isso, influenciado por Caio Prado, Celso Furtado escapou de alguns simplismos, como, por exemplo, o de um enfoque culturalista, ou de outros pontos de vista muito presos ao condicionamento geográfico, quando não ao racismo. Sem deixar de dar ênfase ao circuito exportador, mola da economia colonial e da dependente, Furtado mostra como o assalariamento e o encadeamento de elos da economia cafeeira para outros tipos de atividade geraram um dinamismo interno que abriu espaço para uma nova economia. O próprio efeito do capital estrangeiro é visto por Caio Prado de modo mais limitado, enquanto Celso Furtado o vê no circuito das relações internacionais. Estas são desiguais, por certo, mas não por isso o capital estrangeiro tem um papel menos significativo, pois é parte da engrenagem que liga a economia nacional ao comércio internacional.

Quanto a Simonsen, é inegável que seu livro fundamental, a *História econômica do Brasil*, de 1937, serviu de base para muitas das análises de Furtado. Ao elaborar suas interpretações na *Formação econômica do Brasil*, em Cambridge, Celso lança mão dos dados e de algumas interpretações de Simonsen, cujo livro é mais de vinte anos anterior à redação da *Formação*. Mas não se baseia, como o autor paulista, na abordagem comum da época, a dos ciclos: o do pau-brasil, da cana, da mineração, do café. Simonsen, é verdade, registra que a produção cafeeira não constitui a repetição das características de um mesmo ciclo. Pelas razões já mencionadas, a economia cafeeira mudou as perspectivas de funcionamento da economia primário-exportadora. Sendo ele próprio industrial e proponente da industrialização como forma de ruptura com a economia primário-exportadora, chamou a atenção também para a necessidade de políticas econômicas indutoras do desenvolvimento. Nesse sentido foi precursor, fonte e referência para Furtado. Entretanto, os dois autores diferem na motivação de suas análises e na avaliação das consequências do "industrialismo". É mérito do ensaio escrito por Flávio Azevedo Marques de Saes mostrar que, embora partindo de enfoque semelhante ao de Simonsen, Furtado se preocupou mais com a concentração regional da renda, com a baixa produtividade que a abundância de mão de obra causava e, sobretudo, com o que seria a tendência ao aumento da pobreza e da desigualdade produzida pelas distorções do comércio internacional em situações estruturais de dependência. Simonsen é mais otimista quanto aos efeitos positivos da industrialização e chega a ver nesta o antídoto ao comunismo, que era a ameaça da época a seus olhos. Só tardiamente inseriu suas análises numa perspectiva na qual as relações econômicas internacionais e a assimetria nelas vigente contavam.

Furtado, como Azevedo Marques mostra em páginas esclarecedoras sobre seu pensamento político, é menos otimista quanto à redução da pobreza no subdesenvolvimento, mesmo com a industrialização (dadas as desigualdades regionais e a heterogeneidade estrutural). Por outro lado, era enfático em crer na possibilidade de uma conciliação entre desenvolvimento, mitigação da pobreza e manutenção de valores democráticos. Rechaçava a gangorra entre menos liberdade e mais prosperidade. Reconhecia os resultados pouco animadores das políticas econômicas prevalecentes (mesmo com a industrialização nascente) e clamava por padrões de desenvolvimento mais igualitários, dentro dos marcos da democracia.

A última vertente que quero abordar diz respeito a dois pontos da segunda parte do livro. O primeiro é a apreciação conjunta dos três trabalhos de Celso Furtado: sua tese de doutorado sobre *Economia colonial no Brasil nos séculos XVI e XVII* (de 1948); *A economia brasileira* (de 1954); e, finalmente, a *Formação* (de 1958). Em interessante síntese dos três trabalhos, João Antônio de Paula relê os três livros de Furtado como complementares. A partir dessa leitura conclui haver *determinantes estruturais*, postos pela situação periférica da economia brasileira, e *elementos contingentes* (estrutura do capital e da riqueza, distribuição da renda, progresso tecnológico) que se relacionariam dialeticamente. Pode ser. Mas tratar-se-ia de uma dialética sem sujeitos históricos, uma dialética movida por categorias econômicas abstratas. Esse tipo de interpretação pode ser compatível com a apreciação que João Antônio de Paula faz de Celso Furtado quando diz que *Formação econômica do Brasil* não é um livro de história econômica, senão que uma reconstrução global da formação econômica do Brasil a partir da aplicação de uma "certa teoria econômica aos aspectos históricos subjacentes à realidade" (citando o próprio Furtado). Ocorre que esta "certa teoria econômica" é a teoria da Cepal, onde a "dialética" entre o Centro e a Periferia também entrou em consideração, mas sem fundamentos propriamente marxistas.

Termino observando que, se as contribuições dos estudos históricos e regionais mais recentes obrigam a corrigir um ou outro ponto, o esquema geral das análises de Celso Furtado permanece vigoroso. Tanto o apanhado geral sobre o caso nordestino, escrito por Fernando Pedrão, como os capítulos sobre o Brasil meridional (escrito por Pedro Cezar Dutra Fonseca), sobre o Maranhão (de Regina Helena Martins de Faria) e a excelente revisão produzida por Flavio Rabelo Versiani sobre "Trabalho livre, trabalho escravo, trabalho excedente: mão de obra na FEB", bem como a já referida comparação entre a situação brasileira e a norte-americana feita por Rui Guilherme Granziera, são testemunhos do quanto avançou nossa bibliografia baseada em pesquisa mais sofisticada e com foco mais específico em processos e regiões. Tenho certeza de que Celso Furtado, se lesse esses capítulos, ainda que visse que num ou noutro ponto haveria que rever o que escrevera, teria a dupla satisfação de ver que seus insights e suas análises continuam a iluminar as interpretações atuais e que houve imenso progresso em nossa produção acadêmica.

RAYMUNDO FAORO

RAYMUNDO FAORO

Os Donos do Poder

FORMAÇÃO DO PATRONATO
POLÍTICO BRASILEIRO

EDITÔRA GLOBO
RIO DE JANEIRO — PÔRTO ALEGRE — SÃO PAULO

Um crítico do Estado: Raymundo Faoro[*]

Raymundo Faoro é referência obrigatória para quem quiser entender o significado do patrimonialismo na evolução sociopolítica do Brasil. Não foi o único autor que se dedicou ao tema, mas terá sido um dos poucos, ao lado de Sérgio Buarque de Holanda, que, ao analisar nossa história, não se deixou enredar na mística gerada pelo próprio Estado: a de que ele seria a melhor, se não a única, mola na formação nacional. Que se trata de mola fundamental, disso há pouca discordância; que não foi a única é opinião que os mais exaltados defensores do predomínio estatal custam a reconhecer. Mas que, independentemente de sua importância, o Estado não seria "bom em si mesmo" é mais raro de ver entre analistas do que se costuma chamar de "a formação do Brasil". Tão abrangente e persistente foram os efeitos da ideologia patrimonialista e tão vital foi o papel do Estado na sociedade brasileira que é difícil manter o olhar crítico. Esta talvez seja a

[*] Texto inédito, escrito em março de 2013.

maior virtude de Raymundo Faoro: sua persistência na crença democrática e em compreender a importância do liberalismo como contraponto ao roldão que o culto ao Estado representa entre nós. Isso, diga-se, na pena de alguém que soube desvendar a importância efetiva que a burocracia e o Estado jogaram desde a época da Monarquia portuguesa até aos dias republicanos atuais e que, a meu ver, chegou a exagerar o peso e a persistência do que ele chama de "estamento burocrático" na vida brasileira.

Na reedição revista e ampliada de *Os donos do poder*, publicada em 1975, rendendo-se embora às evidências do papel crescente do Estado, reforçado no período Vargas e mais ainda pelo autoritarismo militar vigente na época em que escreveu a revisão, Faoro continuou valorizando as pressões democratizadoras vindas da base da sociedade como contraponto à realidade patrimonialista. Reconhece o predomínio desta, quase elege o "estamento burocrático" em motor da história brasileira, mas não o desvincula do jogo das classes nem se resigna com a marginalização crescente dos impulsos liberais e democráticos. Sem que seja explícito, deixa entrever certa nostalgia dos ideais americanos do *self government* temperados com pitadas de social-democracia.

A releitura de *Os donos do poder* é um bom antídoto para evitar que a paixão pelo Estado confunda a eventual modernização progressista, mesmo que autoritária, com os melhores interesses populares e com a democracia. Na verdade a predominância burocrático-estatal mais leva água ao moinho do conservadorismo tradicional do que representa um avanço na democratização das instituições e da sociedade. Entre nós, contudo, custa muito fazer prevalecer o papel da sociedade civil e valorizar como progressista uma visão democrática não autoritária. E custa mais ainda aceitar o lado positivo da tradição liberal que valoriza a cidadania, o respeito às leis e o repúdio ao arbítrio inerente à cultura do populismo paternalista. O empreguismo e a aceitação das estripulias praticadas pelos detentores do poder estatal em nome do interesse nacional e popular acabam por facilitar a persistência do pior de nossa tradição, o patrimonialismo. Este se afina mais com o personalismo autoritário, confunde a vida privada com a pública, além de gerar arbítrio e corrupção, como se depreende da leitura de *Os donos do poder*.

OS FUNDAMENTOS DA INTERPRETAÇÃO

Apoiando-se conceitualmente em Max Weber, Faoro mostra como a dinastia de Avis transformou o patrimonialismo tradicional, baseado nas prerrogativas do senhor de terras, em patrimonialismo estamental. O que antes se baseava na relação entre família e propriedade da terra e poderia ter se desenvolvido como um tipo de feudalismo, criando uma hierarquia entre senhores, avassalando uns aos outros, modifica-se com a centralização política. Com os Bragança se consolida o novo sistema de poder. As forças produtivas ao se expandirem, em lugar de abrigarem práticas sociais próprias do mercado livre, dão lugar a monopólios reais. A estes se junta uma burocracia que sustenta o poder monárquico. A "nobreza" que se forma a partir de então é criada pela nobilitação de funcionários leais ao rei — aos quais se concedem favores e terras — ou pela incorporação dos antigos proprietários que se submetem à ordem monárquico-burocrática e dela também recebem favores.

A forma de dominação burocrático-estamental sob centralização monárquica não impediu o avanço do capitalismo comercial. Apenas, diferentemente do que ocorreu na Inglaterra, onde houve uma transição feudal-burguesa, em Portugal a racionalização requerida para o avanço do capitalismo se deu com o predomínio da tutela monárquico-burocrática. Era essa quem racionalizava as normas de direito, criava os monopólios e outorgava concessões reais, assim como monetizava os favores, por intermédio de pensões e vencimentos previsíveis. Racionalização que era mais exterior, formal, do que substantiva, com a intromissão da Casa Real nos negócios de uma economia regulada de cima. Cresceu o comércio, mas não se desenvolveu a empresa produtiva mais puramente capitalista, assegurada pela impessoalidade do mercado e pela vigência do direito racional. O capitalismo financeiro também ficou inibido em Portugal com a contínua proibição da usura, da qual se livrava apenas o Tesouro Real, sempre carente de fundos.

Criava-se assim um Estado monárquico centralizador, monopolístico, baseado em códigos de direito que ele próprio definia, portanto, com escasso grau de racionalidade mais ampla, com a economia sendo animada por uma classe comercial tutelada pela burocracia monárquica. Um capitalismo de Estado controlado pelo estamento burocrático com o propósito de servir aos objetivos maiores da Coroa: a dilatação da fé e a conquista do Império. O contraste com as sociedades democraticamente organizadas é imediato: enquanto nestas a camada dirigente é um *reflexo* do povo, em Portugal (melhor, na península Ibérica) o estamento burocrático é *autônomo* da nação. Reafirmando sua perspectiva, diz Faoro:

> Em virtude deste fenômeno — que estrutura a tese central deste estudo — o Estado projeta-se, independente e autônomo, sobre as classes sociais e sobre a própria nação. Estado e Nação, governo e povo são realidades diversas, que se desconhecem, e, não raro, se antagonizam.[1]

Características estas que, no dizer de Faoro, atravessam o período monárquico português para alcançar o Primeiro e o Segundo Reinado.

O crítico mais severo poderá ver nestas palavras uma interpretação que desliza para o enaltecimento do Estado e da burocracia como os verdadeiros fautores da história, o que é, no mínimo, um exagero. A trama entre Estado e burocracia, por um lado, e sociedade civil, classes e mercado pelo outro é mais complexa, sendo difícil admitir uma autonomia tão forte entre um dos dois polos do binômio. No decorrer do livro não falta a Faoro a argúcia para se dar conta disso. No afã de convencer o leitor de sua tese, contudo, a reafirmação da síntese leva-o a palavras que escondem o que está sendo contraditado pelas análises.

OS REFLEXOS DO PATRIMONIALISMO NO NOVO MUNDO

Faoro mostrou, não sem razão, que a própria empresa colonizadora, depois da descoberta, menos do que um empreendimento econômico foi uma ocupação territorial com objetivos políticos. As capitanias gerais, embora a Coroa distribuísse terras aos sesmeiros para serem cultivadas, eram na verdade repartições administrativas nas quais o poder real se fazia presente pelo sesmeiro que era capitão-geral. A exploração econômica se organizava por meio de concessões de um monopólio real, ainda que o beneficiário pudesse vir a ser, como ocorreu com o pau-brasil, um judeu converso, no caso Fernão de Noronha. As próprias expedições comerciais marítimas, autorizadas pelo rei, viajavam acompanhadas de tropas: o Estado absolutista monárquico não deixava de se mostrar.

A conquista e a colonização se fizeram sob estrito controle de regras muito detalhadas. A colonização era mais obra de interesse político do que empresa capitalista; menos do que promover a agricultura ou qualquer atividade do gênero, o que se queria era garantir a posse e o controle do território contra invasores. "O capitalismo de Estado, diretamente pelos privilégios, isenções e doações, e indiretamente pela política fiscal, a tudo provia."[2] Nem se tratava de feudalismo, nem propriamente, como ocorreu com os ingleses na América do Norte, a tarefa de ocupar e colonizar foi entregue aos capitais particulares, à iniciativa privada, sem agenciamento nem regulações estatais.

Faoro não vê no latifúndio as bases para uma dominação "feudal". Se esta já não existia em Portugal, menos ainda no Brasil, onde a concessão de grandes tratos de terra vinha junto com a assunção de responsabilidades em nome do rei. Mais tarde, quando o capitalismo agrário se desenvolveu, sobretudo com os engenhos de açúcar à base da escravidão, os agentes reais, o fisco, e os controles de toda ordem deixaram bem marcadas as características de um capitalismo de Estado, sobreposto à empresa escravocrata-capitalista:

> A natureza do empreendimento da colonização brasileira não pode ser confundida com a organização feudal. Não deverá desvirtuar a análise o fato de estarem os núcleos da lavoura esparsos, e os engenhos espalhados pelo território vasto. Eles não se desenvolveram, nem se criaram por impulso próprio; obedeceram a um plano público, que porfiou em estabelecer-se com o controle e vigilância dos agentes reais.[3]

Estamos distantes da visão de Oliveira Vianna, que via na dispersão geográfica e no isolamento dos núcleos econômicos o risco da dispersão e clamava por um Estado que os unificasse. Este, para Faoro, fora congênito à descoberta, atravessara o primeiro século da colonização e entrara no segundo, tão ativo e ávido de impostos que gerou descontentamentos políticos.

À fase das capitanias hereditárias se seguiu um período de maior centralização do poder monárquico. A criação de vilas e a formação de conselhos — sempre definidas por alvarás e regras reais muito estritas — obedeceram menos a impulsos autonomistas locais do que aos interesses da Coroa. Os conselhos eram encarregados do recolhimento de tributos, tornando-se, portanto, caudatários do fisco. Os fundadores das vilas levavam o título de capitão-mor regente, a indicar o fato de serem agentes do rei. O impulso autonômico que alguns conselhos poderiam abrigar (as câmaras ficavam com dois terços da arrecadação e o outro terço ia para o Erário Real) foi se perdendo no decorrer do século XVII, com a crescente subordinação de todos à autoridade real:

> Com a centralização, [os conselhos] perdem a soberania, transformando-se em departamentos executivos. Assimilam-se — ou são assimilados — à autoridade real, que, por meio deles, governa e administra, estendendo-se pela vastidão do sertão. A autonomia municipal, estimulada por motivos fiscais, é esmagada pelo fiscalismo.[4]

Faoro concorda com Caio Prado quando afirma que a economia colonial era um "negócio do Rei". Negócio, é bem verdade, que estava assentado no latifúndio e na escravidão e era regulado e espoliado pela Coroa, embora não dispensasse o braço comercial, fresta pela qual entrava algo do espírito capitalista, conquanto nada do feudal.

A figura que vai se justapor e até certo ponto ameaçar as bases do capitalismo burocraticamente tutelado é a do "caudilho". Este, à imitação do que poderia ter sido o capitalista inovador para Weber, digo eu, se contrapunha às tendências burocratizantes e rotineiras, quebrando o modelo estritamente legalista. É a partir deste tipo social, o caudilho, que se formam os "bandeirantes": verdadeiras ameaças à disciplina monárquico-burocrática. Enquanto no litoral a figura do governador-geral e, mais tarde, a do vice-rei mantêm intacto o espírito da monarquia burocrática, no interior os "paulistas" — verdadeira "aristocracia militar" que, no dizer de nosso autor, antecipa em dois séculos a aristocracia de guerreiros do Sul — impõem seu poder sem respeitar a hierarquia burocrática. Pedem ao rei e obtém dele enormes tratos territoriais. De posse deles, atuam, entretanto, discricionariamente, sem respeitar os interesses da Coroa. Violentos e atropeladores de tudo que se antepunha a seus interesses, os bandeirantes são os novos conquistadores que trazem o espírito de iniciativa que se contrapõe à rotina dos administradores reais.

Já no século XVIII, descobertas as minas de ouro, este germe de autonomismo se oporá às derramas fiscais, à sede insaciável da Coroa por mais ganhos à custa do esforço dos desbravadores e dos "nativos" em geral. Até então a Coroa fazia vista grossa para não se antepor à ação dos que, bem ou mal, alargavam seus domínios. Com o ouro abundante, entretanto, a pressão fiscalista aumenta e as insurgências nativistas, juntando ricos senhores de terras ou de minas, às vezes aliados às camadas mercantis, passam a ser uma dor de cabeça para o distante Poder Monárquico. A Coroa cria novas capitanias (São Paulo, Minas Gerais, Rio Grande do Sul e Santa Catarina, além de enviar batalhões para controlar as minas de Goiás e Mato Grosso) e aumenta o controle administrativo, de tal forma que as classes locais nunca enxergaram no Estado um aliado, ou um representante de seus interesses, mas um algoz. Insurgem-se os mineiros com Tiradentes, e o mesmo fazem os pernambucanos, forçando a Coroa a vincular-se aos comerciantes de Recife contra os produtores de Olinda. Esmaga-se, assim, aos poucos, o espírito autonomista que nascera com o tipo especial de caudilho que se formara no Brasil, o dos "paulistas", com suas entradas, e o dos latifundiários com seus escravos, que só renascerá mais tarde quando da "arrancada da Independência".[5]

Faoro faz uma análise detalhada da administração colonial, desde o tempo das capitanias hereditárias até aos governadores-gerais e ao vice-rei, título dado ao governador-geral do Rio de Janeiro. Apesar do pomposo título o vice-rei não exercia poder sobre os outros governadores, os quais acumulavam as funções de chefe das forças militares e de presidentes de todos os órgãos colegiados da província. Estas se subdividiam em departamentos, e obedeciam em conjunto ao governador, a quem, como está escrito na carta patente dada pelo rei ao conde de Cunha (1763), se deveria obedecer como se suas ordens fossem as d'el-rei. Os governadores podiam se fazer assessorar por juntas, mas sua subordinação hierárquica se dava diretamente ao Conselho Ultramarino de Portugal, que decidia como melhor servir aos propósitos reais. Para azeitar esta máquina burocrática hierarquizada e para melhor ligá-la às sociedades locais, funcionava o sistema de nomeações para empregos públicos, de pensões concedidas e favores de toda ordem, como habitual nos sistemas patrimonialistas.

Não devemos esquecer que à burocracia civil se juntavam as hierarquias paramilitares, os antigos terços transformados em milícia. O oficialato destas — o capitão-mor, que no quartel das milícias correspondia aos coronéis da tropa de linha, e o sargento-mor, que correspondia aos majores ou aos tenentes-coronéis — era escolhido pelo governador de listas tríplices indicadas pelas câmaras. Formava-se assim outro canal de ascensão e reconhecimento social e, ao mesmo tempo, de subordinação das elites locais ao rei. Mesmo alguns antigos caudilhos acabaram por ser incorporados a este corpo mais disciplinado de servidores do rei. A incorporação e as promoções nesta milícia se davam, naturalmente, por intermédio do jogo de pistolões e favores característico desse tipo de ordenação social. E assim foi até 1831, quando as milícias foram extintas, sendo substituídas pela Guarda Nacional, que cumpriu papel semelhante àquelas até a República.

A análise que Faoro faz da estrutura social da Colônia merece referência. Ele escapa ao dualismo simplificador de proprietários de terra e escravos — tão criticado por Jorge Caldeira em sua *História do Brasil com empreendedores* — para mostrar (servindo-se uma vez mais de referências conceituais de Weber) que, além da classe que ele chamou de *proprietária*, havia a classe *lucrativa* composta de financistas, prestamistas a juros, comerciantes, exportadores etc. Refere-se também a um campesinato composto de pequenos proprietários, a profissionais liberais e, naturalmente, aos pobres livres, além dos escravos. A importância econômica, social e política dessas camadas variou no tempo. Ora os membros da classe lucrativa se transformam em proprietários de terras, embora em geral absenteístas, ora são eles que subordinam os proprietários, dadas as agruras da agricultura, que requer financiamento e mecanismos comerciais para a exportação.

O que não varia durante o período colonial é a relação que cada uma das camadas estabelecia com a Monarquia por intermédio dos segmentos burocráticos, nem o afã daquela de manter mecanismos de "nobilitação" e incorporação dos colonos mais importantes aos quadros hierárquicos do Império. Assim, para poder ser votado e participar dos conselhos das vilas e cidades, além de auferir certa renda, era preciso ser aceito no Livro de Nobreza existente nos senados das câmaras. Do mesmo modo era importante dispor do apoio da Coroa para ganhar as pendências constantes entre proprietários e lucrativos. Estes últimos, à medida que a economia da Colônia prosperava, se tornavam moradores dos sobrados, que faziam frente às casas-grandes. O apoio da Coroa aos comerciantes na Guerra dos Mascates é exemplo disso, assim como o fato de, já sob Pedro I, a Coroa ter se jogado em favor do partido dos comerciantes, dos "portugueses" como se dizia, em choque aberto com os nativistas que queriam a Independência:

> O estamento burocrático, que de Portugal se estendera ao Brasil, ganha incremento com o enriquecimento da burguesia urbana. Não se integrou esta naquele, senão que o reforçou, ajudando-a a burocracia com as fontes de negócio (contratos, privilégios, arrendamentos, fornecimentos) que lhe propiciava. Enquanto os empresários agrícolas, afirmando-se como rendeiros, abandonavam a classe lucrativa para se integrarem na classe proprietária, que aspirava evoluir para o estamento feudal, como estratificação própria hostil à burocracia e à sua camada original, o comércio percorria caminho oposto. Fiel a sua classe, agrupava-se em torno do estamento burocrático, procurando nele ingressar seduzido pela fascinação que lhe despertava, com a entrega de seus filhos. Muitos dos membros da burguesia comercial eram "cristãos-novos", cujos filhos transformavam Coimbra em "covil de heréticos". [...] A Colônia conheceu forte conflito social, latente e aberto, entre os senhores territoriais, cuja concepção de vida se aproximava do espírito feudal, liberal e descentralizador, e a classe mercantil.

A tal ponto que "Diante dele desaparecem as pequenas rebeliões interiores das classes, entre dominados e senhores, como as rebeliões negras e as resistências dos indígenas à escravização".[6]

Em suma, por mais que os latifundiários transformados em agricultores e senhores de escravos quisessem se liberar do capitalismo de Estado burocrático, que servia de base ao Império português, jamais tiveram força, até a Independência (menos ainda quando d. João VI se deslocou para o Rio), para impor a característica fundamental da sociedade colonial: esta sempre foi moldada pelo Estado imperial e burocrático. O quadro de tensões se aguçou com a volta de d. João VI, quando os senhores de terra passaram a se opor mais diretamente aos conchavos entre a burguesia mercantil e a burocracia imperial. Havendo regressado o rei a Portugal, as lutas prosseguiram entre "comerciantes" aliados ao Paço Imperial e os autonomistas que refletiam os impulsos mais liberalizantes, apoiados pelos senhores de terra, pela intelectualidade e pela chusma urbana. Esses grupos contaram no impulso antimonarquia autocrática com a adesão dos bacharéis regressados de Coimbra, contaminados por ideias liberais e pelos efeitos da Revolução do Porto de 1820, também de acento liberal. O sentimento autonomista brasileiro era recente e englobava desde o liberal Feijó — que até pouco tempo antes da Independência falava exclusivamente em nome de sua província sem sustentar uma ideia propriamente nacional — até um burocrata imperial de corte mais conservador, como José Bonifácio. A Constituição falhada, de 1823, expressa o sentimento destes grupos. A de 1824, embora outorgada, não se diferenciará tanto da anterior, salvo pelo gesto autoritário da outorga.

A despeito da Independência, os atores sociais continuaram os mesmos. A camada administrativa se fortalecera desde que d. João VI multiplicara a concessão de títulos nobiliárquicos, embora sem doar terras ou outras riquezas para dar-lhes suporte material. Ademais, o rei português abusara do Erário (quando saiu, deixou o filho Pedro à míngua), incorporando funcionários e fazendo favores aos magotes. Foi em grande parte neste corpo de funcionários que o Reinado recrutou seus melhores quadros. Embora ele fosse composto pelos filhos dos "proprietários" e dos "lucrativos", sua cultura e seus interesses se redefiniram no crisol do Estado.

Na análise do período da Independência, Faoro mostra mais claramente seus supostos teóricos. O êxito do empreendimento emancipacionista, que no dia a dia decorreu de um enredo entre clubes, jornais e personalidades ora mais próximas ora mais afastadas do Trono — como continuou a ser até a Abdicação —, deveu-se na verdade às cisões na remanescente nobreza burocrática (depois da volta de João VI) e na classe mercantil, e não à força dos senhores de terra. É certo que

> A classe territorial tentou criar o Estado de baixo para cima, afastando a película importada, que a esmagava. Lutou ela pelo ideal dos antigos caudilhos territoriais, definindo as cores do liberalismo, sem alcançar o domínio pleno. Esta ideologia, que veio das capitanias, continuará a fluir como corrente subterrânea, pressionando para vir à tona, e logrando vitórias incompletas, com a Independência, a Abdicação e a República.[7]

Embora Faoro registre que a noção do conjunto das províncias como parte de um mesmo país tivesse sido mais expressão de um sentimento do segmento burocrático do que dos senhores de terra, não deixa de mostrar que estes, especialmente por meio de seus filhos bacharéis, infiltravam ideais liberais no jogo político e teriam mesmo tentado fazer a Independência "de baixo para cima", o que no contexto quer dizer sem o comando dos burocratas e dos comerciantes. Convém registrar também a análise de Faoro sobre o modo como a burguesia mercantil e os financistas influenciaram o curso dos acontecimentos e pesaram o tempo todo, não só na economia como na política. Por certo, os verdadeiramente "de baixo" — escravos, libertos e brancos pobres — não entravam nesta cena.

O que desejo ressaltar é que estamos diante de uma análise mais rica sobre a estrutura sociopolítica do Brasil no século XIX do que suas próprias afirmações mais sintéticas que levam a crer na contínua supremacia do Estado sobre a sociedade. Faoro ressalta que os donos do poder eram mais os burocratas do que os fazendeiros, mas mostra estar consciente da existência de uma trama socioeconômica complexa. Mesmo sem ter a miopia dos idólatras do Estado, concorda com análises de timbre mais conservador sobre o papel positivo que a burocracia imperial desempenhou. Depois de mostrar os esforços feitos para reorganizar a economia e a situação fiscal do país, situação cujo desagrado levara à Confederação do Equador (1824) com frei Caneca e à frente o próprio Antônio Carlos, irmão de Bonifácio, afirma: "Reorganizado o estamento burocrático, com a reforma dos meios fiscais, estaria preparada a Monarquia para vencer a propriedade rural, dominando-a e atando-a ao carro vitorioso". Sem isso, haveria a desordem:

> [...] 1817 foi a mostra do que seria o movimento da Independência se ela não fosse conduzida por uma parcela da nobreza burocrática, que, com d. Pedro, se afastara de Portugal. Faltar-lhe-ia a moderação e a medida, e se extremaria no combate áspero, depois do qual reinaria, provavelmente, a caudilhagem anárquica.[8]

Para não reinar a caudilhagem anárquica, os homens da Regência, pós-Abdicação, mesmo quando movidos por ventos democrático-liberais, agiram como estadistas autoritários, agora sim, para preservar a unidade territorial. Feijó, mais do que qualquer outro, é o exemplo dessa atitude. O sentimento liberal, descentralizador, antirregulamentador que a *classe dos proprietários* conseguira consagrar na Constituição de 1823, sem ser propriamente banido na de 1824, já começara a desenhar o Império brasileiro mantendo a continuidade da tutela burocrática: "O estamento burocrático aninhava-se no poder executivo, no Senado Vitalício e, principalmente, no Poder Moderador".[9] Junte-se a isso o papel do Conselho de Estado, onde tinham assento os notáveis que aconselhariam o Moderador.

Não preciso seguir os episódios da história, de todos conhecidos. Interessa-me apenas mostrar como Faoro caracterizava o entrelaçamento da Monarquia com a burocracia e com as classes sociais. Ressalto ainda uma vez: a tutela autocrático-burocrática atravessou os tempos, modificando-se. Mas não foi força exclusiva na moldagem das instituições:

> O liberalismo que se frustrara no movimento de emancipação, fizera a Abdicação. Esteado na propriedade rural, era sua bandeira, fundamentalmente, revigorar o município, tornando-o centro das autoridades locais, descentralizadas. Seu ideal de inspiração norte-americana era o *self government*. O instrumento legal dessa reivindicação foi o Código do Processo Criminal, promulgado em 1832. Representa o estatuto a mais avançada conquista liberal do 7 de abril, por onde se abriram as portas aos potentados dos latifúndios.[10]

O novo Código tornava eletivo o juiz. Este, no passado, jugulava os municípios servindo aos interesses da Coroa que o nomeava. Eleitos, poderiam antes servir aos potentados locais do que à Coroa.

Não durou muito a experiência localista-liberal. Com a Interpretação do Ato Adicional de 1834, viria o "regresso". A lei de 1841 modifica o Código do Processo e cassa o localismo. Assim, além da ação autoritária de Feijó e de seus companheiros, que se contrapuseram à descentralização autonomista, as forças estatais evitaram, no dizer de Faoro, desacertos maiores: "O liberalismo pretendera que a Nação se governasse sem tutelas, e revelava o caos, a anarquia dos sertões".[11]

Com a maioridade e a revisão do Ato Institucional, o jovem imperador começa a exercer suas funções governativas. Nem mesmo o liberalismo do marquês do Paraná — Honório Hermeto Carneiro Leão — nem as sucessivas tentativas liberais de modificar o sistema eleitoral com as leis "dos círculos", visando a obter na Câmara resultados mais próximos da vontade nacional, lograram derrubar a lei de ferro não inscrita nos códigos: o Poder Moderador se transformou em poder pessoal e, na verdade, por intermédio dele, o segmento burocrático e os órgãos vitalícios (Conselho de Estado e Senado) funcionavam como aletas do avião imperial. Este, de fato, navegava guiado pelos mapas do segmento burocrático.

No capítulo x de *Os donos do poder*, Raymundo Faoro faz uma síntese brilhante das forças que moldaram o Segundo Reinado. A ela só se compara a análise do mesmo tema feita por Sérgio Buarque de Holanda, no tomo relativo ao "Segundo Reinado" da *História geral da civilização brasileira*. Com uma diferença: enquanto Sérgio desmistifica a existência de uma democracia parlamentarista mostrando a força inegável da transformação do Poder Moderador em poder pessoal e exibe a articulação entre o Trono e sua base escravocrata-latifundiária, Faoro, sem negar tal interpretação, nuança-a para mostrar que, no final, o próprio conservadorismo, pela voz de seus representantes mais conspícuos, preferia a tutela burocrático-imperial à preeminência dos proprietários de terra. A ideologia centralizadora e autoritária penetrara tanto o tecido político do Império que até mesmo os "liberais realistas", como o pai e o filho Nabuco de Araújo, aos quais os dois autores citados acima devem muito de suas análises e interpretações, achavam que a "ditadura de fato" não poderia ser abolida:

> Eu nunca denunciei o nosso governo de ser pessoal, porque com os nossos costumes o governo entre nós há de ser sempre por mui-

to tempo ainda pessoal, toda questão consistindo em saber se a pessoa central será o monarca que nomeia o ministro ou o ministro que faz a Câmara... O que eu sempre fiz foi acusar o governo pessoal de não ser um governo pessoal nacional, isto é, de não se servir do seu poder, criação da Providência que lhe deu o trono, como benefício do nosso povo sem representação, sem voz, sem aspirações mesmo.[12]

Como se dava o jogo político no Segundo Reinado é de todos sabido. A interpretação luminosa foi feita em famoso discurso do conselheiro Tomás Nabuco sobre o que ele chamou de sorites, ou polissilogismo:

> Vede este sorites fatal, este sorites que acaba com o sistema representativo: o Poder Moderador pode chamar a quem quiser para organizar ministérios; esta pessoa faz a eleição porque há de fazê--la; esta eleição faz a maioria. Eis aí o sistema representativo do nosso país.

Faoro insiste em que o descolamento do sistema político da sociedade era tão grande que o jogo do Moderador não era "reflexo" das forças econômico-sociais, mas da apreciação que o imperador, com sua burocracia, seus áulicos e seus conselheiros, fazia do que deveria ser a "vontade nacional". É verdade que houve, em certos momentos, imposição sobre o imperador, como quando Caxias "derrubou" o governo liberal de Zacarias em 1868. Mas, sobretudo, daí em diante, quando se forma o marasmo conservador e os liberais vão para a oposição, até que parte deles adere ao republicanismo, d. Pedro II punha e dispunha das câmaras seguindo o mecanismo descrito no sorites. Para fazer as maiorias nas câmaras, ou mesmo a unanimidade, o poder dispunha da livre nomeação dos presidentes de província e da subordinação de tudo mais, justiça, polícia, Guarda Nacional e o que mais fosse, às decisões hierárquicas. Era o voto "de cabresto". "O domínio de cima, despótico, absoluto, era possível porque a nação fora triturada, amarrada ao carro do Estado, de pés e mãos atadas, pela organização centralizadora"[13] e porque "O cidadão brasileiro não dispunha de cultura política, pelos costumes e pelo trato dos negócios públicos, que o habilitassem a orientar-se acerca das questões que seus representantes deveriam opinar".[14] "O erro não estava apenas na manifestação da vontade, mas no próprio ente que iria expressar-se nas urnas."[15]

A luta feroz contra o poder pessoal e contra a falsidade da representação política travada pelos liberais e outros críticos não acertava em cheio no alvo. Mais do que poder ou capricho pessoal do imperador, tratava-se de uma forma de dominação burocrático-patrimonialista. O substrato do poder, que tinha a aparência de ser pessoal, fora herdado do Império absolutista português e fora mantido em suas formas básicas pela Constituição de 1824. O Império não nasceu da nação, senão que se instituiu de fora com os mecanismos centralizadores advindos da Monarquia portuguesa:

> O poder pessoal do Imperador, o imenso e irritante poder pessoal, não se constituiu pela expansão de um ânimo autocrático e despótico. Ao contrário, um espírito liberal exerceu a ditadura constitucional, abrandando-a nas atribuições arbitrárias. O monarca foi a consequência do Império, não o criador dele, à margem da lei.[16]

O regime parlamentarista foi definido pelos costumes. Foram vozes como as de Bernardo Pereira de Vasconcelos que em sua reviravolta regressista ajudaram a moldar o parlamentarismo. Os pressupostos sociais deste, entretanto, diferiam dos que marcaram o início do parlamentarismo inglês, fruto da transação entre a Coroa britânica e os poderes latifundiários, quase feudais como já dito. Entre nós o parlamentarismo foi um arranjo político que serviu aos interesses de parcelas do estamento burocrático, dirigidas pelos órgãos vitalícios, "com leve toque de opinião popular", diz Faoro: "D. Pedro II exercia o comando de uma burocracia — como chefe inflexível muitas vezes, atento, na maior parte das ocasiões, à voz de seu quadro administrativo. Seu papel era o oposto ao de um monarca constitucional".[17] E, logo adiante, acrescenta:

> Apoiando o poder pessoal, biombo do estamento burocrático pelo qual pugnava a ordem econômica patrimonial, os conservadores ampliavam a mentalidade absolutista e centralizadora. [O visconde de] Itaboraí encontrou a bandeira desse combate com o lema: o rei reina, governa e administra.[18]

Poder do estamento burocrático, às vezes nobilitado, quase sempre servindo ao status quo econômico, que se somava aos impulsos do imperador. Estes podiam contrariar os interesses econômicos predominantes (como, por exemplo, quando o Trono aceitou o fim da escravidão), mas no geral exprimiam um sentimento tradicionalista, centralizador e conservador, coincidente com a opinião dos mais conspícuos interesses dominantes.

Mesmo insistindo em sua tese central, nas análises Faoro não se esqueceu do jogo de interesses entre as classes e o poder político. A pugna se dava entre os que acreditavam no *princípio territorial*, isto é, nos interesses dos proprietários de terra, contra o *princípio da autoridade* encarnado pelo estamento burocrático. Os liberais mais puros acreditavam que o princípio territorial incorporaria melhor a nação ao Estado, enquanto seus oponentes, mesmo os "liberais realistas", temiam que, por trás do democratismo das leis "dos círculos" que ampliavam as chances de as oposições elegerem representantes, se encobrisse a realidade do país: em vez das manipulações políticas que se faziam por meio da máquina burocrático-repressiva — que, contudo, precisava do voto das classes intermediárias —, o poder do latifúndio com sua capangagem designaria diretamente os deputados, em nome do povo. Povo, como já dito, que estaria distante de ter "condição de independência e liberdade para o exercício do voto".[19]

Com o declínio da influência liberal nas camadas decisórias do Império, pouco a pouco o marasmo conservador passou a expressar o "país real, que não era o dos independentes e arrogantes senhores territoriais, mas o dos pedidos de emprego".[20] Nem mais o cabresto era necessário. A promessa de emprego e a dependência pessoal para com o chefe político substituiu o cabresto pelo governismo, pelo oficialismo eleitoral. A pregação liberal baseada nas ideias de *self government*, no autonomismo, assentava sobre corpos estranhos ao solo centralizador que vinha do Portugal das Ordenanças, atravessara a Independência, a Constituição de 1824, o Ato Adicional e as tentativas para tornar mais legítima a representação. Ideias utópicas, "importadas", fora de lugar, diríamos hoje. Em suma, também abaixo do equador o Estado era quase tudo, a nação quase nada. "O Estado Imperial, com a aliança das classes lucrativas, era mais forte, economicamente, que a corrente contrária."[21]

Ao esmiuçar as relações entre as classes e o Trono, Faoro deixa clara sua interpretação. A sociedade independente, opulenta e rústica que ganhara influência no Paço com o reinado de d. João VI, fizera o Sete de Abril e se expandira na Regência, foi sendo substituída pelo estamento burocrático, ao qual parte dos liberais aderiu, assim como a tutela do Estado sobre as classes e a nação foi sendo restaurada. As classes predominantes a partir daí já não giravam ao redor dos proprietários de terra, dos lavradores, mas sim do Trono. Elas eram compostas pelos comerciantes e industriais, todos dependendo de favores do Tesouro. Seus rebentos, assim como parte das classes intermediárias — diríamos mais propriamente hoje, das classes médias —, competiam por empregos e regalias. Vivia-se, no dizer de Joaquim Nabuco, em plena "empregomania".

Ao contrário da voga predominante entre os intérpretes do Segundo Reinado de que o poder assentava no latifúndio e na escravidão, Faoro vê a subordinação do que chama de "classe proprietária" aos donos do crédito, por intermédio de hipotecas constantes que os lavradores faziam aos comerciantes e especuladores: "O proprietário rural, asfixiado por esse sistema, perdeu o antigo porte de rendeiro, independente e ocioso, para tornar-se apenas um dependente do especulador citadino".[22]

Para dar substância a sua tese, Faoro analisa as várias leis sobre posse e propriedade da terra, desde a que extinguiu o morgadio, em 1835, até a lei de terras de 1850. Todas elas extinguindo a possibilidade da feudalização e diminuindo a independência do latifundiário. O governo, taxando sempre, tentando aumentar seus ingressos e controlando crescentemente o poder político da classe proprietária. Os comerciantes, dada a inexistência de crédito público e a fraqueza do sistema financeiro, eram os prestamistas dos agricultores, a quem estes viviam hipotecados. Assim, o "poder econômico e político do senhor territorial é controlado pela pressão de dois focos: o governo e a burguesia comercial. Em outras palavras: pelo estamento burocrático e os especuladores, cuja ação conjugada vitalizava o patrimonialismo, base do Estado".[23] Os pequenos agricultores e os raros trabalhadores agrícolas — partes das classes intermediárias — desaparecem. Também na zona da cana, o lavrador sem engenho padecia do mesmo infortúnio: transformara-se em mero partícipe da clientela do senhor de engenho. Todos impotentes diante da especulação e da burocracia imperial.

Convém ponderar melhor a força relativa dos componentes do jogo de poder. À medida que o tempo passa, a economia se diversifica e se adensa; formam-se também institutos bancários, como o de Mauá. Todos, contudo, pensa Faoro, se subordinam ao estamento burocrático. De tal maneira que praticamente "tudo dependia do governo, com autorizações, favores, tarifas protecionistas e concessões; fora da faixa do Tesouro não conseguia medrar a iniciativa particular".[24] A intervenção do Estado não se limitava à legislação e às autorizações, mas penetrava na esfera particular. O governo escolhia os empresários a quem dar concessões garantidas e taxas de juros subvencionadas, aprovadas pela Câmara. De igual modo como fez com a análise das leis de terras para mostrar como as peias do Estado enroscavam os proprietários rurais, nosso autor mostra minuciosamente como a burocracia punha e dispunha sobre as regras para a emissão de moeda e sobre os limites de crédito, assim como exemplifica o modo como funcionavam as concessões de serviços públicos. As atividades econômicas, que se expandiram com a extinção do tráfico de escravos, em vez de dar lugar à autonomia das iniciativas privadas ensejaram maior controle burocrático. Não se pense, entretanto, que a fobia reguladora do Estado patrimonial fosse abominada pelos empresários. Pelo contrário, o intervencionismo, com seu manto de tarifas protetoras e toda sorte de privilégios, era desejado.

A partir de 1865 e especialmente depois do final da Guerra do Paraguai os lucros agrícolas aumentaram muito e este processo continuou até a década de 1890. Com isso houve novo élan para as iniciativas liberais. Estes, já na lei de hipotecas de 1864, haviam clamado pelo crédito à lavoura. Nada escaparia, contudo, ao todo-poderoso Estado: mesmo os agricultores, a classe proprietária adstrita ao *princípio territorial*, que daria fundamento a uma atitude mais autonomista, para sobreviver recorria ao auxílio do Estado... Os próprios bacharéis, apanágio da condição para participar da vida política e administrativa, ainda que fossem filhos de lavradores, educavam-se nas mesmas escolas que formavam o núcleo do estamento burocrático, as faculdades de direito, de medicina e as escolas militares. Criavam-se todos na mesma cultura patrimonialista, tentados pelo que o visconde do Uruguai chamou de *chaga do funcionalismo*, que devorava os orçamentos provinciais e os do próprio Império. O espírito patrimonial fazia a glória dos bacharéis e sustentava o ânimo da máquina burocrática. Dessa forma, no dizer de Tavares Bastos — este, sim, liberal à *outrance* —, criava-se um "país oficial diferente do país real em sentimentos, em opiniões, em interesses".[25]

Carro-chefe do apoio ao Paço de São Cristóvão, o Partido Conservador era o esteio do Império, sem esquecer que os próprios membros do Partido Liberal frequentemente amoldavam à augusta vontade imperial, como a qualificou Faoro, seus impulsos nacionalmente mais abrangentes e sua inquietude transformadora. Daí que, na fórmula consagrada de Holanda Cavalcanti, outro liberal, não haveria "nada mais parecido com um saquarema [conservador] do que um luzia [liberal] no poder"...

Não se pense, contudo, que nada mudou do Império à República. Se o patrimonialismo se manteve, se a ideologia básica era a mesma, houve também a emergência de novos atores sociais e o sentimento liberal ganhou outros contornos. Na última fase do Império, a pugna política girava ao redor de mais autonomia para as unidades da federação e, ipso facto, de fortalecimento do *princípio territorial*, quer dizer, dos agricultores, no caso os cafeicultores. Na passagem para a República, com o apoio de setores liberais, a radicalização da crítica ao centralismo veio com novas cores. Ao descolamento de parte das classes proprietárias do bloco de sustentação do Império por causa da Abolição (fruto da ação de intelectuais e militares, com as bênçãos imperiais, muito mais do que reivindicação de produtores), se somaram as insatisfações de segmentos do próprio estamento burocrático: a Igreja, com a questão do patronato, e os militares, que em 1868, com a espada de Caxias, derrubaram um ministério. No final da Guerra do Paraguai (1870) eles começaram a se mover corporativamente. Os militares participavam do estamento burocrático e junto com os juristas, médicos e jornalistas formavam parte da "opinião nacional" e em conjunto a moldavam. Foram estes segmentos, mais que quaisquer outros, que derrubaram o Império, seduzidos pelo radicalismo utópico republicano.

Faoro acrescenta aos agentes sociais reformistas um novo ator, "a jovem indústria". Para ele, a "ausência de intervenção estatal — salvo para protegê-la com tarifas e barreiras alfandegárias — é procurada por essa classe, que aspira a organizar as empresas como entidades orgânicas, que evolvem por si, sem amparos exteriores que, caprichosamente, podem arruiná-las".[26] Com estes novos personagens — parte da "classe proprietária" que descola do Império, a jovem indústria, os militares, a intelectualidade e os antigos liberais transformados em republicanos — o que fora a ideologia da descentralização administrativa, sob o Império, passa a ser a defesa do federalismo, com maior autonomia para os estados. Outra vez, não se tratava tanto do *self government* e das garantias políticas individuais, embora essas fossem também lembradas, mas de uma reorganização política a qual, sob o manto do combate à centralização administrativa, daria maior autonomia às oligarquias locais.

Embora a interpretação de Faoro lance luz sobre a importância da herança burocrática, é preciso balancear o juízo histórico, digo eu. Sérgio Buarque não deixa de ter razão quando mostra que os fundamentos estruturais sobre os quais assentava o Império eram a escravidão e o latifúndio. A imagem de um processo ziguezagueante, onde despontam ora os interesses e o poder do estamento ora os interesses mais puramente econômicos, quando as classes ganham força — sem falar no peso de personalidades específicas —, parece-me mais ajustada para descrever os diversos momentos históricos do que a imagem de circularidade que decorre da insistência do predomínio do patrimonialismo imperial. A interpretação quase unidimensional de Faoro parece ser mais adequada para descrever as estruturas de mando no período do Brasil Colônia do que para englobar todo o período imperial. Neste o centralismo burocrático perdeu imantação em vários momentos e a força dos interesses econômicos primou sobre a dos estamentos com maior frequência. O mesmo ocorreu no período republicano, como já comentarei.

O próprio Faoro reconhece, como vimos, que depois da Independência houve momentos e movimentos de liberalismo democratizador favorecidos pelo fortalecimento da economia agroexportadora e pelo início da expansão urbana. Por isso torna-se necessária maior nuance na pintura do mural da dominação burocrático-imperial. Por esmiuçar este jogo complexo, *Os donos do poder* continua a ser um livro marcante. Como em toda síntese, contudo, ao sublinhar tão fortemente as características do Império burocrático, que sem dúvida herdou traços fundamentais de sua origem lusitana, o texto pode dar a impressão de que quase nada mudou, quando na verdade houve mutação contínua, a despeito da manutenção de certas características originais do patrimonialismo. Esta é a esfinge que desafia permanentemente a argúcia dos analistas: mostrar como se entrelaçam mercado e poder burocrático e evidenciar o jogo de oposições e alianças entre as classes — no caso a burguesia agroexportadora, os setores urbano-mercantis da economia e o financeiro — e destas com os estamentos, seja o militar, seja o civil. Neste contexto, o Moderador, sendo mais do que poder pessoal, não é apenas reflexo da ordem patrimonial, mas é também expressão e contraponto de forças econômicas e sociais.

PODER REPUBLICANO E PERMANÊNCIA DO PATRIMONIALISMO

Não nos enganemos, entretanto; quem de fato "fez" a República no dia a dia dos acontecimentos e na capacidade de impor uma nova ordem, muito mais do que um bloco de classes ligadas por uma ideologia, foram os militares: "A República foi fruto de uma conspiração maior e mais ampla, preparada de cima, dentro do estamento burocrático, com a separação da monarquia do exército".[27] Enquanto os políticos republicanos se perdiam em agitações demagógicas, os militares sediciosos agiam.

Teria ocorrido outra "journée des dupes", com a Proclamação da República, o que acabaria dando razão ao realismo de Nabuco: por muito tempo, em vez de seguir as linhas de um poder eleito e verdadeiramente representativo do povo, o país teria de viver sob uma "ditadura de fato", com uma vontade diretora, do monarca ou do presidente.

Na fase inicial da implantação do novo regime as forças sociais que predominavam ainda eram politicamente tímidas, hesitavam. Foi quando o Exército predominou, nos governos de Deodoro e de Floriano, e até mesmo durante a presidência de Prudente de Morais. Com Campos Sales se define a nova hegemonia: a dos governadores, na prática a hegemonia de São Paulo e Minas Gerais, que, se não representavam os interesses econômicos dominantes, eram sensíveis a eles. Ao Exército, daí por diante, coube a missão de manter a integridade da nação, a despeito da fragmentação do poder pelo princípio federalista (diria Oliveira Vianna). Em cada estado os executivos amesquinhavam os municípios, dominavam a polícia e a política, exerciam a chefia suprema regional, subordinando os chefes locais. As eleições se faziam "a bico de pena", isto é, com fraudes. Era o auge do coronelato; o compadrio político substituíra e tornara menos necessária a presença pretoriana da Guarda Nacional do Império. O presidente da República subsumia as funções do Poder Moderador, era o garante do poder estadual e de seus interesses na Assembleia Nacional. Nesta, assim como nas assembleias locais, as comissões de verificação de poderes se encarregavam, sob a batuta direta do líder do governo, de fazer a "degola": os eventuais opositores eleitos perderiam os mandatos, com muito barulho por parte da oposição e nenhuma eficácia prática. Com o poder constitucional de intervir nos estados o presidente poderia afastar até mesmo governadores rebeldes. Por fim, cabia ao presidente apontar o sucessor. Revivia-se o sorites do conselheiro Nabuco...

Na condução da economia, apesar dos arreganhos iniciais quando da preparação da República e da Constituição de 1891, faltou ímpeto ao liberalismo, pois tampouco a empresa industrial o tinha. O liberalismo econômico se casou com um liberalismo comercial de voo curto, escreve Faoro, e na verdade foi mais um eco retórico da pregação baseada nos exemplos anglo-saxônicos do que expressão de uma ideologia econômica. Os exemplos ingleses e americanos entusiasmavam "nossos letrados irrealistas, alimentados intelectualmente mais pelas ideias estrangeiras que pela lição da realidade".[28] Mais peso teve o liberalismo político, que motivou nossos ideólogos, à frente de todos Rui Barbosa. Este, embora chamuscado com o "encilhamento" — a inflação desencadeada durante sua gestão nas finanças —, nem por isso deixou de ser oráculo das forças civis, democráticas e liberalizantes.

Esta situação se altera com as crises políticas dos anos 1920, marcadas pelas revoltas dos jovens tenentes em 1922 e 1924 contra a dominação oligárquica dos "cartolas". Com a vitoriosa Revolução de 1930, Getúlio Vargas à frente (ele próprio expressão do domínio oligárquico anterior, como ministro da Fazenda de Washington Luís e, depois, governador do Rio Grande do Sul), voltaram os militares a exercer influência. O "exército", diz Faoro, "passou a ocupar as funções do Poder Moderador, antes incorporadas pelo Presidente da Nação, restaurando a centralização, e renovando o Estado como tutor e protetor dos negócios *públicos* e privados".[29] Mantendo-se no banco de reserva, pensa Faoro, o Exército ensejou o revigoramento do Estado patrimonial, do qual ele próprio era parte como um dos estamentos burocráticos.

Na segunda edição revista do livro, de 1975, Faoro mostra, com riqueza de detalhes, como, pouco a pouco, os pruridos liberais, que ecoavam fortes na voz de Rui Barbosa e chegaram a encontrar eco em alguns tenentes e mesmo em generais — como no próprio Hermes da Fonseca depois da presidência —, vão sendo subsumidos pelas crenças na *ordem* como valor supremo e pelo nacionalismo. A visão e as práticas dos contestadores, tanto as dos ideólogos da ordem jurídica e liberal como as dos militares mais próximos dos anseios das classes médias, visavam a corrigir as distorções e abusos que os novos donos do poder haviam implantado. Os alvos eram

> as oligarquias estaduais, a prepotência do presidente, as medidas opressivas contra a liberdade de associação e de imprensa [que] reduziram o regime republicano ao biombo do absolutismo, afirmado o sistema apenas na transitoriedade das funções públicas. Essa soma de oligarquias, dos municípios ao centro, não forma uma tirania, mas a contrafação do governo da maioria, em favor de poucos.[30]

Rui, que do alto de sua visão elitista vislumbrara o povo como parte do jogo, tem de reconhecer que este, dada a pouca educação e o alheamento das coisas de Estado, era antes massa de manobra do que fundamento da ordem política republicana. Nos albores da década de 1920 foi antes no Exército que fez suas apostas para uma prática republicana regeneradora. Faoro não acredita que faltasse motivação ideológica ao inconformismo dos anos 1920. Faltaria, diz ele, uma visão mais programática, embora esta existisse esparsamente: a reforma das instituições, o fim do voto de cabresto, substituído pelo voto secreto, a reorganização administrativa para descentralizar estados e municípios e dar-lhes maior autonomia.[31] A contrarreforma de Artur Bernardes, de 1926, constituíra um recuo dos princípios liberais.

Coube outra vez à sedição militar de 1930, aliada à insatisfação de segmentos oligárquicos, levar adiante as bandeiras reformistas e mesmo liberais. Só que o movimento revolucionário da Aliança Liberal, embora ultrapassando os limites de uma quartelada, veio marcado pela origem patrimonialista e estamental: uma dissidência entre oligarquias estaduais. E pelo agente principal que a executou, o Exército, saudosista dos ideais republicanos dos exaltados de 1889, dos quais os "tenentes" e o "Clube 30 de Outubro" foram a expressão maior.

No polo das propostas políticas provenientes do pensamento conservador surgia um nacionalismo autoritário. Oliveira Vianna e Azevedo Amaral estavam a sublinhar a necessidade de um Estado mais centralizador e de uma ideologia de valorização da nação, se não oposta à democracia e desdenhosa do povo, motivadora do aperfeiçoamento deste e de renovação daquela, corrompida pelas práticas oligárquicas. No meio militar o apelo nacionalista sempre foi forte, ainda que convivendo com a crítica às oligarquias corruptas, de inspiração democrático-liberal. Coube aos governos de Getúlio Vargas anteriores à democratização de 1945 irem se moldando às novas realidades do mundo e aos novos desafios de um país que se desenvolvia e não cabia mais nas vestes da República oligárquica.

No exterior, a aragem do fascismo de Mussolini, que já entusiasmara Vargas na juventude, soprava um ar de vitória. No país, a industrialização ganhava vulto, principalmente com as novas realidades do mercado internacional durante a Segunda Grande Guerra, que impunham políticas de substituição de importações. Expandia-se a classe trabalhadora; as classes médias tradicionais, por sua vez, se beneficiavam do "progresso" urbano, embora se tratasse de uma urbanização movida pelas migrações internas e pela expansão dos serviços e não, assinala Faoro, como a anterior, fruto das imigrações e da industrialização.

Com amargor nosso autor reconhece que as camadas negativamente privilegiadas não haviam logrado firmar-se a ponto de forçar uma nova ordem política que aniquilasse a predominante. Enquanto não logravam refazer as bases da dominação, apoiavam os "ditadores sociais", representantes do Estado patrimonial. Estes costumam distribuir penas e favores, sem obediência a normas ou a direitos subjetivos garantidos, sendo, portanto, debilitadores da racionalidade. Por outra parte, o setor industrial, que poderia dar suporte eventual a uma ordem de cunho liberal-democrático, como vislumbrara Faoro na edição de 1958 de seu livro, acabou por ser

> um prolongamento do oficialismo, pregando a iniciativa privada protegida, modalidade brasileira do liberalismo econômico. Mostra-se, por isso, inapto a organizar uma sociedade num quadro pluralista, com focos de poder sem que derivem do Estado. O setor se casa e prolifera no patrimonialismo, no qual um grupo estamental se incumbirá de distribuir estímulos e favores, com amor místico, um dia, ao planejamento global da economia.[32]

Anotando que as classes média urbana e a rural mal podiam se sustentar devido às ondas inflacionárias, Faoro via um rastro de esperança para a mudança da ordem existente no proletariado nascente, na pequena burguesia, nos proprietários privilegiados pela educação, nos intelectuais sem propriedade e nos técnicos assalariados que, apesar de sua heterogeneidade, talvez (quanto talvez!) pudessem lograr uma direção unificada que se contrapusesse à ordem patrimonialista. Indaga, contudo: "Mas, vencedora na sociedade, destruirá o estamento burocrático ou ainda mais o reforçará? Eis a questão...".[33]

Sem entrar nas considerações teóricas finais nas quais nosso autor, inspirado em Max Weber, discute as especificidades do estamento burocrático e a capacidade do Estado patrimonial de pairar acima das classes como o árbitro de todos os interesses — capítulo em que dialoga com o marxismo —, é de ressaltar a caracterização que faz do príncipe no patrimonialismo. O príncipe, diz Faoro, fala diretamente ao povo, destacando como ordens separadas Estado e nação, e assume, como já o dissera Weber sobre a chefia do Estado patrimonial, que se trata do *pai do povo*: "Compraz-se o príncipe, armado nessa conjuntura, em desempenhar o papel de fazer do Estado a fonte de todas as esperanças, promessas e favores".[34]

Também ao analisar o patrimonialismo triunfante no período republicano, creio que faltaria a Raymundo Faoro esmiuçar melhor o sentido da trama entre os estamentos e as classes, o Estado e as forças de mercado. Ver a cada passo da história a repetição do mesmo modelo estamental-patrimonialista empobrece a interpretação. Como procurei mostrar em ensaio escrito há muitos anos,[35] o relacionamento entre o Exército e a ascendente burguesia agrária paulista, por exemplo, foi muito forte no período do florianismo. Este deu àquela o ardor cívico e popular para a legitimação da nova forma de governo. O fracasso das políticas liberais, contraditoriamente favoráveis à incipiente industrialização (com a corrida inflacionária do encilhamento e, mais tarde, as tarifas protecionistas de Serzedelo Corrêa), terminou por fortalecer os interesses agroexportadores e a visão "ortodoxa" das finanças. A partir daí, Campos Sales, eleito presidente, pôde organizar a nova face da dominação oligárquica, com a predominância dos interesses agroexportadores. Nesta construção política o Exército foi antes o instrumento que permitiu a aceitação das novas regras (a despeito de sua visão originária mais centralizadora e autoritária) do que o estamento que comandou o processo. Este passou às mãos das oligarquias estaduais sob a batuta do chefe entre os chefes "naturais", o presidente da República. Restabeleceu-se o jogo entre o "localismo" — representado pelos "coronéis", eles próprios proprietários rurais ou então servidores destes — e as oligarquias estaduais, sobretudo as de São Paulo e Minas. O Poder Federal respeitava, em geral, os interesses daquelas, embora reservasse para si as "grandes decisões", a principal das quais seria a escolha do sucessor. A centralização republicana, até a Revolução de 1930, era frágil. Vivia-se mais de um equilíbrio entre parceiros poderosos e um primus inter pares, cuja aceitação estribava exatamente em ser o garante da ordem patrimonialista, a esta altura já bem diferente do que fora nos tempos dos Bragança: se não "feudal", que nunca foi, pelo menos mais fragmentada e permeada por diversos interesses privados, tanto econômicos quanto políticos.

Cuidei de analisar a contribuição de Faoro tomando por base a primeira edição de seu livro, porque nela os fundamentos interpretativos do patrimonialismo aparecem despidos de pormenores históricos. Na segunda edição, revista e ampliada, de 1975, o autor estende suas observações e abrange o conjunto do período getulista. Esta edição se publica em pleno regime autoritário-militar, quando Faoro exerce grande influência crítica, propugnando pela democracia. Apesar das modificações introduzidas, como Faoro mesmo escreve, o fundamental para ele é que o patrimonialismo resistiu seis séculos, desde d. João I de Portugal até Getúlio Vargas. Foi uma estrutura político-social que "resistiu a todas as transformações fundamentais, aos desafios mais profundos, à travessia do oceano largo". É certo, acrescento eu, mas variando em sua forma e, sobretudo, no modo como o estamento se relacionou com os outros agentes econômicos e sociais.

Apesar deste reparo, será que o fecho da primeira edição do livro, quando Faoro lança a hipótese de persistência do patrimonialismo mesmo depois do fortalecimento da sociedade civil e das práticas representativas, não continuaria a ter cabida na Nova República? Isso a despeito da estabilização econômica, da modernização estatal e, principalmente, do intenso processo de inclusão social dos últimos vinte anos? É cedo para responder; convém, contudo, manter a hipótese, reafirmando-se que as persistências patrimonialistas se enroscam em outras realidades históricas e às vezes antes mascaram a existência destas do que as explicam.

Estudos mais recentes, como os de Philippe Schmitter, mostram que existem vários tipos de liame corporativo que, se não se opõem ao patrimonialismo, são distintos do corporativismo tradicional ligado apenas ao Estado, tal como ocorria com o patrimonialismo descrito por seu grande teórico e propagador, Mihail Manoïlescu. Talvez os "ditadores sociais" possam ser substituídos por presidentes eleitos e os liames corporativos não se limitem aos estamentos estatais, senão que entrosem setores da sociedade civil, como sindicatos e blocos de empresas, no condomínio patrimonial de poder (funcionando como "anéis burocráticos"). Conforme se venha a dar o entrosamento entre sociedade civil e Estado, a crítica de Faoro à falta de garantias do Estado patrimonial aos direitos subjetivos dos trabalhadores e dos pobres em geral perde força como argumento para mostrar os males causados pelo patrimonialismo à racionalidade das decisões. Talvez a capacidade do Estado patrimonial de assegurar tais direitos explique a adesão continuada de camadas diversas da sociedade, incluindo as desprivilegiadas, às formas contemporâneas de patrimonialismo, que mais do que "formas de dominação" são traços persistentes de antigas formas patrimonialistas combinadas às novas, podendo ser estas até mesmo de fundamento capitalista-burguês, ou, como se diz agora, empresarial.

Faoro não foi o primeiro autor a usar as ferramentas weberianas para interpretar o Brasil. Usou-as, contudo, com maior alcance e rigor do que seus antecessores, maior mesmo do que os de Sérgio Buarque de Holanda em seu também admirável *Raízes do Brasil*.* Mais ainda, se era comum partir da análise das famílias, do patriarcado, para mostrar a confusão entre público e privado na cultura e nas práticas políticas brasileiras, tal como fizeram Gilberto Freyre, Oliveira Vianna e Sérgio Buarque, devemos pioneiramente a Faoro a caracterização mais rigorosa do patrimonialismo, como algo distinto do patriarcalismo. E não devemos esquecer que suas análises do processo histórico não são reducionistas, embora a interpretação global seja monotônica. O livro não lida apenas com conceitos: faz análises pormenorizadas de cada conjuntura histórica, dando vida aos personagens e atores sociais, principalmente no texto da edição revista e ampliada de 1975. Se reparos há a fazer, e os há, um é o de que por vezes o autor se esquece da riqueza com que analisou os processos históricos para subsumir quase tudo na síntese à ação dos estamentos e à verticalidade da dominação patrimonial.

Em outro plano os sociólogos da "escola paulista" — Florestan Fernandes à frente — tiveram que enfrentar dificuldades semelhantes ao analisar as relações entre senhores e escravos (cas-

---

* Agradeço a Tarcísio Costa por ter chamado minha atenção para este ponto, assim como agradeço a ele e a Boris Fausto as críticas que fizeram à primeira versão deste artigo. Na revisão, se não pude atender completamente a suas observações, espero haver tornado o texto mais equilibrado.

tas) sem esquecer-se de suas relações com os mercados, nacional e internacional, e, portanto, da presença das classes sociais. É este o maior desafio teórico dos que se aventuram a estudar as consequências da expansão capitalista pelo mundo afora, quando este sistema-motor se enrosca com as forças que a história vai criando independentemente dele, senão que algumas vezes movidas por ele, e tenta subordiná-las. Raymundo Faoro conseguiu nas análises não se enrolar nos sargaços por onde caminha o capitalismo produzindo progressos, injustiças, violências e também individualização, regras mais consentidas e, eventualmente, bem-estar.

Se no final da obra Raymundo Faoro dá um peso maior do que eu daria à força do estamento burocrático, civil e militar, e parece crer mais em sua persistência do que na dinâmica transformadora das classes, talvez hoje, reconhecendo que o patrimonialismo ainda pesa em nossa cultura e em nossas práticas políticas, pudesse dar ênfase a que a sociedade civil e as forças de mercado têm tido influência crescente. Eu não digo isso imaginando que, como consequência, se fortalecerá a ideologia liberal. Contemporaneamente o "estamento", no caso mais civil do que militar, está cada vez mais presente. A amálgama entre partidos governantes e máquina pública dispõe de instrumentos de controle para cooptar tanto o setor empresarial (via crédito e concessões de vantagens várias) como os trabalhadores e as massas despossuídas (via benesses sindicais e transferências diretas de renda).

Não obstante, a forma global que o capitalismo assumiu e o peso das grandes empresas, ao lado da preservação de valores de individualismo e liberdade na sociedade, que a mídia independente amplifica, fazem o contraponto às tendências patrimonialistas. Ao mesmo tempo, graças às novas tecnologias de comunicação e à formação de redes sociais, quem sabe (de novo o talvez...) as lutas em prol dos consumidores, a consciência crescente de que há que se estar "conectado" e, portanto, menos centrado apenas no individualismo, possam ser sementes de novas formas de sociabilidade e de atuação. Talvez surjam tendências que não joguem na lata de lixo da História o que de positivo foi gerado pelo liberalismo político — a representação, o amor à lei e às liberdades —, mas criem um novo humanismo. Humanismo democrático que abomine as ditaduras e os patrimonialismos fantasiados de progressismo, e que tampouco se limite ao saudosismo do *self government* nem acredite que a regulação do Estado só se possa dar no âmbito do patrimonialismo, com imposições de cima a baixo.

Epílogo
Livros que inventaram o Brasil[*]

Logo que iniciei atividades não acadêmicas — atividades políticas —, uma das maiores dificuldades que tive foi falar nas câmaras municipais. Habitualmente, em campanha eleitoral faz-se um périplo pelas câmaras, e os governos militares dotaram as câmaras de muito boas condições físicas. Na medida em que elas foram esvaziadas de poder, seu aspecto ornamental ficou melhor servido, como aconteceu também com os sindicatos. Mas nas câmaras isso é notável. Só que a arquitetura das câmaras brasileiras — já que vou falar sobre o Sérgio Buarque, que sempre gostou muito de analisar os planos das cidades, e sobre o Gilberto Freyre das casas-grandes, permito-me aqui uma digressão arquitetônica — obedece à mesma disposição deste anfiteatro do Itamaraty: uma mesa, onde ficam os notáveis, como agora, e de outro lado

[*] Originalmente aula magna ministrada aos alunos do Instituto Rio Branco (8 de maio de 1993) pelo então ministro das Relações Exteriores do Brasil, publicada em *Novos Estudos Cebrap*, n. 37, nov. 1993, pp. 21-35.

o "Terceiro Estado". Entre os notáveis e o Terceiro Estado há um vazio, que come a palavra. Por isso eu tinha muita dificuldade de falar nas câmaras; o professor está sempre mais acostumado a falar próximo, e eu tinha que falar longe do público, e isso dá a sensação de que a palavra cai no vazio. Venho hoje aqui, e se repete a cena. De modo que eu me desloquei da mesa principal para este púlpito não para ser imponente, mas para ficar um pouquinho mais perto da audiência e sentir menos medo de que a palavra desapareça no vazio, uma vez que a falta de pensamento original sobre a matéria já aumenta esse risco, e será pior ainda se a arquitetura ajudar na tarefa de jogar o pensamento rio abaixo.

Dito isto, eu quero lhes dizer que gostaria de conversar nesta tarde com bastante liberdade sobre três autores: Caio Prado, Sérgio Buarque e Gilberto Freyre. Para tanto farei um misto de evocação e interpretação. Evocação porque, por circunstâncias da vida, eu conheci os três. Conheci menos o Gilberto Freyre, por diferença não só de geração mas de região. Talvez tenha conhecido mais de perto Sérgio Buarque, de quem fui amigo e que me examinou duas vezes, uma delas numa tese de cátedra. Com Caio Prado, trabalhei no conselho da *Revista Brasiliense*. Tive, portanto, um contato mais prolongado com o Caio e com o Sérgio. Quando se conhecem os autores de perto, na hora de fazer-se a interpretação fica-se talvez mais toldado e, ao mesmo tempo, mais motivado.

Num dos prefácios do *Raízes do Brasil* há um estudo de Antonio Candido de Mello e Souza, um pequeno estudo no qual Candido diz que esses três personagens foram básicos para a sua geração porque dois escreveram seus livros principais nos anos 1930 e Caio Prado escreveu em 1945, próximo, portanto, da época de formação da geração de Antonio Candido. Nossos autores influíram quase que diretamente nas pessoas da coorte geracional de Antonio Candido. Formaram os três pilares fundamentais do pensamento sobre o Brasil até então. Se Antonio Candido pudesse escrever mais recentemente o mesmo prefácio, talvez acrescentasse outro autor, que, tenho certeza, é muito de seu agrado: Celso Furtado.

O curioso é que, se alguém for pensar hoje sobre as contribuições básicas para a interpretação do Brasil, esses três autores estarão no panteão dos notáveis do mesmo jeito. E não por acaso foram selecionados para servir de marco nesta reflexão sobre o Brasil. Trata-se de autores com contribuições muito díspares, muito diferentes umas das outras. Embora seus livros principais tenham sido escritos proximamente uns dos outros, especialmente o do Sérgio Buarque e o do Gilberto Freyre — *Casa-grande & senzala* é de 1933 e *Raízes do Brasil* é de 1936 e, portanto, estavam reagindo ao mesmo clima intelectual e político —, eles analisaram o país de ângulos bastante diferentes. Não obstante, surgem na mesma leva de pensamento e foram motivados pela mesma matriz que originou esse esforço de repensar o Brasil.

Nas interpretações sobre o Brasil dos anos 1930 e até mesmo um pouco antes, com Alberto Torres, havia um forte predomínio de ideias antiliberais. Os grandes autores eram Oliveira Vianna e, depois, Azevedo Amaral. Neste último, a defesa do Estado autoritário é aberta, e Oliveira Vianna mal a esconde. Já os dois livros de Sérgio e de Gilberto Freyre — depois eu vou ao Caio — têm uma visão bem diferente. A visão de Gilberto Freyre foi revolucionária, embora mais tarde a minha geração custasse a crer que Gilberto Freyre tivesse tido um papel revolucionário.

Foi-me pedido em algum momento que fizesse uma síntese crítica do pensamento de Gilberto Freyre e eu a escrevi. Ao tentar realizá-la, comecei fazendo uma alusão um pouco perversa à sensação que tive quando voltei ao Chile, em 1974, depois do golpe de Pinochet. Regressava ao país pela primeira vez depois de seis anos (fui lá para participar de uma reunião na Cepal). Eu tinha vivido no Chile de Alessandri, de Frei e de Allende; quando voltei, o regime era ditatorial, e vários dos meus amigos ainda estavam presos ou haviam sido desterrados. Quando se volta a um país muito próximo — eu lá havia ficado quatro anos seguidos, no exílio —, as evocações são inevitáveis. Eu tinha muita reserva em voltar, porque havia gostado imensamente do Chile. Lá vivi numa época muito fecunda intelectualmente, não só para mim, mas para muita gente, época em que a Cepal produzia um pensamento crítico bastante forte e a Universidade chilena pulsava democracia. Por isso, eu tinha certo medo de voltar ao Chile no regime militar. Voltei. A recordação, nas circunstâncias, era inevitável, porque o cheiro das árvores e das flores é o mesmo, os frutos têm o mesmo sabor, a cordilheira dos Andes, com aquela cor esbranquiçada de sempre, o céu, que às vezes parece o de Brasília, tudo aquilo é tão grato, tão agradável, tão prazeroso. É estranho a gente ter uma sensação agradável num país ao qual politicamente se está odiando. Na ocasião, li num jornal, *El Mercurio*, que é o mais importante do Chile, uma longa conferência de Borges, de Jorge Luis Borges. Ele tinha ido ao Chile para receber um prêmio dos militares. Li e me deliciei, o que me produziu em seguida uma certa indignação: eu me sentia feliz com o Chile-físico e deliciado pela leitura de Borges, apesar do horror que sentia do regime de Pinochet. Era demais; fiquei indignado comigo. A conferência de Borges sobre a língua espanhola, sobre o *idioma castellano* era admirável. Mas fazia a defesa mais reacionária possível da intangibilidade da língua, da necessidade de evitar que a língua evoluísse. Tudo escrito de uma maneira tão bela, tão convincente, que eu me empolguei com a conferência. Fiquei com raiva de mim tal era o ódio político que eu nutria pelo Chile dos militares: não deveria ser possível ser tão cerebrino e separar a emoção estética das circunstâncias.

Comecei a crítica a Gilberto Freyre referindo esse fato porque fui reler — faz lá uns quinze anos isso, não sei — o *Casa-grande & senzala* e aconteceu a mesma coisa. Uma releitura do *Casa-grande & senzala*, feita não com o olhar do jovem sociólogo militante, que quer, naturalmente, cobrar dos outros uma postura de recusa da ordem estabelecida, mas uma releitura de alguém mais maduro — a idade inevitavelmente acalma —, uma releitura um pouco mais serena do *Casa-grande & senzala*, sem que se fique na torcida para saber qual é o método, mas simplesmente tratando de ver o que diz o livro, apaixona. E apaixona, em primeiro lugar, pela literatura, porque Gilberto Freyre faz com as palavras o que quer. Convém pular os prefácios, porque são tão cabotinos que podem dar uma impressão menos à altura do que o livro propriamente é. Mas o livro apaixona. E, mais ainda, é um livro no qual a vida cotidiana aparece. Hoje isso é banal. E na sociologia, então, a sociologia do cotidiano, a antropologia do cotidiano, se tornou algo normal, mas o livro é de 1933! Gilberto Freyre foi discípulo de Franz Boas, mas nem Boas tinha esse interesse pelo cotidiano. É verdade que os antropólogos são muito mais voltados para a vida comum do que os sociólogos ou mesmo do que os historiadores, que, geralmente, descrevem os grandes feitos, mesmo na história social. Mesmo assim, não era comum erigir a vida cotidiana em grande personagem.

 O fato é que Gilberto Freyre, de alguma maneira, introduz na literatura sobre o Brasil a vida cotidiana, a família, a cozinha, a vida sexual, os maus hábitos, ou bons, não sei. Enfim, assume uma dimensão que não é a dimensão usual do intelectual brasileiro. A dimensão usual é desconhecer — era, e ainda é, desconhecer — o peso da rotina e sublinhar os fatos que são mais significativos, e, portanto, esvaziá-los de vivência. Gilberto Freyre não. Descreve uma história social, às vezes idílica, mas mesmo quando idílica, quando não corresponde a uma pesquisa ou a dados documentais, a referência analítica abrange aspectos antropológicos do cotidiano. Isso num grande livro em que se está pensando o Brasil.

Depois, Gilberto proclama que nós somos mestiços e que ser mestiço é bom. Ele não está isento de preconceitos, por exemplo, com relação aos índios, que nunca foram de seu maior agrado. Mas com relação à cultura africana e aos negros, Gilberto até os idealiza. E isso também é absolutamente revolucionário para a época. Oliveira Vianna, que era mulato, tinha horror disso. Em outros autores, a busca de uma espécie de branqueamento era constante, branqueamento não só físico — não se consegue tanto —, mas espiritual. Então, para que tocar nesses aspectos discutíveis de uma formação histórica que está fincada na África, em grupos tribais? Gilberto Freyre não tem medo disso, vai diretamente a essas questões.

Ao fazer esse tipo de revolução, quase copernicana, tendo em vista a literatura da época, coloca o negro como primazia. Mas, ao mesmo tempo, mostra a contradição fundamental entre a casa-grande e a senzala. Euclides da Cunha já havia feito algo semelhante, com o sertanejo, que era "antes de tudo um forte". Mas o sertanejo não é um negro; o sertanejo é o branco queimado, às vezes mestiço de índio, até cafuzo, mas não um negro. Gilberto Freyre coloca o negro, junto com o português, como parte fundamental da plasticidade da cultura que aqui se foi constituindo. E não o faz, apenas — eu volto ao tema daqui a pouco —, de forma, digamos, retórica. Quer dizer, ao mesmo tempo em que enaltece a casa-grande, não deixa de mostrar que a casa-grande é inseparável da senzala. E mostra, o que era sabido — porém mostra com maestria sociológica —, que a sociedade patriarcal estava fundada num tipo de exploração econômica que supunha, evidentemente, a grande propriedade, o latifúndio. Mostra, enfim, que a fidalguia da casa-grande coexistia com a massa de escravos.

Evidentemente, a partir daí, na visão do patriciado constituído pela classe senhorial, Gilberto Freyre idealiza muito. Em toda a análise posterior sobre a inexistência do preconceito, de que tudo se assimila em nossa cultura, não resiste à crítica mais objetiva. Eu próprio escrevi um trabalho sobre o negro no Rio Grande do Sul para contrastar com a visão idealizada de Gilberto Freyre, do que era até mesmo a relação com as mucamas, o que era o escravo doméstico, a distinção entre o escravo do eito, da lavoura, e o escravo doméstico, a "bondade" na relação com o escravo doméstico, e a influência da mucama sobre o senhorzinho. Tudo isso é visto de uma perspectiva bastante adulterada, bastante deformada. Mas, dentro dessa deformação, que é inegável a partir de qualquer ângulo mais objetivo de análise sociológica, na verdade Gilberto Freyre pintou um mural. E talvez seja essa a primeira razão pela qual um livro como *Casa-grande & senzala* permanece vivo: tem a capacidade de sintetizar (característica também da obra dos outros dois autores que estamos considerando). Na hora da síntese muito se esfuma, desvanece. Uma porção de aspectos, especialmente a rugosidade do real, que é sempre desagradável, podem desaparecer na síntese, sempre purificada de eventuais distorções ou imperfeições, à luz da teoria que se quer enaltecer.

Gilberto Freyre faz uma síntese com força intelectual que não é fácil encontrar nas análises sobre outros povos. Sobre os Estados Unidos existe um painel vigoroso feito por um francês, Alexis de Tocqueville. Em *A democracia na América*, Tocqueville faz isso. As páginas de Weber têm estatura intelectual ainda maior. Mas, no caso de Gilberto Freyre, trata-se de alguém que está refletindo sobre a sua própria história, sua própria realidade. É sempre mais difícil uma síntese crítica (embora, no caso em tela, também laudatória) quando se fala do próprio umbigo.

O outro lado que me parece fazer com que *Casa-grande & senzala* permaneça é o da produção de um mito. O encanto do livro de Gilberto Freyre é que ele, ao mesmo tempo em que desvenda, oculta e mistifica. Mas Gilberto faz um mito que é nosso mito. De alguma maneira propõe uma imagem que as pessoas gostariam que fosse verdadeira. Essa imagem, sendo mítica, deforma. O mito tem que ter sempre uma estrutura simples de oposições binárias. Quem leu Lévi-Strauss sabe disso. E tem de conter oposições claras. A estrutura de *Casa-grande & senzala* é uma estrutura simples, a oposição é clara também. O "nós" que se forma é o "nós" que está baseado na casa-grande e na senzala, nas raças formadoras, e se opõe aos outros, que não são assim. Não é o holandês quem vai plasmar o Brasil: não poderia; é o português, porque o português conseguiu essa amálgama com o negro que permitiu a individualidade da civilização brasileira, criando uma identidade redefinida miticamente por Gilberto Freyre. E criou uma identidade que fez com que o leitor, ao lê-la, não a rejeitasse. Não se trata de um espelho horroroso, para mostrar uma cara que nós não gostaríamos de ter. Será um espelho narcisista, como o próprio autor, aliás, sempre foi? Quem o mirar achará que nossa cara é bela e gostosa de ser vista.

 É esse misto de grande escritor, com uma sólida formação em ciências sociais, treinado na Universidade Columbia, discípulo de Franz Boas, que sabia das coisas, que era versado em literatura, especialmente inglesa e americana, que faz de Gilberto Freyre o autor de um livro permanente; esse misto de alguém com base acadêmica e que é capaz de sintetizar — síntese que não deixa de ter algum elemento crítico, mas, ao mesmo tempo, abre-se para uma dimensão utópica, mítica, duradoura.

 É fácil, de um ponto de vista objetivo, destruir alguns fundamentos de *Casa-grande & senzala*. Não, é claro, o mural inteiro; mas muito do que Gilberto diz é fácil de ser contrastado com uma boa base empírica. É só mandar fazer dez, vinte teses de mestrado, e se pulverizam muitos argumentos do livro. Mas isso não lhe tira a força. Não tira o que ele teve de inovador para a época, ao colocar em evidência a vida cotidiana, requisito fundamental para a compreensão do país; ao assumir uma cara própria do Brasil, embora mistificada, mas uma cara que não era convencional; ao aceitar o que os franceses chamariam de *négritude*, embora um pouco disfarçada, amulatada; ao mesmo tempo, ao não esconder a perversidade e endeusar os senhores; e ao mostrar que, apesar de tudo, esse sistema, esse patriarcado brasileiro, foi capaz de criar uma civilização.

Essas são, digamos assim, as características que tornam *Casa-grande & senzala* um livro contemporâneo. Sua contemporaneidade deriva precisamente da sua atemporalidade. Ele criou o mito que, ao mesmo tempo em que deforma, explica. Daqui a quinhentos anos, talvez, os antropólogos do futuro vão tomar o livro de Gilberto Freyre como os antropólogos hoje estudam certos mitos, que contêm formas de explicação da sociedade, embora não "científicas". Qualquer leitor mais rigoroso, qualquer sociólogo positivista ou funcionalista, ou marxista, pega o livro e pode estraçalhá-lo. Não tem muita importância isso. O que tem importância é que o livro realmente abriu uma vereda, um caminho. E talvez tenha influenciado menos do que devesse, porque as posições de Gilberto Freyre, mais tarde, foram posições conservadoras, que afastaram a jovem intelectualidade da possibilidade de entender o significado de *Casa-grande & senzala*. Gilberto Freyre não escreveu outro livro com a mesma força. Tentou fazer algo do gênero com *Sobrados e mucambos* e, até certo ponto, com *Ordem e progresso*. Mas eles não tiveram a capacidade de pintar um painel com igual força.

Já o livro de Sérgio Buarque de Holanda — escrito três anos depois de *Casa-grande & senzala*, em que Gilberto Freyre lhe agradece pela contribuição prestada (pois Sérgio traduziu algumas obras do alemão para que Gilberto Freyre pudesse usá-las)

— tem uma conotação distinta. E eu diria que, embora o livro de Gilberto Freyre seja mais vulnerável à crítica, é uma arquitetura de grande porte, enquanto o de Sérgio não é assim. *Raízes do Brasil* é quase uma miniatura de pintor, daquelas que revelam muito, como se fosse da lavra dos pintores geniais das *Flandres* que, ao fazer uma miniatura, às vezes no interior do quadro maior, revelam na minúcia tudo que pode ser visto em ponto maior na grande obra.

Do ponto de vista da história das ideias, Sérgio Buarque, em *Raízes do Brasil*, talvez tenha produzido uma revolução maior do que a feita por Gilberto Freyre. Não é maior quanto à arquitetura da obra ou quanto à compreensão do Brasil, nem as categorias do Sérgio são categorias de tipo estrutural. Gilberto Freyre, bem ou mal, faz uma análise estrutural — histórica e estrutural. O diálogo que Sérgio mantém é o de uma iluminura, é mais sofisticado, não tem as características de um vasto mural. Mas *Raízes do Brasil* tem algo de mais — palavra ruim — moderno. O livro de Gilberto foi um livro que comoveu pelas razões que eu disse: fez um mito sobre nós próprios. O de␀Sérgio não comoveria tanto desse ponto de vista, embora também desvende alguns aspectos importantes da cultura brasileira, e até mesmo do comportamento dos brasileiros; mas creio que a parte mais significativa do trabalho do Sérgio é outra. É que Sérgio é um pensador radicalmente democrata, coisa que Gilberto Freyre não era. O pensamento de Gilberto Freyre é docemente conservador, ele concede ao povo ou ao escravo, mas não está interessado em explicar se as coisas vão mudar, por que vão mudar, até que ponto a estrutura patriarcal, em vez de ter o lado positivo ressaltado, tinha também lados que obstaculizavam as mudanças e perpetuavam uma ordem injusta.

Sérgio não. Ele está o tempo todo tratando de mostrar que temos raízes até ibéricas — Gilberto Freyre também fala nisso, não em raízes portuguesas, mas ibéricas —, mas, ao mesmo tempo em que está procurando as raízes ibéricas, faz distinções. Distingue a América criada pelo português da América criada pelo espanhol, e, sobretudo, reconhecendo, mostrando e criticando a formação patrimonialista brasileira (e para isso usa Weber), tenta vislumbrar brechas para a emergência de um possível comportamento diferente do comportamento brasileiro tradicional.

Deixem-me precisar um pouco mais o que quero dizer com isso. Num dos capítulos mais bonitos do livro, que é "O ladrilhador e o semeador" (e que ganhou este título na sexta edição), Sérgio Buarque compara a presença espanhola com a presença portuguesa. Diz que a presença espanhola se marca por uma vontade férrea e abstrata de criar cidades com planos traçados de antemão. A cidade espanhola é uma cidade geométrica, com a praça maior e as ruas paralelas que saem dela, de tal modo que a geografia é dominada pelo planejador que a antecipa mentalmente. O próprio plano vinha da Espanha. Em contraposição a esse espírito, a essa vontade mais abstrata, mais racionalizadora, mais impositiva, dos espanhóis, os portugueses como que se espreguiçavam na geografia. A cidade portuguesa é desorganizada, é a cidade que sobe e desce o morro em zigue-zague, embora os portugueses preferissem ficar no alto, com seus fortes. Eles tinham visão estratégica, ocuparam o espaço brasileiro de uma maneira admirável, souberam construir fortificações onde era necessário, mas não tinham a preocupação com a ordem geométrica, nem talvez com a disciplina; o espírito improvisador do português era muito forte para se conformar a planos. Assim a cidade vai se formar de uma maneira muito mais desordenada.

Mais adiante, Sérgio Buarque vai mostrar, em vários capítulos, sendo cada um deles uma obra de arte em si, que há certas condicionantes da vida do português no Brasil, da nossa formação colonial, da nossa formação histórica, que levam à valorização de elementos culturais que, digamos assim, para usar a expressão que Weber utilizava, tomando emprestada de Goethe, não têm afinidades eletivas com o espírito do capitalismo, com a modernidade.

Eu me referi há pouco a Tocqueville, que escreveu páginas admiráveis sobre como foi possível enraizar nas Américas uma sociedade mais igualitária, mais democrática e mais afim com o espírito do capitalismo moderno. Pois bem, aqui não há nada disso. Não existe na formação cultural brasileira essa propensão ao abstrato, ou ao racional, nem o amor às hierarquias. Esse desamor às hierarquias estamentais — que vigiam na Europa, porém não na América —, compensado pela disciplina individual e pela solidariedade grupal de fundo religioso, levou, na América do Norte, à competição capitalista. Entre nós, a inexistência da racionalidade abstrata e do gosto pela disciplina levou ao personalismo.

Sérgio vai construir sua interpretação — uma das suas, pois são tantas — ao redor da ideia de que, embora a nossa sociedade seja uma sociedade de privilégios, esses privilégios — e ele diz que essa característica vem do mundo ibérico — não estão baseados nas distâncias estáticas das hierarquias sociais preestabelecidas. De alguma maneira a realização individual pesa mais do que, como diriam os sociólogos americanos, as virtudes prescritivas e as posições herdadas, advindas de privilégios de nascença, de posições preestabelecidas na sociedade. Porque sempre houve alguma possibilidade de mobilidade. Curiosamente Sérgio Buarque contrasta essa situação com outras nas quais existe um sistema de normas estruturadas que valorizam o exercício da motivação individual. Entre nós acontece o oposto: a ação pessoal, numa sociedade que não valoriza as regras abstratas, transforma a realização individual em dom, acaso e sorte.

Não se trata propriamente da mobilidade que a sociedade permite em função de um parâmetro mais amplo, que contempla a mobilidade como um valor e lhe aponta caminhos institucionais. Senão que se trata de algo que se consegue pela desordem, pela vontade pessoal, pela imposição, e que acaba sempre sendo algo particular. Nossa formação leva-nos a exacerbar as virtudes pessoais e arbitrárias. Não se cria, assim, uma sociedade verdadeiramente democrática. A democracia requer regras, requer a igualdade formal, que assegure chances iguais a todos. O valor que se preza, entre nós, é o oposto: o êxito é sempre uma proeza única, pessoal, a despeito das regras.

Na visão de Sérgio Buarque, se existe um espírito irrequieto entre nós, que permite explosões pessoais que quebram a rigidez da sociedade, essa quebra de rigidez não se dá pela transformação das estruturas em benefício de todos, e sim em termos do aplauso para quem consegue quebrar as regras, momentaneamente, graças a um percurso com marca própria, patenteado, e não generalizável.

Um dos capítulos mais importantes do livro é sobre "o homem cordial". Na verdade, Sérgio está fazendo uma crítica, e não o endeusamento das "virtudes brasileiras", porque o homem cordial, para ele, é o homem do coração, que se opõe ao homem da razão. Cordial não quer dizer "bom", quer dizer da "emoção". E a emoção perturba o estabelecimento das regras gerais, formais, democráticas. A leitura do homem cordial como homem afável é equivocada. Com o conceito, Sérgio Buarque está mostrando outra coisa, está mostrando que esta "cordialidade", na verdade, é uma maneira de reter vantagens individuais. Até mesmo nas análises quase antropológicas deste livro admirável (Sérgio Buarque é um excelente escritor que sempre foi capaz de disfarçar a erudição) aparecem as características dos modos de comportamento no Brasil que, sendo aparentemente muito agradáveis e parecendo romper com fórmulas estabelecidas, na verdade utilizam a displicência e a falta de ordem em benefício dos que são capazes do exercício do poder pessoal.

Em nossa própria prática religiosa, é muito difícil manter o ritual. Citando Saint-Hilaire, diz que mesmo durante o culto as pessoas conversam, mais interessadas nelas próprias do que na vida em comum. O ritual, que pode parecer alguma coisa de impositivo e, portanto, negativo, é também condição da vida democrática. O não ter regra, aparentemente, é o estar à vontade que igualiza; mas na verdade não é bem assim, é propiciar que as pessoas que são formalmente iguais deixem de sê-lo, porque, sendo uns "mais iguais que os outros", são tão superiores que podem ser condescendentes, "democratas", como uma concessão pessoal e não em função do direito do outro.

Confundimos muito no Brasil essa situação, que é de manipulação pela ausência de regras gerais e conhecidas, com "informalidade democrática". Tem-se a impressão de que convém quebrar todas as regras para haver democracia. Quando se quebram todas as regras, entretanto, não há possibilidade da generalização de situações de igualdade, não há possibilidade efetiva de se criar uma situação de democracia.

Não tenho visto muitas análises politizando *Raízes do Brasil*, e eu estou politizando. Existem muitas análises que valorizam a contribuição de *Raízes do Brasil* para a história cultural, que ressaltam a graça do texto para descrever situações, ao fazer citações eruditas e usar linguagem coloquial. O livro, ao mesmo tempo em que exibe enorme simplicidade vocabular e de estilo, de repente faz uma interpretação extremamente sofisticada. Tudo isso é verdadeiro, mas acho que pode haver uma outra leitura do *Raízes do Brasil*, que valoriza a crítica profunda de nossa sociedade não democrática.

É muito significativo que toda a construção intelectual do livro termine com uma pergunta: o que podemos fazer para construir uma sociedade mais democrática? Uma sociedade que ao invés do personalismo e do caudilhismo permita o acesso de todos às oportunidades existentes, que tenha regras gerais, como na democracia? A resposta de Sérgio Buarque não é pessimista. Ele não se limita a descrever uma situação definida por uma "herança histórica". Especula sobre alternativas democráticas. No ano em que foi escrito o livro, 1936, isso era raríssimo. Sérgio se coloca contra a onda dominante, que era ou fascista ou comunista. Seu livro é radicalmente democrático. E faz também a crítica da liberal-democracia cabocla, mostrando que ela era outra forma de poder pessoal disfarçada em belas palavras, perfeitamente assimiláveis pela elite de poder no Brasil, que aceita, do ponto de vista abstrato e ideológico, a posição liberal-democrática mas que se esquece dos fundamentos sociais necessários para a existência de uma situação democrática efetiva. *Raízes do Brasil* faz a crítica da democracia liberal a partir do ponto de vista democrático, não a partir do ponto de vista conservador, e muito menos fascista ou comunista, ideologias repelidas pelo autor durante toda a sua vida e que estavam na moda quando o livro foi escrito.

Na parte final de *Raízes do Brasil*, Sérgio Buarque deixa transparecer os fundamentos de seu otimismo, de sua esperança: a de que virá uma revolução "de baixo". Não fala em revolução, pois primava em não usar palavras tão amedrontadoras. Mas tem a firmeza de, não usando as palavras, discutir as condições para uma mudança mais radical. Em suma, o livro discute as possibilidades de se mudarem as raízes, as heranças culturais, a ordem vigente. E a mudança que ele antevê é a de que, com a urbanização, o peso da herança rural cederá à presença das massas populares que ele via com bons olhos, uma vez que possibilitaria um movimento "de baixo para cima". A urbanização traria à cena novos protagonistas da política, dessa vez realmente democráticos.

Diferentemente de Gilberto Freyre, que não superou *Casa-grande & senzala*, Sérgio Buarque escreveu outro livro que, a meu ver, é maior do que *Raízes do Brasil* (ele achava isso também, embora não fosse presunçoso, pois era, nesse aspecto de vaidade pessoal, o oposto de Gilberto Freyre). Trata-se da *História geral da civilização brasileira*, que ele dirigiu. O volume sobre a Monarquia foi todo escrito diretamente por Sérgio Buarque. É um livro admirável, já de pós-maturidade, com a mesma visão penetrante do *Raízes do Brasil* mas fazendo uma história factual que reinterpreta todo o Império brasileiro. É um livro difícil de ser lido, porque Sérgio Buarque conhecia como ninguém as minúcias do Império, e uma das desvantagens da Monarquia é que, se para o historiador já é terrível, para o leitor pior ainda: as pessoas têm vários nomes — o próprio, o de família, o título nobiliárquico e suas variações no tempo. Sérgio conhecia aquilo como a palma da mão. Ele se refere ao personagem, ora pelo nome de família, ora pelo nome próprio, ora pelo título, e às vezes o título era barão e passa a ser conde, e assim vai. Não é fácil, para quem não está atento às minudências da história, acompanhar o texto. Mas, quando se penetra na leitura e se deixa levar pelo gênio de Sérgio, vê-se que, ao mesmo tempo em que ele está fazendo uma história factual, está descrevendo o funcionamento de um sistema com a competência dos grandes mestres.

Dessa análise da Monarquia brota um painel tão importante quanto o de Gilberto Freyre em *Casa-grande & senzala*, mais profundo e mais objetivo do que nosso clássico da escravidão, embora não tão sugestivo, pois falta-lhe — e nem seria o caso — o caráter mítico e até certo ponto apologético que Gilberto deu à sua obra. Da análise do jogo político do Império depreende-se que se vivia numa situação de faz de conta. Na verdade, o imperador, dotado de certa sensibilidade e de luzes iluministas e sabedor de que os nossos partidos não tinham força, fazia, ele próprio, a alternância no poder. Dissolvia as câmaras e constituía novo gabinete que nomeava os presidentes de província. Os novos presidentes de província "faziam" a eleição. Ao fazer a eleição, o partido do gabinete que tinha sido constituído ganhava a eleição. Não se aferiam maiorias na Câmara, só muito raramente, até porque as câmaras eram quase unânimes. A derrubada de uma situação conservadora, ou a derrubada de uma situação liberal, dependia de um jogo feito pelo que se chamava na época de "opinião pública", na verdade a opinião dos homens influentes junto ao Paço Imperial de São Cristóvão. Essa opinião atuava até que o imperador se sensibilizasse para derrubar o ministério. Derrubado o antigo ministério, o novo ministério escolhia os presidentes de província que faziam a eleição e, depois desta, a Câmara vinha com a bandeira política oposta: se era conservadora a dissolvia, seria liberal a recém-construída; se era liberal, vinha conservadora.

As mudanças da lei partidária ou do sistema eleitoral nunca chegaram a ter efeito maior sobre o entrosamento entre o poder monárquico e a base da sociedade escravocrata. Como Nabuco já mostrara, o esgotamento do Império não se deveu às crises políticas, mas à grande crise social e econômica gerada pelo fim do tráfico, pela escassez de mão de obra escrava e pela luta abolicionista interna e internacional.

A análise de Sérgio Buarque de Holanda sobre a Monarquia tem a mesma estatura de *Casa-grande & senzala*. Escrita em outra época, no bojo de uma coleção pesada, não teve, entretanto, a repercussão que, a meu ver, merece. Há tempo ainda para corrigir isso.

Já Caio Prado Jr. vem de outra tradição intelectual. Caio escreveu, na mesma década de 1930, *Evolução política do Brasil*. Mas seu grande livro, livro de referência, é a *História econômica do Brasil* e, antes dele, *Formação do Brasil contemporâneo*, obra-prima de nossa historiografia.

Caio Prado foi uma pessoa bastante diferente mentalmente do autor de *Raízes do Brasil* e de Gilberto Freyre. Sérgio Buarque combinava sofisticação intelectual com vocação crítica radicalmente democrática. Gilberto talvez tivesse menos erudição do que Sérgio e juntava a uma sensibilidade conservadora uma capacidade de síntese com muita liberdade. Caio Prado era quase geógrafo por formação. Falava de geografia e até de geologia com fluidez muito grande. Foi aluno irregular da Universidade de São Paulo, na época da primeira leva de professores franceses. Conviveu com a elite cultural da época, frequentava a Universidade e os salões de São Paulo. Caio Prado foi amigo de Lévi-Strauss, foi aluno de Deffontaines, o pai da geografia humana moderna, e de Pierre Monbeig. Tinha noções bastante sólidas de mineralogia e poderia ter sido geógrafo — era muito preciso na descrição das condicionantes físicas do país. Isso, se não aparece na *Evolução política do Brasil*, aparece de uma maneira admirável na *Formação do Brasil contemporâneo* e depois, na retomada dos mesmos temas, na *História econômica*.

A ocupação do Brasil pelos portugueses e pelos imigrantes, a colonização, em suma, foi descrita por Caio Prado à perfeição, sempre fundindo análises sobre o meio físico com os processos de exploração econômica e as formas históricas de organização do trabalho e da sociedade. Caio Prado, que era bastante rico, sempre viajou, sempre andou pelo interior, tanto do Brasil quanto da Europa e da América Latina. As noções que transmite nos livros não advêm propriamente do que leu em outro autor apenas, mas também do que ele viu. Leu e viu. Alguns historiadores criticaram Caio Prado dizendo que ele não recorria às fontes primárias, utilizando-se principalmente de fontes secundárias. Mas isso é um preconceito. Na verdade, Caio Prado Jr. tomou as fontes secundárias e deu vida e significação interpretativa mais ampla a elas, e foi capaz de oferecer um vasto e novo quadro do Brasil.

Quando Caio Prado escreve sobre imigração e colonização, por exemplo, em alguns capítulos admiráveis, sabe do que está falando, porque viu e porque leu. Conviveu desde menino com essa realidade, porque pertenceu à família Prado, que incentivou a imigração. A maior fazenda de café do século XIX era de propriedade dos Prado. E Caio, embora comunista, marxista, sempre soube expressar uma vivência pessoal. Eu sempre me impressionei com o jeito como Caio pensava, porque juntava, ao mesmo tempo, categorias abstratas e descrições muito concretas. Quando se dedicou à filosofia, perdeu-se em análises equivocadas. Mas com sua tremenda vocação para o concreto, com a base de formação de geógrafo, sabia corrigir-se nas análises históricas e sociais. Conseguiu fazer na *História econômica* um painel muito realista, com ideias relativamente simples, que convencem pela argumentação. Se Caio escreve claro, não tem a graça na elaboração das visões do Brasil de Sérgio Buarque, nem o encantamento de Gilberto Freyre. Mas, se às vezes a sofisticação dos tipos ideais de *Raízes do Brasil* encobre construções menos sólidas, se Gilberto idealizou muito o patriarcado e pode ser acusado de amar demais a Casa-Grande em prejuízo da Senzala, em Caio Prado os fundamentos da obra são visíveis e sólidos, como se fosse uma construção sem reboque.

Qual é o problema central do Brasil colonial? Escravidão, latifúndio. Como é que se dá a ocupação? Nosso autor descreve como o português chegou, como fez a expansão pelo interior, como se deu a simbiose entre região e produção etc. Descreve admiravelmente, por exemplo, a expansão da pecuária, e assim por diante. No meu modo de ver, a análise patina um pouco quando se refere à cidade e à indústria. Até chegar à cidade e à indústria, enquanto descreve o grande painel da Colônia, Caio Prado é insuperável. Eu acho que, talvez, só um outro autor tenha tido força de pensamento para abarcar toda a Colônia em termos conceituais equivalentes: Fernando Novais. O que Caio Prado escreveu sobre a Colônia, sobre o papel da cidade e do latifúndio, sobre a mão de obra escrava, é definitivo, até chegar-se à época da industrialização. A partir daí, a análise não tem a mesma força de argumentação. A partir do período, digamos, pós-30, o gosto pelo conceito abstrato e simplificador leva-o a idealizar a descrição do processo histórico. Caio passa a condicionar a análise à visão do imperialismo, à crença em certa impossibilidade do desenvolvimento industrial na periferia do capitalismo, à deformação da indústria nacional pelo capitalismo monopólico internacional. É interessante ver como nosso autor contrapõe a isso o que parecia ser um idílico capitalismo de concorrência. Entretanto, o que pulsa no coração de Caio Prado é outra coisa: o socialismo. Na ideologia prevalecente naquela época, entretanto, passar-se-ia, primeiro, por uma "etapa" capitalista. Mas não a monopolista e sim a concorrencial. A razão, nestes termos, fraqueja, e a análise, embora continuando a apresentar oposições binárias simples, não leva ao conhecimento, como no caso das análises sobre o Brasil Colônia.

Por outro lado, parece-me que havia um certo preconceito de senhor de terra, uma certa malquerença dessa sociedade urbana, populacheira e injusta. Malquerença que do ponto de vista político foi positiva, porque motivou uma ação crítica, radical. Mas há em Caio Prado uma certa malquerença do mundo moderno. Sérgio Buarque não a tinha. Ele queria ver como seria possível mudar as instituições, as formas de comportamento, para que pudéssemos ter democracia, e acreditava nas forças urbanas que criariam a possibilidade para que "los de abajo" pressionassem. Caio Prado, embora fosse comunista, guardava uma visão mais aristocrática: só o partido — de quadros — poderia mudar uma sociedade tão injusta que sufocava o proletariado no *Lumpenproletariat*.

Eu não sei quais os livros de Caio Prado que irão perdurar. Acho que é a *Formação do Brasil contemporâneo*. A *História econômica*, já lida por várias gerações, é um livro de referência, mas será um livro de referência mais factual do que uma fonte de inspiração de análises futuras, embora algumas de suas ideias possam fecundar, crescer.

Mas ele escreveu um livro, depois dos clássicos já referidos, que ainda não mereceu dos críticos o reconhecimento da importância que tem. Trata-se de *A revolução brasileira*. Nele, Caio retoma alguns temas que havia desenvolvido na *Revista Brasiliense* e na própria *História econômica* e trava um diálogo muito bom com a esquerda.

Caio Prado terá sido talvez quem tenha expressado com maior clareza e radicalidade o pensamento brasileiro sobre a questão agrária. Participei de grandes discussões com ele. Brigando com a esquerda, com o "progressismo" da época, Caio era quem via mais claramente a natureza do sistema agrário capitalista no Brasil. Sabia como ninguém como se davam as relações sociais de produção no campo. Num artigo publicado na *Revista Brasiliense*, retomou essa questão: a "meação" era uma forma disfarçada de assalariamento, mas era vista muito frequentemente como se fosse um indício de "vestígios feudais". Caio Prado nunca se enganou nessa matéria; nunca confundiu seus avós e bisavós com barões feudais; eles eram exportadores, eram homens inseridos na grande expansão do capitalismo mundial. E a ideia de que, apesar disso, haveria vestígios feudais no campo, por causa da sesmaria, por não sei o quê, porque havia uma superexploração, nunca atraiu nosso autor, e a discussão de tudo isso, em certa época, foi apaixonante.

Na questão agrária, Caio Prado foi muito preciso e deu uma contribuição enorme. Na *Revolução brasileira* mostra como funciona de fato o sistema capitalista, como era possível haver desenvolvimento apesar do imperialismo, fazendo, assim, crítica de algumas de suas posições anteriores. Não é um livro de historiador, nem é um livro que contenha um grande painel sobre o Brasil, mas é um livro que faz uma crítica do pensamento de esquerda muito avançada para a época, um livro no qual faz a crítica da proposta política que permanecia vigente na esquerda dos anos 1960. Trata-se de um livro com grande vitalidade.

Em síntese, de modo muito diverso esses três autores procuraram, no fundo, dar uma resposta sobre a questão de nossa identidade, sobre as condicionantes da história e as alternativas de futuro do Brasil. Eu sei que existe esta paixão em outros povos, é claro. Quem não conhece o *Facundo* de Sarmiento? Eu fui amigo de Gino Germani, que fez estudos importantes sobre a Argentina como sociedade de massas. Os argentinos sempre falam do seu "desenraizamento". É natural que os povos procurem indagar-se sobre si e sobre seus destinos, mas eu não sei se há muitos exemplos de tanta paixão pela descoberta do "ser nacional" ou da sociedade nacional por intelectuais válidos. Porque esta obsessão pode gerar muitas simplificações, pode gerar a busca de diferenças nacionais e culturais que deem dimensão de "superioridade" aos povos. Mas nós não estamos falando disso; estamos falando de grandes autores, que são mestres, capazes de lidar com fenômenos complexos, que não constroem visões simplistas de seu país. Esse é um traço curioso da cultura brasileira, e que talvez tenha se esmaecido nos últimos tempos. Essa paixão por uma interrogação contínua sobre nossas origens, sobre o que somos, o que podemos ser, que sustenta ora a ideia de um legado ora a de um peso que tem que ser posto à margem, não deixa de ser curiosa e, mesmo, produtiva.

As gerações mais recentes criticaram muito essas visões grandiosas. O grosso da produção das universidades se dirigiu para monografias, para estudos mais especializados, mais profundos, mais detalhados, que enriqueceram muito o conhecimento de aspectos do Brasil. Mas eu creio que está faltando alguém que retome esse tipo de abordagem global à mesma altura dos autores aqui discutidos, de maneira que pensemos outra vez sobre nossas potencialidades e que possamos, ao mesmo tempo, fazer uma análise que sacuda a poeira que vai se acumulando no decorrer da história quanto a certas ideias preestabelecidas.

Não é o método que o autor A, B ou C usou que interessa saber. Vale mais saber o que disse e propôs, saber se o livro avançou ou não no conhecimento da temática proposta, mesmo que, às vezes, sem muito rigor. De Sérgio Buarque de Holanda diz-se que era weberiano, de Gilberto Freyre que era "culturalista" e pouco objetivo, pois toma partido. E Caio Prado fez uma coisa que só no Terceiro Mundo foi possível fazer: uma análise marxista na qual a servidão tomou o lugar proeminente do proletariado, e os senhores do latifúndio não se transformaram em barões feudais, mas em capitalistas exportadores "modernos". Usou a dialética para entender processos, sem estar muito preocupado com a "negação da negação" a todo instante.

Em outros termos, quando o livro é grande, quando realmente diz alguma coisa, os andaimes pesam menos. Neste curso os senhores terão de haver-se com grandes construtores de ideias. Preocupem-se menos com a maquinaria utilizada e desfrutem a beleza da obra construída. Cada qual a seu modo, a seu estilo, cada um dos autores aqui mencionados colocou uma pedra fundamental no conhecimento do Brasil. Foram gigantes.

Posfácio

Nunca escrevi posfácio. Creio, no entanto, que não deve ser introdução, tarefa do prefácio, nem resenha, trabalho, digamos, extrafácio. Nesta crença, decidi, neste posfácio, registrar algumas impressões causadas por uma primeira leitura dos originais. Trata-se de dezoito ensaios, entre resenhas, introduções, conferências, depoimentos, escritos ao longo de 35 anos, de 1978 a 2013. Une-os, além da autoria, o fato de que são estudos sobre dez grandes intérpretes, ou, como quer o título do livro, dez grandes inventores do Brasil. A escolha dos nomes parece ter obedecido, como era natural, às preferências do autor, motivadas por amizade, empatia, admiração, reconhecimento. Mas todos eles integram, e nisto se unem, a maioria das listas dos principais e mais influentes intérpretes do Brasil. Seis deles, por exemplo, integram a prestigiosa coleção *Intérpretes do Brasil* da Nova Aguilar coordenada por Silviano Santiago e publicada em 2000: Joaquim Nabuco, Euclides da Cunha, Paulo Prado, Gilberto Freyre, Sérgio Buarque de Holanda, Florestan Fernandes. Os outros quatro,

Celso Furtado, Antonio Candido, Caio Prado, Raymundo Faoro, aparecem em listas semelhantes. São poucos, na verdade, os nomes que costumam aparecer em tais listas e que não constam do livro. Lembro-me, sobretudo, dos de Alberto Torres, Oliveira Vianna, Victor Nunes Leal e Vianna Moog.

Como se trata de pensadores lidos e relidos, há inevitavelmente reiterações nos comentários de que são objeto. Evitarei reiterar essas reiterações. Vou concentrar-me em alguns pontos que me chamaram a atenção pela originalidade, pela diferença em relação ao que geralmente se diz. Alguns terão alcance geral, outros dirão respeito à análise de pensadores específicos. E, por razões de espaço, nem todos os ensaios serão comentados.

Começo comentando um aspecto geral que chama a atenção de um leitor não paulista. Trata-se da forte presença da Universidade de São Paulo na formação de Fernando Henrique Cardoso e na lista dos autores por ele analisados. Fernando Henrique lá se formou (ingressou em 1949) e lá ensinou (até ser aposentado forçadamente pelo governo militar em 1968). Foram professores dessa universidade, e de Fernando Henrique, Sérgio Buarque de Holanda, Antonio Candido e Florestan Fernandes. A esses, poder-se-ia acrescentar um quarto, Caio Prado Jr., que lá fez estudos. Outro que poderia ter entrado na lista do autor é Fernando de Azevedo, de quem Florestan Fernandes e Antonio Candido foram assistentes.

A década de 1950 foi a da ascensão da USP a posição de destaque no cenário intelectual do país, fazendo sombra à Universidade do Brasil. Evidencia essa relevância a autossuficiência da universidade. Fernando Henrique só registra como importantes em sua formação a USP e a experiência chilena na Cepal de Raul Prebisch. Outro grande centro de estudos que se destacou na época por se dedicar a pensar o Brasil foi o Instituto Superior de Estudos Brasileiros, Iseb, criado no Rio de Janeiro em 1955 e fechado pelos militares em 1964. Nele ensinaram importantes pensadores, como Hélio Jaguaribe, Guerreiro Ramos e Álvaro Vieira Pinto, entre outros. No entanto, o Iseb só é mencionado uma vez, e ligeiramente. Também não aparecem nomes de destaque da Faculdade Nacional de Filosofia da Universidade do Brasil, como Victor Nunes Leal e Evaristo de Moraes Filho. De outros estados, comparecem três nomes importantes, mas alheios ao meio acadêmico, o paraibano Celso Furtado, o pernambucano Gilberto Freyre e o gaúcho Raymundo Faoro. São Paulo, graças à USP, passou a disputar vantajosamente com a então capital federal a escrita e a interpretação do Brasil.

Aluno de Ciências Sociais da Faculdade de Ciências Econômicas da então Universidade de Minas Gerais na década de 1960, onze anos após a entrada de Fernando Henrique na USP, testemunhei a ascensão da universidade paulista. Na sala de aula, líamos muito, como na USP, os clássicos Marx, Weber e Durkheim, guiados por Georges Gurvitch. Mas líamos, também muito, autores brasileiros, na maioria pertencentes ao Iseb. Começávamos, no entanto, a ler os jovens professores da USP. A *Revista Brasileira de Ciências Sociais*, editada na Faculdade por meu professor, Júlio Barbosa, a melhor do país na época em sua área, publicava Hélio Jaguaribe e Álvaro Vieira Pinto, mas também, e cada vez mais, Florestan Fernandes, Octavio Ianni, José Arthur Giannotti. O número 1 de 1962 publicou artigo de Fernando Henrique intitulado "O método dialético na análise sociológica". Este mesmo número trazia artigo de Celso Furtado e um relatório da Cepal, duas referências, Celso e a Cepal, de Fernando Henrique. Coincidentemente, no mesmo número, apareceu um artigo de Florestan Fernandes sobre "A sociologia como afirmação". Tratava-se de discurso presidencial do autor proferido na abertura do II Congresso Brasileiro de Sociologia, realizado em Belo Horizonte em 1962.

Nesse artigo, aparecia com clareza a preocupação do sociólogo em afirmar o caráter científico da sociologia, em enfatizar a necessidade de se seguirem, no exercício da profissão, os protocolos relativos a métodos e teorias, além da crença, que hoje nos pareceria um tanto ingênua, na capacidade da ciência de reformar a realidade. O artigo de Fernando Henrique na revista registrava nova dimensão da orientação da USP nas ciências sociais. Tratava-se da influência do marxismo, originada no Seminário Marx, dedicado à leitura de *O capital*, que funcionou de 1958 a 1964. Participaram do seminário professores de sociologia, filosofia e história, incluindo Fernando Henrique, não incluindo, curiosamente, Florestan Fernandes. O grupo contribuiu poderosamente para marcar a produção da USP na área de ciências sociais e na história com um viés teórico de orientação marxista, embora utilizado, o viés, de maneira distinta pelos participantes do grupo.

O que acabo de dizer sobre Florestan Fernandes serve como ponte para os três capítulos que examinam sua atuação como professor e sua obra sociológica. O primeiro é um depoimento de 1986, o segundo, uma introdução a *A revolução burguesa no Brasil*, escrita em 2000, o terceiro, de 2008, uma introdução à quarta edição revista do livro de Roger Bastide e Florestan, *Brancos e negros em São Paulo*. Interessaram-me particularmente os dois primeiros, sobretudo o depoimento, que falam do professor e do sociólogo Florestan Fernandes entre 1945, quando começou a lecionar, e 1969, quando foi aposentado compulsoriamente. Essa fase importante de sua vida ficou ofuscada, pelo menos para os que não conviveram com ele, por sua produção acadêmica e militância político-partidária posterior. Sua recuperação é um dos muitos méritos deste livro.

O que nos é contado sobre Florestan Fernandes coincide com o artigo dele acima citado. Ele é o grande professor de sociologia, competente, exigente, preocupado em afirmar o caráter científico da disciplina, o profissionalismo de seus praticantes e seu uso para promover a reforma democrática do país. É sintomático que ele e Antonio Candido dessem aulas de avental branco como se fossem cientistas em seus laboratórios. O mesmo faziam os assistentes: "o professor entrava na sala de aula com seu avental branco, os assistentes acompanhavam-no também com seus aventais brancos e assistíamos a todas as aulas". A Faculdade de Filosofia da USP parecia uma faculdade de Medicina. Por mais exótico e exagerado, se não cômico, que isso nos pareça hoje, creio que a insistência de Florestan na importância de uma formação sólida em teoria e método e da leitura dos clássicos pode ter vacinado seus alunos, pelo menos os melhores deles, entre os quais estava sem dúvida Fernando Henrique, contra simplismos e reducionismos fáceis, tornados atraentes pela situação política criada após o golpe de 1964.

Pergunto-me, talvez para surpresa do próprio Fernando Henrique, se a formação recebida de Florestan Fernandes não serviu também para evitar que ele, sob a influência do Seminário Marx, se tornasse um ortodoxo rígido e desinteressante, como aconteceu com outros. Os textos deste livro mostram com abundância que isto não se deu, mostram a abertura e a agilidade mental que ele manteve, e tem mantido, ao longo de sua vida acadêmica. Na verdade, as leituras clássicas podem ter ajudado o próprio Florestan Fernandes. Como anota Fernando Henrique no texto de 2000, há um corte entre os primeiros capítulos de *A revolução burguesa no Brasil* e os últimos, escritos sete anos depois, de natureza claramente marxista, onde predomina o esquema das etapas de acumulação de capital. No entanto, anota o autor, Florestan Fernandes nunca sucumbiu ao marxismo vulgar e a reducionismos economicistas. O livro de seu ex-professor não demonstraria, segundo ele, a superioridade de um esquema (marxista) sobre outro (weberiano), ou vice-versa, mas a qualidade de um sociólogo de sólida formação teórica e apaixonado pela pesquisa.

Sobre Antonio Candido há dois textos, um depoimento de ex-aluno, de 1992, e uma resenha de *Os parceiros do Rio Bonito*, de 1979. No depoimento, o autor relembra o assistente, ao lado de Florestan Fernandes, de Fernando de Azevedo, impecável no avental branco, límpido, elegante e erudito no falar. Mas é a resenha que eu gostaria de ressaltar por recuperar um livro importante, publicado em 1964, e posteriormente ofuscado pela obra de crítica literária de Antonio Candido e, sobretudo, pela explicação oferecida para o ofuscamento. Fernando Henrique convincentemente mostra as virtudes de um livro que combinava antropologia, sociologia e economia no esforço de entender o mundo caipira paulista, mantendo o tempo todo a preocupação de combinar a abstração da teoria e a concretude do cotidiano. Teria sido isto, conclui, que impediu que o livro fizesse escola ao aparecer num ambiente intelectual preocupado prioritariamente com formulações teóricas, categorias, esquemas interpretativos, estruturas. Um ambiente, em outras palavras, em que não havia lugar para a experiência humana.

Abertura e agilidade estão certamente presentes na análise de autores aos quais o autor se vincula por laços intelectuais e afetivos, como Florestan Fernandes, Antonio Candido, Sérgio Buarque, Caio Prado, ou por afinidade de ideias, como Joaquim Nabuco. Mas elas ressaltam mais quando o objeto de estudo é alguém que não se enquadra nessas características, como são os casos de Gilberto Freyre e Raymundo Faoro. O primeiro é estudado em três textos, de 1993, 2005 e 2010. Durante os anos 1950--60, e mesmo além, ele foi uma *bête noire* para a intelectualidade uspiana, inclusive, e confessadamente, para o próprio Fernando

Henrique, e também para a esquerda em geral. Ele dividia com o fluminense Oliveira Vianna, xingado de reacionário, racista e elitista, o papel de saco de pancada da intelectualidade de esquerda. Gilberto Freyre, acusava-se, não tinha rigor científico, era conservador, saudosista do mundo patriarcal e escravista, criador do mito da democracia racial e o que mais seja.

No entanto, já no texto de 1993, uma aula magna dada no Instituto Rio Branco quando o autor era ministro das Relações Exteriores, sua atitude já é aberta, admite aspectos positivos na obra freyriana, sobretudo em *Casa-grande & senzala*. Sem abrir mão das críticas, *noblesse oblige*, confessa que uma releitura desse livro, agora sem os olhos do jovem sociólogo militante mas preocupada apenas em "ver o que diz o livro", se revelou apaixonante, inclusive pelas qualidades literárias do texto, muito maiores, acrescento eu, do que as da "pedreira" dos escritos de Florestan Fernandes. A mesma sensação é confessada na conferência de 2010, feita na Festa Literária Internacional de Paraty (Flip), quando fala em encanto e deslumbramento. Além de ressaltar de novo a qualidade da escrita como um dos fatores da permanência da obra de Gilberto Freyre, acrescenta aspectos substantivos como a solidez acadêmica, a descoberta da importância do cotidiano e da vida privada, antes mesmo que os franceses o fizessem (poderia ter mencionado um precursor entre nós, o Alcântara Machado de *Vida e morte do bandeirante*, de 1929), a incorporação na análise da vivência, de valores e sentimentos, o distanciamento da ênfase no papel do Estado, predominante esta numa época em que era grande a influência de Alberto Torres, via a Sociedade de Amigos que levava seu nome, de Oliveira Vianna e de Azevedo Amaral, todos defensores de maior protagonismo do governo central. E, por fim, em interpretação original, atribui ainda a perenidade da obra de Gilberto Freyre em parte ao fato de ter ele criado o mito da identidade brasileira como sendo uma feliz combinação de raças e culturas. Esse mito, conclui, seria nosso mito, aquele em que gostaríamos de acreditar, daí sua grande receptividade.

Outro sem grande afinidade intelectual com Fernando Henrique é Raymundo Faoro. O texto sobre esse autor, de 2013, é um comentário relativamente longo sobre *Os donos do poder*, livro de 1958, com segunda edição, muito aumentada mas pouco melhorada, em 1975. A tese central de Raymundo Faoro, como se sabe, é a da persistência no Brasil de uma dominação burocrático-estamental de natureza patrimonial, conceito inspirado na sociologia weberiana. Nessa linha, Faoro vê a história do Brasil marcada, da Colônia à República, pelo domínio persistente de um estamento burocrático vinculado ao Estado que controla a política, a sociedade e a economia, esta última via um esterilizante capitalismo de Estado. Haveria no Brasil, resume o autor, na linha do liberalismo e do dualismo de Tavares Bastos, um Estado que, desde os primórdios, se projeta independente e hegemônico sobre as classes sociais.

Trata-se de tese forte, mas formulada de maneira tão radical que não faz nem mesmo justiça à complexidade da análise histórica desenvolvida em *Os donos do poder*. Eu próprio tentei mostrar a dificuldade de provar empiricamente a estamentalização entre nós da burocracia estatal no século xix. Fernando Henrique não poderia deixar de criticar o exagero da formulação faoriana. Ele o faz, mas não insiste nessa fragilidade. Com acuidade, escolhe ressaltar os pontos positivos. Busca no patrimonialismo caracterizado por Raymundo Faoro elementos úteis para interpretar o Brasil de hoje (a segunda edição do livro foi publicada ainda no período ditatorial, quando o estamento militar — na visão de Faoro — predominava). Fernando Henrique julga que o estamento, agora mais civil que militar, ainda está presente entre nós, num conluio que sobreviveu, se não se reforçou, paralelamente ao avanço capitalista, englobando burocracia, empresas e sindicatos. Ele próprio, aliás, já se referira ao fenômeno do patrimonialismo de hoje cunhando a expressão "anéis burocráticos". A consequência seria que esta mutação do patrimonialismo, acoplada a políticas populistas e coberta com o manto da esquerda, o torna popular e, portanto, o fortalece. O autor não usa a expressão, mas seria possível falar em esquerda patrimonial, nova invenção brasileira que não surpreenderia Raymundo Faoro e lembraria o conceito de nacionalismo cartorial desenvolvido por Hélio Jaguaribe na década de 1960. Os breves comentários finais de Fernando Henrique à obra de Raymundo Faoro mereceriam ser expandidos em análise mais aprofundada do Brasil de hoje.

Também lúcida é a resenha de *Os sertões*, feita em artigo de 1978. A presença no livro da forte influência cientificista da antropogeografia, dominante na época, não consegue desviar a atenção do comentador para os aspectos inovadores da obra. Euclides da Cunha, anota, consegue, a despeito de seus esquemas teóricos, e contra eles, fazer uma sociologia do cotidiano e dos movimentos sociais, sobretudo do messianismo. Isto e a ira santa de Euclides contra o "crime da nacionalidade" teriam conferido a *Os sertões* seu caráter de livro permanente.

Volto aos autores caros a Fernando Henrique. Os três textos sobre Nabuco, um discurso de 1999, um prefácio a *Balmaceda*, de 2000, e uma conferência na abl em 2010, destilam admiração e simpatia, sobretudo em relação a *O abolicionismo*. Nabuco, segundo ele, aliava as qualidades de sociólogo à de reformador social, receita perfeita para entusiasmar o jovem aluno de sociologia da usp. É justificada, a meu ver, a caracterização de *O abolicionismo*, o melhor panfleto político já produzido entre nós, como um texto sociológico. Ninguém melhor do que Nabuco viu com clareza as metástases da escravidão em toda a vida nacional, na economia, na política, nas relações sociais, nos valores. Foi detectando esse enraizamento que ele profetizou que seriam necessários cem anos para nos livrarmos da herança escravista. Florestan Fernandes, com sua insistência na cientificidade da sociologia, talvez não admitisse conceder a Nabuco a qualificação de sociólogo. Mas, com mais acerto, Guerreiro Ramos certamente o incluiria em sua lista de sociólogos anônimos de que faziam parte, entre outros, Euclides da Cunha, Sílvio Romero, Alberto Torres.

Inovadora na análise feita sobre Joaquim Nabuco é a interpretação das possíveis razões que levaram o abolicionista a se dedicar integralmente, a partir de 1879, à luta contra a escravidão. É conhecida a versão do próprio Nabuco que a vincula a sua convivência com os escravos no engenho da madrinha, sobretudo ao episódio dramático do escravo de um fazendeiro vizinho que se lançou a seus pés solicitando que a madrinha o comprasse para servir a ele, ainda um menino. E, mais ainda, à visita que fez, já adolescente, ao cemitério dos escravos do engenho, quando teria prometido dedicar a vida a combater a instituição responsável pela sorte deles. Fernando Henrique, inspirado em análises psicanalíticas, sugere um fator adicional para a decisão, a sensação de perda sofrida pelo próprio Nabuco por ocasião da morte da madrinha, sua mãe de criação. Choraram os escravos e chorou ele, perdiam os escravos e perdia ele, um menino de oito anos. O trauma pessoal, segundo a hipótese, teria contribuído para imprimir com mais força em seu espírito a convicção profunda dos males da escravidão e, consequentemente, para fazê-lo decidir-se a dedicar a vida à causa da abolição. No mínimo, é *bene trovato*.

Uma nota final sobre o capítulo dedicado a Sérgio Buarque de Holanda. Trata-se de artigo sobre *Raízes do Brasil* publicado em 1978 na revista *Senhor Vogue*. O texto é curto demais para permitir ao autor desenvolver análise aprofundada do livro. Aproveito-o, no entanto, para uma nota metodológica. É tendência quase geral entre os comentadores de *Raízes do Brasil*, Fernando Henrique aí incluído, com raríssimas exceções, entre elas a de Robert Wegner, não prestar atenção no prefácio da segunda edição, feita em 1948, doze anos após a primeira. Nele, Sérgio Buarque alerta o leitor sobre o fato de se tratar de edição "consideravelmente modificada" e confessa não ter hesitado em "alterar abundantemente" o livro onde lhe pareceu necessário "retificar, precisar ou ampliar sua substância". O historiador das ideias teria, então, necessariamente, que levar em conta essas mudanças, sob pena de considerar como sendo de 1936 posições que seriam, de fato, de 1948.

É conhecida a trajetória de Sérgio Buarque. De 1921, quando tinha dezenove anos, até 1946, ele morou no Rio de Janeiro e participou intensamente da vida cultural da cidade. Foram 25 anos. No Rio, foi jornalista, professor da Universidade do Distrito Federal de 1936 a 1939, e, já durante a ditadura do Estado Novo, funcionário público como diretor de publicação do Instituto Nacional do Livro e, em 1944, diretor da divisão de consultas da Biblioteca Nacional, então presidida por Rodolfo Garcia. Um ano após o fim do Estado Novo, voltou para São Paulo, onde assumiu a direção do Museu Paulista. As alterações no texto de *Raízes*, introduzidas dois anos após a volta a São Paulo, sem dúvida se deveram à mudança de endereço, sem excluir, naturalmente, as alterações na conjuntura política. Não é possível fazer aqui o cotejamento completo entre as duas edições. Limito-me a dois exemplos.

O primeiro tem a ver com o conceito de homem cordial, tomado de empréstimo a Ribeiro Couto, que ainda gera muita discussão. Na primeira edição, fica claro que ele é sinônimo de bondade: "Com a cordialidade, a bondade, não se criam os bons princípios" (p. 156). Ora, a palavra "bondade" sumiu na segunda edição. A correção foi, sem dúvida, para melhor, mas é de 1948. Não parece ser apenas uma "ampliação" do conceito como se justifica Sérgio Buarque em carta a Cassiano Ricardo, incluída na segunda edição. A alteração faz parte de uma tentativa de afastamento em relação às ideias de Gilberto Freyre, seu editor de 1936, tão presentes em *Raízes*. Evidência disso é o fato de o nome e o elogio desse autor contidos na página 105 da primeira edição terem sido expurgados da segunda. O elogio era dirigido a *Casa-grande & senzala*, publicado três anos antes, e qualificava o livro de "o estudo mais sério e mais completo sobre a formação social do Brasil".

Outro autor que sofreu cortes nos elogios foi, *et pour cause*, Max Weber, que Sérgio Buarque teve o mérito de introduzir no Brasil. Na primeira edição, na citação do livro *A ética protestante e o espírito do capitalismo*, o autor alemão é chamado, em nota, de "o mais eminente sociólogo moderno". Na segunda, Weber é rebaixado a "grande sociólogo", e a nota expande-se em crítica ao excessivo peso que ele dá à dimensão moral e intelectual dos fenômenos sociais em detrimento de outros fatores, como o econômico. Seguramente, no texto de 1948 aparece um autor com ideias mais organizadas, mas também diferentes das de 1936. É importante que a modificação seja reconhecida, pois ela faz parte da própria biografia intelectual do autor e, mais ainda, tem a ver com distintas tradições de pensamento, a que se formou no Rio de Janeiro e a que, a partir dos anos 1930, se consolidou em São Paulo. Sérgio Buarque, após 1946, se paulistizou.

Esta posfação já se alonga, é preciso lhe pôr termo. Faço-o insistindo no que me parece ser a principal virtude dos capítulos que formam este livro. Escritos, em boa parte, em momento histórico em que entre nós o estudo das ideias quase se limitava à busca de suas determinações estruturais, em que elas eram reduzidas a ideologias, seu autor neles revela a preocupação de buscar conteúdo e não de detectar métodos e abordagens. Como ele próprio afirma no epílogo, a aula magna dada no Instituto Rio Branco em 1993, o importante na leitura é perguntar "se o livro avançou ou não no conhecimento da temática proposta, mesmo que, às vezes, sem muito rigor". Ou, ainda mais radicalmente, no conselho aos alunos do mesmo Instituto: "Preocupem-se menos com a maquinaria utilizada e desfrutem a beleza da obra construída". Trata-se de postura perfeitamente compatível com os tempos democráticos que hoje vivemos e com a prática atual da história social das ideias. Não por acaso, tempos cuja construção muito deve a Fernando Henrique Cardoso.

José Murilo de Carvalho
Rio de Janeiro, abril de 2013

Notas

UMA SÍNTESE [pp. 17-23]

1. Nome que se dava às comunidades de negros fugidos da escravidão em alguns países da América do Sul.
2. Mazombo: filho de estrangeiro que nasce no Brasil.
3. Uma proposta mais filosófica que literária, a "antropofagia", introduzida pelo modernismo paulista em 1928, levantava-se contra a cultura europeia e postulava uma "devoração" das técnicas dos países desenvolvidos, para reelaborá-las com autonomia.

UM OLHAR SUL-AMERICANO [pp. 24-8]

1. Joaquim Nabuco, op. cit.
2. Id., ibid., p. 135.
3. Id., ibid.

JOAQUIM NABUCO DEMOCRATA [pp. 29-62]

1. "O lugar de Camões na literatura", proferida em 14 de maio de 1908, tradu-

zida para o português em 1911 por Arthur Bomilcar e, em 1940, por sua filha, Carolina Nabuco.
2. Joaquim Nabuco, *O abolicionismo*. Ed. fac-sim. Recife: Fundação Joaquim Nabuco, 1988.
3. Ernest Renan (1823-92), escritor e historiador das religiões.
4. Joaquim Nabuco, op. cit., p. 20.
5. Id., ibid.
6. José Murilo de Carvalho, *Pontos e bordados*. Belo Horizonte: Editora UFMG, 1999.
7. Marco Aurélio Nogueira, *O encontro de Joaquim Nabuco com a política*. 2. ed. São Paulo: Paz e Terra, 2010.
8. Vamireh Chacon, *Joaquim Nabuco: revolucionário conservador*. Brasília: Senado Federal, 2000.
9. José Murilo de Carvalho, op. cit., p. 59.
10. "Representação à Assembleia Geral Constituinte e Legislativa do Império do Brasil sobre a escravatura". In: Jorge Caldeira, *José Bonifácio de Andrada e Silva*. São Paulo: Ed. 34, 2002, p. 207.
11. Joaquim Nabuco, *Minha formação*. Pref. de Evaldo Cabral de Mello. Rio de Janeiro: Topbooks, 1999.
12. Id., *O abolicionismo*, op. cit., p. 19.
13. Id., ibid., pp. 19-20.
14. Id., *Minha formação*, op. cit., p. 63.
15. Id., ibid., p. 3.
16. Luiz Meyer, *Rumor na escuta: Ensaios de psicanálise*. São Paulo: Ed. 34, 2010.
17. Joaquim Nabuco, *Minha formação*, op. cit., pp. 159-61.
18. Id., ibid., p. 162.
19. Id., ibid.
20. Apud Luiz Meyer, op. cit., pp. 277-8.
21. Joaquim Nabuco, *Minha formação*, op. cit., p. 166.
22. Id., ibid., pp. 166-7.
23. Id., ibid., p. 45.
24. Id., ibid., p. 230.
25. Id., ibid., p. 218.
26. Id., ibid., p. 57.
27. Id., ibid.
28. Id., ibid., p. 190.
29. Id., ibid., p. 146.
30. Id., *Pensamentos soltos*. Rio de Janeiro: A. N. Editora, [s.d.], p. 155.
31. Alexis de Tocqueville, *A democracia na América*. Trad. de J. A. G. de Albuquerque. Coleção Os Pensadores, v. 29. São Paulo: Abril, 1973.
32. Id., *Lembranças de 1848*. São Paulo: Companhia das Letras, 1991.

33. Joaquim Nabuco, *Minha formação*, op. cit., pp. 99-100.
34. Alexis de Tocqueville, *Lembranças de 1848*, op. cit., p. 204.
35. Id., ibid., p. 205.
36. Id., ibid., p. 121.
37. Id., ibid., p. 149.
38. Marco Aurélio Nogueira, op. cit., p. 100.
39. Joaquim Nabuco, *Minha formação*, op. cit., pp. 60-1.
40. Id., ibid., p. 61.
41. Id., ibid., p. 99.
42. Walter Bagehot (1826-77), empresário inglês, economista renomado no que diz respeito à questão das crises financeiras e jornalista, principal editor do jornal *The Economist* por dezessete anos.
43. Alexis de Tocqueville, *A democracia na América*, op. cit., p. 309.
44. Id., ibid., p. 288.
45. Id., ibid., p. 310.
46. Id., ibid., p. 312.
47. Id., ibid., p. 313.
48. Joaquim Nabuco, *Minha formação*, op. cit., p. 130.
49. Id., ibid., p. 131.
50. Id., ibid.
51. Id., ibid.
52. Id., ibid., p. 129.
53. Id., ibid., p. 136.
54. Id., ibid.
55. Id., ibid., p. 130.
56. Id., ibid.
57. Id., *Cartas II*, p. 200, apud Marco Aurélio Nogueira, op. cit., p. 278.

CANUDOS: O OUTRO BRASIL [pp. 65-70]

1. Walnice Nogueira Galvão, *No calor da hora: A Guerra de Canudos nos jornais*. São Paulo: Ática, 1974.

FOTÓGRAFO AMADOR [pp. 73-6]

1. Ver página 65 deste livro.
2. Paulo Prado, *Retrato do Brasil: Ensaio sobre a tristeza brasileira*. Rio de Janeiro: José Olympio, 1962.

CASA-GRANDE & SENZALA, CLÁSSICO [pp. 79-90]

1. Ricardo Benzaquen de Araújo, *Guerra e paz: Casa-grande e senzala e a obra de Gilberto Freyre nos anos 30*. São Paulo: Ed. 34, 1994.
2. Gilberto Freyre, *Casa-grande & senzala*. Rio de Janeiro: Maia & Schmidt Ltda., 1933, pp. 376-7.
3. Diplomata, assessor internacional do ex-presidente Fernando Henrique Cardoso (2003 e 2004).

GILBERTO FREYRE, PERENE [pp. 91-134]

1. In: Lourenço Dantas Mota (org.). *Introdução ao Brasil: Um banquete no trópico*. 2. ed. São Paulo: Senac, 2002.
2. *Casa-grande & senzala*. Rio de Janeiro: Maia & Schmidt Ltda., 1933, p. 48.
3. Roger Bastide, *Brasil, terra de contrastes*. São Paulo: Difel, 1959, p. 62.
4. Gilberto Freyre, *Ordem e progresso*. Rio de Janeiro: José Olympio, 1959, p. 58.
5. Id., ibid., p. 54.
6. Jorge Caldeira, *História do Brasil com empreendedores*. São Paulo: Mameluco, 2009.
7. *Casa-grande & senzala*, op. cit., p. 81.
8. Id., ibid., p. 322.
9. Id., ibid., p. 323.
10. Id., ibid., p. 79.
11. Id., ibid., p. 80.
12. Id., ibid., pp. 266-7.
13. Id., ibid., p. 116.
14. Id., ibid., pp. 114-5.
15. Id., ibid., p. 115.
16. Id., ibid.
17. Id., ibid., p. 69.
18. Id., ibid., p. 231.
19. Id., ibid., p. 131.
20. Id., ibid., p. 225.
21. Id., ibid., pp. 223-4.
22. Id., ibid., p. 178.
23. Id., ibid., p. 217.
24. Id., ibid.
25. Id., ibid., p. 180.

26. Id., ibid., p. 381.
27. Id., ibid., p. 379.
28. Id., ibid., p. 387.
29. Id., ibid., pp. 391-3.
30. Id., ibid., p. 393.
31. Id., ibid., p. 397.
32. Id., ibid., p. 398.
33. Id., ibid., p. 405.
34. Id., ibid., p. 418.
35. Id., ibid., p. 438.
36. Id., ibid., p. 503.
37. Id., ibid.
38. Id., ibid., p. 505.
39. Id., ibid., p. 507.
40. Id., ibid., p. 515.
41. Id., ibid., p. 537.
42. Id., ibid., p. 535.
43. Silvia Cortez Silva, *Tempos de Casa-Grande (1930-1940)*. São Paulo: Perspectiva, 2010.
44. *Sobrados e mucambos*. Rio de Janeiro: José Olympio, 1951, p. 270.
45. In: Lourenço Dantas Mota (org.), op. cit., p. 332.
46 Id., ibid., p. 353.
47. *Ordem e progresso*, op. cit., p. 215.
48. Id., ibid., p. 207.
49. Id., ibid., p. 208.
50. Id., ibid., p. 255.
51. Id., ibid., p. 256.
52. Elide Rugai Bastos, "Sobrados e mucambos". In: Lourenço Dantas Mota (org.), op. cit., p. 360.
53. Id., ibid., p. 384.
54. Claude Lévi-Strauss, *Histoire de Lynx*. In: *Oeuvres*. Paris: Gallimard, 2009, p. 1429.

"Em primeiro lugar, cada mitologia local, confrontada com determinada história e com um meio, nos ensina muito sobre a sociedade de onde provém, revela seus mecanismos, ilumina o funcionamento, o sentido e a origem das crenças e dos costumes, dos quais alguns colocavam enigmas insolúveis às vezes por séculos. Isto, porém, com uma condição: nunca se afastar dos fatos. [...] Voltar aos mitos, sem dúvida; mas sobretudo às práticas e às crenças de determinada sociedade, pois somente elas podem nos informar a respeito dessas relações qualitativas."

UM EX-ALUNO [pp. 151-6]

1. Ver texto na página 157 deste livro.

A FOME E A CRENÇA: SOBRE *OS PARCEIROS DO RIO BONITO* [pp. 157-71]

1. Antonio Candido, *Os parceiros do Rio Bonito: Estudo sobre o caipira paulista e a transformação dos seus meios de vida*. Rio de Janeiro: José Olympio, 1964.
2. Id., ibid., p. 13.
3. Id., ibid., p. 30.
4. Id., ibid., p. 44.
5. Id., ibid., p. 54.
6. Id., ibid., p. 61.
7. Id., ibid., p. 65.
8. Id., ibid., p. 112.
9. Id., ibid., p. 125.
10. Id., ibid., p. 175.
11. O grande paradigma antropológico desse tipo de enfoque foi provavelmente o livro de E. E. Evans-Pritchard, *The Nuer* (Oxford: Clarendon Press, 1940). Embora não haja referência explícita dele em *Os parceiros do Rio Bonito*, tanto Antonio Candido como Florestan Fernandes (assim como Gioconda Mussolini ou Egon Schaden) liam com admiração a obra de Pritchard. Como aluno de todos eles, eu e meus colegas do início dos anos 1950 éramos obrigados a dissecar pelo menos os Nuer. O sentido de que a cultura é um produto *histórico* e que as categorias antropológicas também devem ser historicamente constituídas era nítido em Pritchard. Não se tratava da versão empobrecida do funcionalismo, nem se precisaria recorrer à fundamentação marxista para justificar a necessidade de compreender as sociedades e suas culturas como um processo que se desenvolve historicamente. Tal como se vê em *Os parceiros do Rio Bonito*.
12. Por aí se vê como seria precipitado avaliar os efeitos do funcionalismo no pensamento antropológico da USP dos anos 1950 opondo-o ao marxismo pura e simplesmente. Tanto para Antonio Candido como para Florestan Fernandes, pelo menos, havia uma comunidade possível e não ruptura entre as preocupações de Marx e os estudos antropológicos da escola de Oxford ou de Cambridge. Por certo no funcionalismo teórico à la Merton ou no pior Malinowski da teoria da cultura — e ambos influenciaram nossos autores — a ruptura era já completa.
13. A título exemplificativo quanto a boas análises nesta tradição, cito os trabalhos de José de Souza Martins, publicados em *Capitalismo e tradicionalismo* (São

Paulo: Biblioteca Pioneira de Ciências Sociais, 1975). O capítulo sobre "Música sertaneja: a dissimulação na linguagem dos humilhados" lida de novo com aspectos culturais relevantes. Na análise de Martins o sociólogo torna mais abrangente as explicações estruturais; em outras contribuições recentes — também importantes — a preocupação pelas características estruturais socioeconômicas relega as outras preocupações a plano secundário. Ver especialmente: Juarez Rubens Brandão Lopes, "Do latifúndio à empresa: Unidade e diversidade do capitalismo no campo", *Cadernos Cebrap* n. 26, São Paulo, 1977; "Empresas e pequenos produtores no desenvolvimento do capitalismo agrário em S. Paulo (1940-1970)", *Estudos Cebrap* n. 22, São Paulo, 1978; e Vinícius Caldeira Brant, "Do colono ao boia-fria", *Estudos Cebrap* n. 19, São Paulo, 1977.
14. Antonio Candido, *Os parceiros do Rio Bonito*, p. 76.
15. Ver Maria Conceição D'Incao e Mello, *O boia-fria: Acumulação e miséria*. 3. ed. Petrópolis: Vozes, 1976.
16. Eric Wolf, *Sociedades camponesas*. Rio de Janeiro: Zahar, 1970 (ed. em inglês, 1966), p. 16.
17. Id., ibid., p. 31.
18. Sidney W. Mintz, "The rural proletariat and the problem of rural proletarian consciousness", *The Journal of Peasant Studies*, vol. 1, n. 3, abr. 1974, p. 305. Ver ainda, do mesmo autor: "A note on the definition of peasantries", *The Journal of Peasant Studies*, vol. 1, n. 2, out. 1973, especialmente p. 97.
19. Mesmo em trabalhos sólidos sobre o campesinato brasileiro, parece-me que a dimensão antropológica e a paixão do concreto que a caracteriza às vezes estão ausentes. Darei, a título de exemplo, apenas um trabalho que reputo dos melhores, que trata da formação do operariado do açúcar no Nordeste: José Sérgio Leite Lopes, *O vapor do diabo: O trabalho dos operários do açúcar* (Rio de Janeiro: Paz e Terra, 1976). A categoria marxista do *fetichismo* é a chave na obra para interpretar o ajustamento dos operários de origem rural ao modo do trabalho da usina. Não obstante, seu emprego é algo abstrato (geral). Apesar desse reparo, são os antropólogos originários do Museu Nacional do Rio de Janeiro os que mais têm desenvolvido estudos capazes de permitir um entendimento totalizante das transformações ocorridas nos grupos agrários. Ver, por exemplo, a dissertação de mestrado de Lygia Sigaud: *A nação dos homens*, em manuscrito.

A PAIXÃO PELO SABER [pp. 175-84]

1. Centro de Sociologia Industrial e do Trabalho — Cesit, anexo ao Departamento de Sociologia da FFLCH da USP, criado em 1961 por Florestan Fernandes e Alain Touraine.

2. Criado em 1965 por David Rockefeller para reunir um grupo de empresários liberais.

FLORESTAN, CIENTISTA [pp. 185-91]

1. Florestan Fernandes, *A revolução burguesa no Brasil: Ensaio de interpretação sociológica*. 3. ed. Rio de Janeiro: Guanabara, 1987. 413 pp. Nova publicação da obra na Coleção Intérpretes do Brasil, Ministério da Cultura, 2000.
2. Id., ibid.
3. Id., *Fundamentos empíricos da explicação sociológica*. 4. ed. São Paulo: T.A. Queiroz, 1980.
4. Id., *A revolução burguesa no Brasil*, op. cit., p. 36.
5. Id., ibid., p. 68.
6. Id., ibid., p. 75.
7. Id., ibid., p. 224.
8. Id., ibid., p. 237.
9. Id., ibid., p. 260.

UMA PESQUISA IMPACTANTE [pp. 192-203]

1. Roger Bastide, 1898-1974; Florestan Fernandes, 1920-95, *Brancos e negros em São Paulo: Ensaio sociológico sobre aspectos da formação, manifestações atuais e efeitos do preconceito de cor na sociedade paulistana*. 4. ed. rev. São Paulo: Global, 2008, p. 274.
2. Id., ibid., p. 11.
3. Id., ibid., p. 80.
4. Id., ibid., p. 132.
5. Id., ibid., p. 143.
6. Id., ibid., p. 188.
7. Id., ibid., p. 227.
8. Id., ibid., p. 161.
9. Id., ibid., p. 162.

O DESCOBRIMENTO DA ECONOMIA [pp. 207-11]

1. Celso Furtado, *Formação econômica do Brasil*. Rio de Janeiro: Fundo de Cultura, 1959.

2. Na época em que escrevi esse texto, era o Banco Central quem fornecia recursos ao Banco do Brasil, para serem utilizados discricionariamente como se fosse um orçamento paralelo, sem controle do Congresso (*conta-movimento*).

UM CRÍTICO DO ESTADO: RAYMUNDO FAORO [pp. 227-62]

1. Raymundo Faoro, *Os donos do poder, a formação do patronato brasileiro*. Porto Alegre: Globo, 1958, p. 45.
2. Id., ibid., p. 52.
3. Id., ibid., p. 63.
4. Id., ibid., p. 75.
5. Id., ibid., p. 79.
6. Id., ibid., p. 110.
7. Id., ibid., p. 128.
8. Id., ibid., p. 135.
9. Id., ibid., p. 145.
10. Id., ibid., p. 156.
11. Id., ibid., p. 158.
12. Joaquim Nabuco, *Discursos parlamentares (1879-1889)*, apud Raymundo Faoro, op. cit., p. 197.
13. Raymundo Faoro, op. cit., p. 187.
14. Id., ibid.
15. Id., ibid.
16. Id., ibid., p. 198.
17. Id., ibid.
18. Id., ibid.
19. Id., ibid., p. 191.
20. Id., ibid., p. 192.
21. Id., ibid., p. 195.
22. Id., ibid., p. 206.
23. Id., ibid., p. 209.
24. Id., ibid., p. 210.
25. Apud Raymundo Faoro, op. cit., p. 226.
26. Raymundo Faoro, op. cit., p. 234.
27. Id., ibid., p. 238.
28. Id., ibid., p. 249.
29. Id., ibid., p. 256.
30. Raymundo Faoro, *Os donos do poder, a formação do patronato brasileiro*. Ed. rev. e aum. Porto Alegre: Globo; São Paulo: Edusp, 1975, p. 667.

31. Id., ibid., pp. 667-8.
32. Id., ibid., p. 677.
33. Id., ibid., p. 257.
34. Raymundo Faoro, *Os donos do poder, a formação do patronato brasileiro*. Porto Alegre: Globo, 1958, p. 267.
35. Ver Fernando Henrique Cardoso, "Implantação do sistema oligárquico (Dos governos militares a Prudente-Campos Sales)". In: Boris Fausto (dir.). *O Brasil republicano*. Tomo III da *História geral da civilização brasileira*. São Paulo: Difel, 1977, pp. 15-50.

Cronologia de obras citadas

1823 José Bonifácio. "Representação à Assembleia Geral Constituinte e Legislativa do Império do Brasil sobre a escravatura".
1835 Alexis de Tocqueville. *A democracia na América*.
1845 Domingo Faustino Sarmiento. *Facundo*.
1852 Karl Marx. *O 18 de Brumário de Luís Bonaparte*.
1856 Alexis de Tocqueville. *O Antigo Regime e a Revolução*.
1883 Joaquim Nabuco. *O abolicionismo*.
     Alexis de Tocqueville. *Lembranças de 1848*.
1895 Joaquim Nabuco. *Balmaceda*.
1896 Joaquim Nabuco. *A intervenção estrangeira durante a Revolta de 1893*.
1897 Joaquim Nabuco. *Um estadista do Império*.
1900 Joaquim Nabuco. *Minha formação*.
1902 Euclides da Cunha. *Os sertões*.
     Graça Aranha. *Canaã*.
1905 Max Weber. *A ética protestante e o espírito do capitalismo*.
1906 Joaquim Nabuco. *Pensamentos soltos*.
1908 Joaquim Nabuco. "O lugar de Camões na literatura".
1914 Alberto Torres. *A organização nacional*.
1923 Gilberto Freyre. *Social Life in Brazil in the Middle of the 19th Century*.
     Oliveira Vianna. *Evolução do povo brasileiro*.
1925 Oliveira Vianna. *O ocaso do Império*.

1926 Gilberto Freyre. *Manifesto regionalista.*
1928 Paulo Prado. *Retrato do Brasil.*
1930 Oliveira Vianna. *Problemas de política objetiva.*
1932 Karl Marx e Friedrich Engels. *A ideologia alemã.*
1933 Caio Prado Jr. *Evolução política do Brasil.*
     Gilberto Freyre. *Casa-grande & senzala.*
1935 Raymond Aron. *A sociologia alemã.*
1936 Gilberto Freyre. *Sobrados e mucambos.*
     Sérgio Buarque de Holanda. *Raízes do Brasil.*
1937 Roberto Simonsen. *História econômica do Brasil.*
1940 E. E. Evans-Pritchard. *The Nuer.*
1941 Emory Bogardus. *Sociology.*
1942 Caio Prado Jr. *Formação do Brasil contemporâneo.*
1944 Gunnar Myrdal. *An American Dilemma.*
1948 Celso Furtado. *Economia colonial no Brasil nos séculos XVI e XVII.*
     Claude Lévi-Strauss. *Les Structures Elémentaires de la Parenté.*
1949 Florestan Fernandes. *A organização social dos Tupinambá.*
     Oliveira Vianna. *Instituições políticas brasileiras.*
1950 A.M. Rose. *Problems of Minorities.*
     G.W. Allport. *Prejudice: a Problem in Psychological and Social Causation.*
1951 Raymond Firth. *Elements of Social Organization.*
1952 Florestan Fernandes. *A função social da guerra na sociedade tupinambá.*
1953 Leon Festinger e Daniel Katz. *Research Methods in Behavioral Sciences.*
1954 Celso Furtado. *A economia brasileira.*
1955 Claude Lévi-Strauss. *Tristes trópicos.*
     Roger Bastide e Florestan Fernandes. *Relações raciais entre brancos e negros em São Paulo.*
1956 E.S. Johnson. *Theory and Practice of Social Studies.*
1957 Antonio Candido. *Formação da literatura brasileira.*
1958 Raymundo Faoro. *Os donos do poder.*
1959 Celso Furtado. *Formação econômica do Brasil.*
     Roger Bastide e Florestan Fernandes. *Brancos e negros em São Paulo.*
     Florestan Fernandes. *Fundamentos empíricos da explicação sociológica.*
     Gilberto Freyre. *Ordem e progresso.*
1960 Sérgio Buarque de Holanda et al. *História geral da civilização brasileira.*
1962 Fernando Henrique Cardoso. *Capitalismo e escravidão no Brasil meridional.*
1964 Antonio Candido. *Os parceiros do Rio Bonito.*
     Fernando Henrique Cardoso. *Empresário industrial e desenvolvimento econômico no Brasil.*
1966 Caio Prado Jr. *A revolução brasileira.*

1970 Fernando Henrique Cardoso e Enzo Faletto. *Dependência e desenvolvimento na América Latina.*
1973 Sidney W. Mintz. "A note on the definition of peasantries".
1974 Walnice Nogueira Galvão. *No calor da hora: A Guerra de Canudos nos jornais.*
Sidney W. Mintz. "The rural proletariat and the problem of rural proletarian consciousness".
1975 Florestan Fernandes. *A revolução burguesa no Brasil.*
José de Souza Martins. *Capitalismo e tradicionalismo.*
Maria Conceição D'Incao e Mello. *O boia-fria.*
1976 José Sérgio Leite Lopes. *O vapor do diabo: O trabalho dos operários do açúcar.*
1977 Fernando Henrique Cardoso. "Implantação do sistema oligárquico (Dos governos militares a Prudente-Campos Sales)".
Juarez Rubens Brandão Lopes. "Do latifúndio à empresa: Unidade e diversidade do capitalismo no campo".
Vinícius Caldeira Brant. "Do colono ao boia-fria".
1978 Fernando Henrique Cardoso. "A história e seu sentido"; "Brasil: as raízes e o futuro"; "Canudos: o outro Brasil"; "Fotógrafo amador"; "O descobrimento da economia".
Juarez Rubens Brandão Lopes. "Empresas e pequenos produtores no desenvolvimento do capitalismo agrário em S. Paulo (1940-1970)".
1979 Afonso Arinos et al. *Esboço de figura: Homenagem a Antonio Candido.*
Fernando Henrique Cardoso. "A fome e a crença".
1984 Marco Aurélio Nogueira. *O encontro de Joaquim Nabuco com a política.*
1985 Celso Furtado. *A fantasia organizada.*
1987 Fernando Henrique Cardoso. "A paixão pelo saber".
Maria Angela D'Incao (org.). *O saber militante: Ensaios sobre Florestan Fernandes.*
1992 Fernando Henrique Cardoso. "Um ex-aluno".
Maria Angela D'Incao e Eloísa Faria Scarabôtolo (orgs.). *Dentro do texto, dentro da vida: Ensaios sobre Antonio Candido.*
1994 Ricardo Benzaquen de Araújo. *Guerra e paz: Casa-grande & senzala e a obra de Gilberto Freyre nos anos 30.*
1998 José Murilo de Carvalho. *Pontos e bordados.*
2000 Fernando Henrique Cardoso. "Florestan Fernandes: a revolução burguesa no Brasil: texto introdutório".
Silviano Santiago (org.). *Intérpretes do Brasil.*
Vamireh Chacon. *Joaquim Nabuco: revolucionário conservador.*
2005 Fernando Henrique Cardoso. "Um livro perene".
2008 Fernando Henrique Cardoso. "Uma pesquisa impactante".
Luiz Meyer. *Rumor na escuta.*

2009 Flavio Rabelo Versiani. "Trabalho livre, trabalho escravo, trabalho excedente: mão de obra na FEB".
Francisco da Silva Coelho e Rui Guilherme Granziera (orgs.). *Celso Furtado e a formação econômica do Brasil: Edição comemorativa dos 50 anos de publicação (1959-2009).*
Jorge Caldeira. *História do Brasil com empreendedores.*
2010 Silvia Cortez Silva. *Tempos de Casa-Grande (1930-1940).*
2012 Marcos Nobre. "Depois da 'formação'".

Créditos das imagens

pp. 16, 64, 78, 150, 174   Biblioteca Brasiliana Guita e José Mindlin. Reprodução de Renato Parada.
p. 136   Acervo José Olympio/Fundação Casa de Rui Barbosa.
p. 142   Arquivo do Instituto de Estudos Brasileiros da Universidade de São Paulo (IEB) – Fundo Caio Prado Jr. Reprodução de Rômulo Fialdini.
p. 206   Arquivo Rosa Freire d'Aguiar Furtado.
p. 226   Acervo da Fundação Casa de Rui Barbosa. Reprodução de Ailton Alexandre da Silva.

Índice remissivo

Os números de páginas em *itálico* referem-se a ilustrações.

Abdicação, 239-41
Abolição da escravatura, 19-20, 30, 37, 42, 46, 127, 196, 200, 210, 221, 249
abolicionismo, 19, 21, 26, 29, 31, 33, 35, 37, 42-5, 50-1, 279
Abolicionismo, O (Nabuco), 19-21, 30, 34, 302*n*
Academia Brasileira de Letras, 7, 29
"Acaso, destino, memória" (Meyer), 38
acomodação social, 124, 195
açúcar, 108, 159, 162, 209-10, 220, 232, 307*n*
acumulação de capital, 89, 188-90, 219; *ver também* capitalismo
África, 61, 80, 110-1, 118, 268
agricultura, 106, 125, 129, 159, 163, 232, 236
Ahumada, Jorge, 214
Alcouffe, Alain, 215, 217

Alemanha, 190
Alessandri Rodríguez, Jorge, 266
alfabetizado, 35
Aliança Liberal, 255
alimentação, 115, 159
Allende, Salvador, 266
Allport, G. W., 193
Amaral, Azevedo, 255, 265
Amaral, Tarsila do, 96
Amazônia, 122
América do Norte, 112, 232, 274
América do Sul, 25, 61, 301*n*
América Latina, 24, 26-8, 209, 273, 280
American Dilemma, An (Myrdal), 192
Anchieta, José de, 115
Andrade, Mário de, 22-3, 57, 75, 83, 152
Andrade, Oswald de, 75, 151
Anhembi (revista), 193

317

Antigo Regime, 46, 187-8
Antigo Regime e a Revolução, O (Tocqueville), 46
Antilhas, 210
antiliberalismo, 103
antissemitismo, 124
antropologia, 75, 98, 112, 116-7, 126, 166-8, 170, 180, 267
Aranha, Graça, 131
Araújo, Nabuco de, 17, 242
Araújo, Ricardo Benzaquen de, 84, 87, 132, 304*n*
Argentina, 284
Argumento (revista), 155
aristocracia, 31, 46-8, 50, 58, 105, 234
Aron, Raymond, 97, 99-100
ascensão social, 108, 122, 127, 200-1
Ásia, 23, 61
assalariados, 163, 167, 196, 257
Assis, Machado de, 17
Ato Institucional (1840), 241
autoritarismo, 12, 51-2, 132, 140, 228
Avis, dinastia de, 229
Azevedo, Fernando de, 152-4, 177

Bafiados Espinosa, Julio, 25
Bagehot, Walter, 54, 60, 303*n*
Balmaceda (Nabuco), 24-6
Balmaceda, José Manuel, 24-5, 27-8, 54, 59-60
Banco Central do Brasil, 211, 309*n*
Banco do Brasil, 309*n*
Banco Interamericano de Desenvolvimento *ver* BID
Bandeira, Manuel, 96
Barbosa, Rui, 36, 66, 88, 103, 126, 130-1, 253-4
Bastide, Roger, 30, 93-4, 179, 186, 192-3, 195, 197, 199-202, 304*n*, 308*n*
Bastos, Elide Rugai, 92, 129, 305*n*

Bastos, Tavares, 103, 249
Benedict, Ruth, 116
berberes, 111, 117
Bernardes, Artur, 255
Biblioteca do Museu Britânico, 20
BID, 214
biologia, 73
Boas, Franz, 116, 267, 270
Bogardus, Emory, 97
Boia-fria, O (D'Incao), 166, 307*n*
boias-frias, 166-7
Bolívia, 74
Bomilcar, Arthur, 302*n*
Bonifácio, José, 10, 31-3, 120, 238, 240, 302*n*
Borges, Jorge Luis, 266
Botti, Regino, 214
Bragança, dinastia dos, 229, 258
Brancos e negros em São Paulo (Bastide & Florestan Fernandes), 192, 195
branqueamento, 103, 201, 268
Brant, Vinícius Caldeira, 307*n*
"Brasil: as raízes e o futuro" (Fernando Henrique Cardoso), 137
Braudel, Fernand, 47, 215
Bresser-Pereira, Luiz Carlos, 217-8
Brown, John, 40, 99
burguesia, 47, 50, 56, 190, 237-9, 247, 251, 256-7; *ver também* classe média
Burke, Edmund, 60
burocracia, 11, 46, 228-31, 235, 237-8, 240-1, 243, 245, 247-8
Byé, Maurice, 216

café, 108, 161-2, 176, 189, 210-1, 222, 281
caipiras, 10, 152, 158-71, 306*n*
Cairu, visconde de, 104
Caldeira, Jorge, 102, 104, 236, 302*n*, 304*n*

calvinismo, 88, 89
Câmara dos Comuns (Inglaterra), 48, 55
Camargo, Cândido Procópio Ferreira de, 155
Campanha em Defesa da Escola Pública, 178, 186
camponeses, 163, 167-9
Camus, Albert, 151
Canaã (Graça Aranha), 131
Canabrava, Alice, 210
Canadá, 183
Candido, Antonio, 8-10, 144, 150, 151-70, 176-7, 179, 207, 264, 265, 306-7n
Caneca, Frei, 10, 240
Cantoni, Wilson, 213
Canudos, 65, 66, 69, 303n
"Canudos: o outro Brasil" (Fernando Henrique Cardoso), 65
capitalismo, 11, 13, 18, 88, 129, 145, 187-8, 190, 209, 216-8, 220, 229, 230, 232-3, 237, 261, 274, 282, 283, 307n
Capitalismo e escravidão no Brasil meridional (Fernando Henrique Cardoso), 18
Capitalismo e tradicionalismo (Souza Martins), 306-7n
Cardoso, Ruth, 215
Caribe, 118
Carvalho, José Murilo de, 32-3, 89, 302n
Casa-grande & senzala (Freyre), 73, 78, 79-81, 83-5, 87-90, 92, 94, 97, 101, 104, 107, 111, 115, 124, 126, 131-2, 265, 267, 269-71, 277-9, 304n
catolicismo, 108, 111, 118, 121; *ver também* Igreja
caudilhismo, 132, 276

Cavalcanti, Holanda, 249
Caxias, duque de, 243, 250
Celso Furtado e a formação econômica do Brasil: Edição comemorativa dos 50 anos de publicação (1959-2009) (org. Coelho & Granziera), 212
Cendrars, Blaise, 96, 152
Centro de Sociologia Industrial e do Trabalho (Cesit), 180, 307n
Cepal, 9, 95, 209, 213-4, 216, 224, 265
Cézanne, Paul, 151
Chacon, Vamireh, 32, 47, 302n
Chaianov, Alexander, 168
Chambord, conde de, 53
Chicago *ver* escola de Chicago
Chile, 25, 27-8, 54, 59-60, 213, 265
ciências sociais, 94-5, 97, 164, 175-6, 186, 203, 209, 215-6, 270; *ver também* sociologia
cientificismo, 69, 86, 98, 101
classe dominante, 47, 50, 74, 146, 200, 218
classe média, 12, 47, 50, 56, 247, 254, 256
classe operária, 12, 200
classes sociais, 195-6, 230, 241, 261
clientelismo, 102
Clima (revista), 155
Código do Processo Criminal (1832), 241
Coelho, Francisco da Silva, 212n
Colônia, Brasil, 11, 74, 113, 122, 128, 130, 143-6, 236, 237, 251, 281-2
colonização, 11, 106, 108, 111, 113-4, 119, 144, 210, 231-2, 280
comerciantes, 187, 234, 236, 238-9, 246-7
comércio internacional, 210, 222
Comissão Econômica para a América Latina *ver* Cepal

comunismo, 223, 277, 281-2; *ver também* socialismo
Cone Sul, 61
Confederação do Equador, 240
Conferência das Nações Unidas para Comércio e Desenvolvimento *ver* Unctad
Conferência Pan-Americana (1906), 26
Conselheiro, Antônio, 65, 68-9
Conselho de Estado (Brasil imperial), 241-2
Conselho Ultramarino (Portugal), 235
conservadorismo, 62, 80, 94, 228, 242
Constant, Benjamin, 128
Constituição brasileira (1823), 238, 240
Constituição brasileira (1824), 244, 246
Constituição brasileira (1891), 253
Constituição brasileira (1946), 199
Constituição inglesa, 47
Corbisier, Roland, 152
cordialidade *ver* "homem cordial"
coronelismo, 102
corporativismo, 259
Corrêa, Serzedelo, 257
corrupção, 50, 58, 229
cosmopolitismo, 11, 22, 61
Costa, Tarcísio, 87-8, 260*n*
Council of the Americas, 184
Coutinho, Maurício, 220
crescimento econômico, 12, 96, 214
cristianismo, 121
Cuba, 57
cultura brasileira, 85, 87, 120, 272, 284
cultura nacional, 55, 89
Cunha, conde de, 235
Cunha, Euclides da, 9-10, 64-9, 73, 101, 126, 131, 268

D'Incao, Maria Angela, 151*n*, 175*n*
D'Incao, Maria Conceição, 166, 307*n*
Deffontaines, Pierre, 280
democracia, 12, 20, 27, 32-3, 46, 51, 54-6, 58-9, 87-8, 91, 94, 102, 110-1, 121, 128, 132-3, 139-40, 223, 228, 242, 255, 258, 266, 269, 275-7, 282, 302-3*n*
Democracia na América, A (Tocqueville), 46, 56, 269, 302-3*n*
Dentro do texto, dentro da vida: Ensaios sobre Antonio Candido (org. D'Incao & Scarabôtolo), 151*n*
Dependência e desenvolvimento na América Latina (Fernando Henrique Cardoso & Enzo Faletto), 13, 181, 214
"Depois da 'formação'" (Marcos Nobre), 14*n*
"Descobrimento da economia, O" (Fernando Henrique Cardoso), 207
desenvolvimento capitalista, 190
desenvolvimento econômico, 60, 209, 213, 217-8
Dewey, John, 96
Dezoito de Brumário de Luís Bonaparte, O (Marx), 49
"dilema do mazombo", 57
dinheiro, 42, 48, 129, 163, 167
direitos humanos, 22
discriminação racial, 114, 118, 122, 177, 193, 197-9; *ver também* preconceito racial
"Do colono ao boia-fria" (Brant), 307*n*
"Do latifúndio à empresa: Unidade e diversidade do capitalismo no campo" (Brandão Lopes), 307*n*
Donos do poder, Os (Faoro), *226*, 228-9, 242, 251, 309-10*n*
Duarte, Paulo, 193

Dumont, Santos, 126
Durkheim, Émile, 98, 153, 179-80, 194-5

Echavarría, José Medina, 214
École des Annales, 215
ecologia, 165
economia açucareira, 210, 221
economia agroexportadora, 107, 251
economia brasileira, 129, 207-8, 217, 221, 223
Economia brasileira, A (Celso Furtado), 207, 223
economia cafeeira, 210, 221-2
economia capitalista, 162-4, 220
economia colonial, 145, 208, 210, 221, 233
Economia colonial no Brasil nos séculos XVI e XVII (Celso Furtado), 223
economia de mercado, 189, 217
economia de subsistência, 218-9
economia feudal, 145
Elements of Social Organization (Firth), 170
empreguismo, 229
Empresário industrial e desenvolvimento econômico no Brasil (Fernando Henrique Cardoso), 13n, 213
"Empresas e pequenos produtores no desenvolvimento do capitalismo agrário em S. Paulo (1940-1970)" (Brandão Lopes), 307n
encilhamento, 253, 257
Encontro de Joaquim Nabuco com a política, O (Nogueira), 32, 52, 302n
Esboço de figura: Homenagem a Antonio Candido (Fernando Henrique Cardoso et al.), 157n
escola de Chicago, 193, 202
"escola paulista", 91, 94, 109, 123, 132, 260

escravidão, 11, 18-20, 30-2, 34-42, 45, 81, 94, 98, 102, 104, 106, 110-1, 119, 121, 123, 127, 138, 145, 195, 197-8, 220, 232-3, 245, 247, 250, 278, 301n
Estadista do Império, Um (Nabuco), 16, 17, 26, 33
Estado Novo, 88, 140
Estados Unidos, 21, 25, 27, 32-3, 52, 54-7, 61, 95, 96, 105, 117, 129, 183, 190, 192, 197, 199, 210, 217, 269
"estamento burocrático", 228
Ética protestante e o espírito do capitalismo, A (Weber), 89
Europa, 23, 42, 44, 55, 61, 74, 75, 84, 96, 103, 111, 119, 129, 145, 274, 280
europeização, 112, 125
Evans-Pritchard, E. E., 157, 306n
Evolução do povo brasileiro (Vianna), 102
Evolução política do Brasil (Prado Jr.), 104, 279-80
"Ex-aluno, Um" (Fernando Henrique Cardoso), 8, 151
Executivo *ver* Poder Executivo
Exército brasileiro, 65, 130, 252, 253-5, 257-8
exploração econômica, 11, 113, 146-7, 231, 268, 280

Faculdade de Filosofia, Ciências e Letras da USP, 30, 97, 151-2, 175, 177, 185
Facundo (Sarmiento), 284
Falcão, Armando, 155
Faletto, Enzo, 13, 214
família patriarcal, 95-6, 104, 105, 121
Fantasia organizada, A (Celso Furtado), 220
Faoro, Raymundo, 7-9, 88, *226*, 227-33, 235-6, 239-43, 245-51, 253-4, 256-61, 309-10n

321

Faria, Regina Helena Martins de, 224
Farias, Cordeiro de, 155
fascismo, 140, 255, 277
Feijó, Diogo Antônio, 238, 240-1
Fernandes, Florestan, 8-10, 18, 30, 89, 91, 93-4, 152-3, 158, 164-5, *174*, 175-98, 201-3, 260, 306-8*n*
Festinger, Leon, 98
feudalismo, 112, 145, 229, 232-3, 237, 244, 258, 283, 285
Firth, Raymond, 157, 170
"Florestan Fernandes: a revolução burguesa no Brasil: texto introdutório" (Fernando Henrique Cardoso), 185*n*
florianismo, 54, 257
"Fome e a crença, A" (Fernando Henrique Cardoso), 157
Fonseca, Deodoro da, 252
Fonseca, Pedro Cezar Dutra, 224
força de trabalho, 115, 145, 161, 163, 216, 218; *ver também* mão de obra
Formação da literatura brasileira (Antonio Candido), 153
Formação do Brasil contemporâneo (Prado Jr.), *142*, 143-4, 147, 221, 279-80, 282
Formação econômica do Brasil (Celso Furtado), *206*, 207, 212, 219, 222-3, 308*n*
"Fotógrafo amador" (Fernando Henrique Cardoso), 73
França, 27, 49, 53, 74, 99, 177, 190, 215
Frei Montalva, Eduardo, 266
Freud, Sigmund, 40
Freyre, Gilberto, 7-10, 20, 36, 51, 73, *78*, 79-134, 197, 207, 260, 263-72, 277-9, 281, 285, 304*n*
Função social da guerra na sociedade tupinambá, A (Florestan Fernandes), 194

funcionalismo, 249, 306*n*
Fundamentos empíricos da explicação sociológica (Florestan Fernandes), 187, 189, 195, 308*n*
Furtado, Celso, 9, 11, 74, *206*, 207-24, 265, 308*n*

Galvão, Walnice Nogueira, 65-6, 303*n*
García Lorca, Federico, 156
Garrison, William Lloyd, 40
Gasparian, Fernando, 155
Geisel, Ernesto, 155
geografia, 67, 73, 105, 146, 273, 280
Germani, Gino, 284
globalização, 13
Goethe, Johann Wolfgang von, 274
Goiás, 234
Góis, Zacarias de, 243
Gomes, Paulo Emílio Sales, 154-5
Granziera, Rui Guilherme, 212*n*, 224
Guarda Nacional, 236, 244, 253
Guarda Negra, 127
Guerra de Canudos *ver* Canudos
Guerra de Secessão (EUA), 25
Guerra do Paraguai, 154, 248, 250
Guerra dos Mascates, 236
Guerra e paz — Casa-grande & senzala e a obra de Gilberto Freyre nos anos 30 (Benzaquen de Araújo), 84, 132, 304*n*
Guerra Fria, 13
Guiana Inglesa, 21, 26
Gurvitch, Georges, 97, 99

hamitas, 117
hauçás, 117
Hermann, Lucila, 202
Herskovits, Melville, 116
História do Brasil com empreendedores (Jorge Caldeira), 102, 236, 304*n*

"História e seu sentido, A" (Fernando Henrique Cardoso), 143
História econômica do Brasil (Simonsen), 222, 279
História geral da civilização brasileira (Buarque de Holanda et al.), 242, 278, 310*n*
historiografia, 209, 279
Hitler, Adolf, 103
Holanda, Sérgio Buarque de, 9, 12, 37, 51, 73, 88-9, 100, 128, 132-3, *136*, 137-40, 207, 227, 242, 250, 260, 263-5, 271-5, 277-9, 281-2, 285
"homem cordial", 89, 139, 275
humanismo, 262

idealismo, 61, 102
identidade nacional, 14
identidade racial, 201
Ideologia alemã, A (Marx & Engels), 165
Igreja, 111, 113, 249
Ilpes, 213
Iluminismo, 102
imigração, 210, 280
imperialismo, 11, 112-3, 282, 283
Império brasileiro, 17, 21, 26, 31, 52, 60, 102, 104, 127-30, 230, 236, 240, 242, 244, 246-7, 249-51, 253, 278-9
"Implantação do sistema oligárquico (Dos governos militares a Prudente-Campos Sales)" (Fernando Henrique Cardoso), 310*n*
impostos, 69, 232
inclusão social, 14, 259
Independência do Brasil, 10, 235, 237-40, 246, 251
índios, 67, 75, 80, 106-8, 112-5, 119-20, 122, 161, 196, 237, 268
individualismo, 32, 54-6, 88, 121, 128, 261

industrialização, 95-6, 125, 129-30, 133, 139, 145, 219, 221-2, 255, 257, 281-2
inflação, 208, 253
Inglaterra, 21, 33, 47-8, 52, 54, 56, 190, 229
Instituições políticas brasileiras (Vianna), 102
Instituto Latino-Americano de Planejamento Econômico e Social *ver* Ilpes
Intérpretes do Brasil (org. Silviano Santiago), 185*n*, 308*n*
Intervenção estrangeira durante a Revolta de 1893, A (Nabuco), 25
iorubás, 117
Iseb, 95
Itamaraty, 61, 131, 263

jacobinismo, 46, 54
Jaguaribe, Hélio, 215
Japão, 190
jesuítas, 84, 108, 112-5, 119
João VI, d., 237-9, 246
Joaquim Nabuco: revolucionário conservador (Chacon), 32, 47
Johnson, E. S., 97
Jornal do Comércio, 24
judeus, 124, 231
Judiciário *ver* Poder Judiciário
Julião, Francisco, 213
juros, 236, 248

Katz, Daniel, 98
Keynes, John Maynard, 217
Kopke, Carlos Burlamaqui, 151

latifúndio, 11, 81, 88, 102, 104-8, 146, 161, 232-3, 241, 246-7, 250, 268, 281, 285, 307*n*

Leão, Honório Hermeto Carneiro *ver* Paraná, marquês do
Legislativo *ver* Poder Legislativo
Lei Áurea, 30
Leite, Ruth Corrêa, 152
Lembranças de 1848 (Tocqueville), 47, 302-3*n*
Lévi-Strauss, Claude, 84, 134, 146, 157, 180, 192-3, 270, 280, 305*n*
liberalismo, 32, 46, 50, 52, 54, 66, 187-9, 228, 239, 241-2, 251, 253, 256, 262
liberdade humana, 33
Lima, Oliveira, 61, 106
língua portuguesa, 84-5, 120
livre mercado, 104, 127, 229
"Livro perene, Um" (Fernando Henrique Cardoso), 79
localismo, 241, 258
Lopes, José Sérgio Leite, 307*n*
Lopes, Rubens Brandão, 307*n*
Lowie, Robert, 116
"Lugar de Camões na literatura, O" (Nabuco), 30, 301*n*
Luís Filipe I, rei da França, 47, 49
Luís XIV, rei da França, 47
Luís XVIII, rei da França, 47
Lumpenproletariat, 282
Lusíadas, Os (Camões), 30

Macunaíma (Mário de Andrade), 74, 83
mais-valia, 216
Malinowski, Bronisław, 157, 169, 180, 306*n*
"Mandato da raça negra, O" (Nabuco), 18, 30
Manifesto regionalista (Freyre), 96
Mannheim, Karl, 31, 153, 179
Manoïlescu, Mihail, 259

mão de obra, 18, 106, 161, 209-10, 218, 221-2, 224, 279, 281
Maquiavel, Nicolau, 34, 38
Maranhão, 224
Martins, José de Souza, 306*n*
Martins, Luciano, 215
Marx, Karl, 49, 94, 129, 144, 165, 180, 194, 216-7, 306*n*
marxismo, 88, 94, 96, 147, 169-70, 188-90, 195, 217-20, 224, 257, 271, 281, 285, 306-7*n*
Mato Grosso, 234
Matus, Carlos, 214
Mauá, barão de, 248
mazombo, 57, 301*n*
meio ambiente, 22, 68, 98, 100-1, 107, 116, 134
Mello, Evaldo Cabral de, 35, 57, 302*n*
Mencken, Henry, 93
mercado internacional, 208, 210, 256
mercadorias, 168, 216
Mercurio, El (jornal chileno), 266
Merquior, José Guilherme, 88
messianismo, 68, 70
mestiçagem, 83, 90, 199
Métraux, Alfred, 193
México, 57
Meyer, Luiz, 38, 40, 302*n*
militarismo, 27
Minas Gerais, 234, 252, 258
Minha formação (Nabuco), 23, 33, 36, 43, 47-8, 302-3*n*
Mintz, Sidney W., 166-7, 170, 307*n*
miscigenação racial, 32, 95, 105, 110, 113, 132-3, 193-4, 199, 201
misticismo, 68
mobilidade social, 56, 122, 124-5
moçárabes, 111
Moderador *ver* Poder Moderador
modernismo, 152, 301*n*

modernização, 60, 88, 130, 187, 228, 259
monarquia, 20, 43, 47, 49, 51, 55, 129, 234, 252
Monbeig, Pierre, 280
monroísmo, 61
Monteiro, Rego, 96
Montesquieu, Charles-Louis de Secondat, barão de, 32-3
Moog, Vianna, 68
Morazé, Charles, 177
Mota, Carlos Guilherme, 87
muçulmanos, 111
mulatos, 82, 122-3, 125, 127-8, 199
Muro de Berlim, 13, 94
Musée de l'Homme (Paris), 193
Mussolini, Gioconda, 180, 306n
Myrdal, Gunnar, 192

Nabuco, Carolina, 35, 302n
Nabuco, Joaquim, 7-10, *16*, 17-62, 103, 118, 131, 243, 247, 252-3, 279, 301-3n, 309n
"Nação dos homens, A" (Sigaud), 307n
nacionalismo, 22, 153, 218, 254-5
nagôs, 117
Napoleão III, imperador, 49, 53
negros, 19, 30, 34-6, 46, 50, 57, 82, 83, 93-4, 106-8, 111, 113, 115, 117, 119-23, 125, 127-8, 177, 181, 192, 195-7, 199-202, 268, 301n, 308n
New Deal, 87
No calor da hora — A Guerra de Canudos nos jornais (Walnice Nogueira Galvão), 65, 303n
Nobre, Marcos, 14n
Nogueira, Marco Aurélio, 32, 52, 61, 302-3n
Nogueira, Oracy, 202
Nordeste brasileiro, 107-8, 117, 130, 219, 307n

Noronha, Fernão de, 231
Novais, Fernando, 281
Nuer, The (Evans-Pritchard), 306n

Ocaso do Império, O (Vianna), 102
Ocidente, 125
oligarquias, 31, 139, 250, 254-5, 258
Olivares, conde-duque de, 151
Ordem e progresso (Freyre), 93, 97-8, 100, 124-7, 129, 271, 304-5n
Organização nacional, A (Torres), 103
Organização social dos Tupinambá, A (Florestan Fernandes), 158, 164-5, *174*, 180, 194
Oriente, 125, 163

"Paixão pelo saber, A" (Fernando Henrique Cardoso), 8, 175
pan-americanismo, 21, 26, 43, 59-61
Paraná, marquês do, 242
Parceiros do Rio Bonito, Os (Antonio Candido), *150*, 154, 157-8, 166-7, 169-71, 306-7n
parlamentarismo, 242, 244
Parsons, Talcott, 153
Partido Comunista, 9, 95
Partido Conservador (Brasil imperial), 249
Partido Liberal (Brasil imperial), 249
patriarcalismo, 81, 88, 93-5, 125, 260
patrimonialismo, 19, 21, 88-9, 227, 229, 231, 247, 249, 251-2, 256-62
pau-brasil, 222, 231
Paula, José Antônio de, 223
Pedrão, Fernando, 219, 224
Pedro I, d., 236, 238
Pedro II, d., 243, 245
Peixoto, Floriano, 61, 252
Pensamentos soltos (Nabuco), 45, 302n
Penteado, dona Olívia Guedes, 96

Pernambuco, 107
Perroux, François, 216-7
personalismo, 102, 105, 132, 139, 229, 274, 276
"Pesquisa impactante, Uma" (Fernando Henrique Cardoso), 192
Pinochet, Augusto, 265-6
Pinto, Aníbal, 214
Pirenne, Henri, 216
Pitt-Rivers, Augustus, 116
Plano Trienal, 213
plasticidade cultural, 87, 90, 108, 121, 138, 268
plebe, 146, 200
PMDB, 215
Poder Executivo, 59, 102
Poder Judiciário, 48, 54
Poder Legislativo, 59
Poder Moderador, 51, 241-3, 251, 253-4
Pombal, marquês de, 122
Pontos e bordados (Carvalho), 32, 302*n*
populismo, 27, 229
Portugal, 105-6, 229-30, 232, 235, 237-8, 240, 246, 258
português *ver* língua portuguesa
positivismo, 130
Prado Jr., Caio, 9, 11, 74, 104, 107, *142*, 143-7, 207, 210, 220-1, 233, 264, 279-83, 285
Prado, Paulo, 9, 67, *72*, 73-6, 103, 105, 303*n*
Prebisch, Raúl, 213-4, 217
pré-capitalismo, 189
preconceito racial, 30, 32, 73, 114, 119, 122-4, 192-5, 197-202, 268-9, 280, 282
Prejudice: a Problem in Psychological and Social Causation (Allport), 193
presidencialismo, 130

Previdência Social, 214
Primeiro Reinado, 231
princípio territorial, 245, 248-9
privatismo, 102, 121
Problemas de política objetiva (Vianna), 102
Problems of Minorities (Rose), 193
Proclamação da República, 26, 60, 127, 252; *ver também* República brasileira
progressismo, 262, 283
proletariado, 163, 256, 282, 285; *ver também* classe operária
propriedade privada, 11, 33, 42, 105, 127, 145, 161, 163, 220, 229, 240-1, 247, 256, 268, 281
prosperidade, 208, 211, 223
protecionismo industrial, 130
protestantismo, 51, 88-9, 113-4, 121

racismo, 94, 110, 132-4, 201, 221
Radcliffe-Brown, Alfred, 180
Raízes do Brasil (Buarque de Holanda), 100, *136*, 137-8, 140, 207, 260, 264-5, 272, 276-9, 281
Ramos, Graciliano, 215
Rebouças, André, 35
Recife, 9, 41, 212, 234, 302*n*
Regência, 240, 246
relações internacionais, 216, 222
religião, 130, 160, 274, 276
Rembrandt, 151
Renan, Ernest, 30, 302*n*
Renoir, Pierre-Auguste, 151
"Representação à Assembleia Geral Constituinte e Legislativa do Império do Brasil sobre a escravatura" (José Bonifácio), 31-2, 302*n*
República brasileira, 8, 10, 17, 25-6, 37, 60-1, 69, 98, 102, 127-31, 236, 239, 249, 252-3, 255, 258-9

republicanismo, 53, 243
Research Methods in Behavioral Sciences (Festinger & Katz), 98
Retrato do Brasil (Paulo Prado), 72, 73-4, 76, 303n
Revista Brasiliense, 9, 264, 283
Revolução Agrária, 145
Revolução brasileira, A (Prado Jr.), 144, 283
Revolução burguesa no Brasil, A (Florestan Fernandes), 181, 185n, 308n
Revolução de 1830 (França), 47
Revolução de 1848 (França), 47
Revolução de 1891, 25
Revolução de 1930, 253, 258
Revolução do Porto (1820), 238
Revolução Francesa, 46
Revolução Industrial, 145
Ribeiro, Darcy, 79, 80
Ricardo, Cassiano, 75, 139
Richards, Audrey, 157
Rio Branco, barão do, 26, 61, 131
Rio de Janeiro, 24, 26, 103, 191, 235, 237
Rio Grande do Sul, 107, 181, 234, 253, 269
Rocha, João Cezar de Castro, 42
Rockefeller, David, 308n
Rodrigues, Leôncio Martins, 212
Rodrigues, Nina, 117
Roosevelt, Franklin Delano, 87
Roosevelt, Theodore, 61
Rose, A. M., 193
Rumor na escuta (Meyer), 38, 302n
"Rural proletariat and the problem of rural proletarian consciousness, The" (Mintz), 307n

Saber militante: Ensaios sobre Florestan Fernandes, O (org. D'Incao), 175n

Saes, Flávio Azevedo Marques de, 222
Saint-Hilaire, Auguste de, 276
Sales, Campos, 45, 252, 257, 310n
Salgado, Plínio, 75
Salisbury, marquês de, 48
Sallum Jr., Brasilio, 125
Santa Catarina, 234
Santiago, Silviano, 42, 185n
São Paulo, 9, 30, 96, 107, 130, 151-2, 178, 181, 185, 193-4, 196, 202, 213, 234, 252, 258, 280
Sarmiento, Domingo Faustino, 284
Sarney, José, 9
Scarabôtolo, Eloísa Faria, 151n
Schaden, Egon, 180, 306n
Schmitter, Philippe, 259
Schumpeter, Joseph, 216-7
Segunda Guerra Mundial, 256
Segundo Reinado, 231, 242-3
self government, 228, 241, 246, 250, 262
Semana de Arte Moderna (1922), 74, 96, 152
Senado Vitalício (Brasil imperial), 241-2
Senhor Vogue, 7, 65, 73n, 137n, 143n, 207n
senzalas, 10, 81, 84, 88, 120-1, 125, 268, 270, 281, 304n
Sertões, Os (Cunha), 64, 65, 67-8, 70, 73, 101
sesmaria, 283
Sigaud, Lygia, 307n
Silva, Antônio Carlos Ribeiro de Andrada Machado e, 240
Silva, Golbery do Couto e, 155
Silva, Silvia Cortez, 124, 305n
Simonsen, Roberto, 74, 208, 220, 222
sistema partidário, 27
Sobrados e mucambos (Freyre), 92-3, 95, 100, 124-6, 271, 305n

sociabilidade, 10, 88, 116, 131, 158-60, 163-4, 170-1, 199, 262
"Social Life in Brazil in the Middle of the 19th Century" (Freyre), 93
socialismo, 13, 153, 217, 282
sociedade civil, 11-2, 19, 33, 58, 228, 231, 259, 261
sociologia, 67-8, 82, 99-100, 126, 152-3, 165, 176-7, 179-83, 186, 194, 202, 218, 267
Sociologia alemã, A (Aron), 100
Sociology (Emory), 97
Sombart, Werner, 187, 216
Sorel, Eugène, 134
Sousa, Washington Luís Pereira de, 253
Souza, Gilda Rocha de Mello e, 152-4
Structures Elémentaires de la Parenté, Les (Lévi-Strauss), 157
subdesenvolvimento econômico, 12, 95, 208, 210, 223
Sudene, 212, 219
Sudeste brasileiro, 130
Sunkel, Oswaldo, 214
Szmrecsányi, Tamás, 219-20

Tagore, Rabindranath, 96
Teles, Carlos, 66
Tempos de Casa-Grande (Cortez Silva), 124, 305*n*
Terceiro Estado, 264
Tesouro Real (Portugal), 230
Theory and Practice of Social Studies (Johnson), 97
Thiers, Louis Adolphe, 53, 60
Thomas, William Isaac, 99
Tiradentes, 234
Tocqueville, Alexis de, 46-52, 53, 55-9, 269, 274, 302-3*n*
Torres, Alberto, 101, 103, 104, 265
totalitarismo, 45
Touraine, Alain, 307*n*

trabalhadores, 166, 178, 196, 218-9, 247, 259, 261
"Trabalho livre, trabalho escravo, trabalho excedente: mão de obra na FEB" (Versiani), 224
tradicionalismo, 46, 89
tráfico de escravos, 21, 248, 279
Tristes trópicos (Lévi-Strauss), 146
Trótski, Leon, 81

Unctad, 213-4
Unesco, 192-3
União Soviética, 13
Universidade Columbia, 93, 270
Universidade de Cambridge, 8, 222, 306*n*
Universidade de Oxford, 306*n*
Universidade de São Paulo, 18, 30, 177-8, 280
Universidade de Sorbonne, 97
Universidade Yale, 30, 213
urbanização, 12, 124-5, 133, 139, 181, 189, 256, 277
Uruguai, visconde do, 249

Van den Berghe, Pierre, 202
Vapor do diabo: o trabalho dos operários do açúcar, O (Leite Lopes), 307*n*
Vargas, Getúlio, 253, 255, 259
Veríssimo, José, 43
Versiani, Flavio Rabelo, 224
Viana Filho, Luiz, 35
Vianna, Oliveira, 68, 73, 101-5, 107, 117, 130, 232, 252, 255, 260, 265, 268
Vieira, José Geraldo, 151
voto, 35, 49, 244, 246, 255

Washington Luís *ver* Sousa, Washington Luís Pereira de
Weber, Max, 100, 153, 187, 194, 229, 233, 236, 257, 269, 273

Weffort, Francisco, 213-4
Westminster, duque de, 48
Willems, Emilio, 180
Wolf, Eric, 166-7, 170, 307*n*

Yeats, William Butler, 96

Zacarias, conselheiro *ver* Góis, Zacarias de

1ª EDIÇÃO [2013] 4 reimpressões

ESTA OBRA FOI COMPOSTA POR ACOMTE EM MINION
E IMPRESSA PELA GEOGRÁFICA EM OFSETE SOBRE PAPEL
PÓLEN SOFT DA SUZANO PAPEL E CELULOSE PARA A
EDITORA SCHWARCZ EM JULHO DE 2013